U0134929

歷史選書 50

論歷史
On History

著 / 艾瑞克・霍布斯邦
（Eric J. Hobsbawm）
譯 / 黃煜文

歷史選書 50

論歷史
On History

作　　　者：艾瑞克・霍布斯邦（Eric J. Hobsbawm）
譯　　　者：黃煜文
責 任 編 輯：陳毓婷
發　行　人：凃玉雲
出　　　版：麥田出版
　　　　　　台北市信義路二段213號11樓
　　　　　　電話：02-23517776　傳真：02-23519179
發　　　行：城邦文化事業股份有限公司
　　　　　　台北市民生東路二段141號2樓
　　　　　　電話：02-2500-0888　傳真：02-2500-1938
　　　　　　網址：www.cite.com.tw　E-mail：service@cite.com.tw
　　　　　　郵撥帳號：18966004　城邦文化事業股份有限公司
香 港 發 行 所：城邦（香港）出版集團有限公司
　　　　　　香港北角英皇道310號雲華大廈4字樓504室
　　　　　　電話：25086231　傳真：25789337
馬 新 發 行 所：城邦（馬、新）出版集團有限公司
　　　　　　Cite(M) Sdn. Bhd. (458372 U)
　　　　　　11, Jalan 30D/146, Desa Tasik, Sungai Besi,
　　　　　　57000 Kuala Lumpur, Malaysia
　　　　　　電話：603-9056 3833　傳真：603-9056 2833
　　　　　　E-mail: citekl@cite.com.tw.
印　　　刷：凌晨企業有限公司
初 版 一 刷：2002年7月15日
初 版 四 刷：2004年2月1日
ISBN : 986-7895-64-9　　　　　　　　　　售價：440元
版權代理◎博達著作權代理有限公司　　　有著作權・翻印必究
Printed in Taiwan

▋作者簡介▋

艾瑞克・霍布斯邦（Eric J. Hobsbawm）

享譽國際，備受推崇的近代史大師。

一九一七年出生於埃及亞歷山大城的猶太中產家庭。父親是移居英國的俄國猶太後裔，母親則來自哈布斯堡王朝治下的中歐。一九一九年舉家遷往維也納，一九三一年徙居柏林。在第一次世界大戰後受創至深的德奧兩國度過童年。一九三三年因希特勒掌權而轉赴英國，完成中學教育，並進入劍橋大學學習歷史。一九四七年成為倫敦大學伯貝克學院講師，一九五九年升任高級講師，一九七八年取得該校經濟及社會史教授頭銜，一九八二年退休。之後大部分時間任教於紐約社會研究新學院，是該校政治及社會史榮譽教授。

霍氏是英國著名的左派史家，自十四歲於柏林加入共產黨後，迄今未曾脫離。就讀劍橋大學期間，霍氏是共產黨內的活躍分子，與威廉士、湯普森等馬派學生交往甚密；在一九五二年麥卡錫白色恐怖氣焰正盛之時，更與希爾等人創辦著名的新左史學期刊《過去與現在》。馬克思主義者的政治背景雖令霍氏的教職生涯進展艱辛，但卻使他與國際社會間有著更廣泛的接觸經驗及更多的研究機會，從而建立了他在國際上的崇高聲譽。

霍氏的研究時期以十九世紀為主，並延伸及十七、十八和二十世紀；研究的地區則從英國、歐洲，廣至拉丁美洲。除專業領域外，霍氏也經常撰寫當代政治、社會評論、歷史學、社會學理

論，以及藝術、文化批評等。他在勞工運動、農民叛變和世界史範疇中的研究成果，堪居當代史家的頂尖之流，影響學界甚巨；而其宏觀通暢的寫作風格，更將敘述史學的魅力擴及一般閱聽大眾。如《新左評論》名編輯安德生所言：霍氏不可多得地兼具了知性的現實感和感性的同情心。一方面是個腳踏實地的唯物主義者，提倡實力政治；另一方面又能將波希米亞、土匪強盜和無政府主義者生活寫成優美哀怨的動人故事。

霍氏著作甚豐，先後計有十四部以上專書問世，包括：《革命的年代》、《資本的年代》、《帝國的年代》、《極端的年代》、《民族與民族主義》、《盜匪》、《原始的叛亂》、《爵士風情》等書。現居倫敦。

▌譯者簡介 ▌

黃煜文

一九七四年生，台灣大學歷史系畢業（1996），台灣大學歷史學碩士（1999），現就讀台灣大學法律系財經法組。碩士論文《傅柯的思維取向——另類的歷史書寫》（1999）。譯有《亨利八世與英國宗教改革》（麥田出版，1999）、〈中國童子軍——南京十年童子軍手冊中的公民訓練與社會意識〉（收入《新史學》十一卷四期〔2000〕）、《俄國革命的源起》（麥田出版，2001）、《西班牙內戰》（麥田出版，2001）。

目　錄

前言

Preface

　　歷史學家向來是缺乏哲學心靈的，但這並不表示他們可以不對自己所研究的主題作一番反思。就算他們可以，一般卻不鼓勵這種作法，因為隨著史家的年紀漸長，伴隨而來的演講與討論會也會漸形增多，在這些場合，聽眾比較能夠接受的是一般性的介紹，而不是過於繁瑣的實際研究內容。但是，目前的潮流卻傾向於從概念或方法論上來提出歷史問題。正當崇尚和平的歷史學家安靜認份地在肥美的史料牧地上低頭咀嚼，或反芻著其他人的出版品之時，其他領域的理論家卻已經不知不覺地圍了上來。有時候就連那些最不好鬥的人，也會被逼著非得面對這些攻擊者不可。這並不是說史家（我也是其中之一）不好鬥，但至少在處理彼此的作品時還算溫和。不過，學院中各個研究領域也曾經發生過幾次相當熱烈的學術論戰。所以，當某人從事史學工作達五十年之久，應該在這當中會有所反思，而如今結集成冊，也就不令人意外了。

　　雖然這些論文都很簡短而且沒有系統──有許多篇是因為受限於五十分鐘的演講時間──但是卻都企圖要抓住一連串連貫的問題。主要可分成三個領域。首先，我關心社會與政治兩方面對於歷史的運用與濫用，也關心人們是如何理解世界、塑造世界。說得詳細一點，我要討論歷史學對於其他學科來說，其價值何在，特別是社會科學。而從某種程度來說，這些論文可以說是替歷史學打廣告。其次，這些論文討論了歷史學家與其他研究過去的人彼此之間的關係。包括調查各種歷史的趨勢與潮流並予以批判評估，同時也介入當前的爭論，如後現代主義與計量史學

（cliometrics）。第三，這些論文顯示了我的史學風格，也就是我所認為每個史家都該關心的中心問題，以及我所認為能解決這個問題的最有效方式，當然論文還會顯示出那些能象徵我的年代、背景以及人生經驗的寫作特色。讀者應該會發現，每一篇論文在某種程度上都彼此相關。

關於論文的說明應該到此為止。不過，我還要補充解釋一下這本書的兩個主題。

首先，借用一下我朋友與同事的作品標題，也就是關於「歷史的真相」。[1] 我強烈支持這樣一種觀點，那就是史家所調查的乃是事實。史家從事研究，一定是秉持這種基本觀點，無論他的研究範圍有多麼廣闊也是一樣，如此才能區別出基於事實的建構跟小說有何不同，而基於證據來陳述歷史與不基於證據有何不同。

最近幾十年來開始風行一種說法（這種說法尤其流行於左派），認為客觀的事實是不可能企及的，因為我們所謂的「事實」，是概念上的意義，而所謂的歷史問題，只是從這種概念上的「事實」出發罷了。我們所研究的過去，只是我們的心智所建構出來的。而這種建構物不管有沒有邏輯或證據支持，原則上都是有效的。只要有強大的情感與信念來支撐，那麼聖經上所說的創世紀並不會比自然科學所講的宇宙誕生更不可靠：它們只是不

---

[1] 喬伊絲・艾波比（Joyce Appleby），琳・亨特（Lynn Hunt）與瑪格麗特・傑考（Margaret Jacob）合著的《歷史的真相》（*Telling the Truth about History*, New York, 1994）。

同。完全反對這種說法的是「實證主義」（positivism）❶，而比實證主義更強烈地表達這種反對的則只有經驗主義（empiricism）。

　　簡言之，我認為如果不區別什麼是及什麼不是，那麼歷史就不存在了。羅馬在布匿克戰爭（Punic Wars）中打敗並摧毀了迦太基（Carthage）❷，這就是事實，如此而已。至於我們是如何搜集並且詮釋這些可被檢證的資料（包括實際上發生了什麼，以及人們對此是怎麼想的）則是另一回事。

　　事實上，幾乎沒有任何一個相對主義者敢完全否定客觀事實的存在，尤其是在講到希特勒有沒有屠殺猶太人的時候。不過，相對主義（relativism）❸所懷疑的不僅及於歷史，還及於法庭之中。在謀殺案中，被告是否會被定罪，就要看基於傳統實證主義的立場所搜集的證據（如果搜集得到的話）所受的評估如何。任何一位無辜的讀者如果發現自己在被告席上的話，一定會上訴。至於為有罪者辯護的律師呢？則會用後現代的方法來辯護。

---

❶ 譯註：實證主義是一種哲學思考，認為唯一能算得上是知識的就是科學的知識，而其基礎乃是經驗主義，強調從眾多經驗中歸納而得出抽象的定理。

❷ 譯註：迦太基是腓尼基人（Phoenicians）在西元前八百年左右於北非建立的殖民地。到西元前六世紀，發展成一個獨立、富有而強大的國家。西元前三世紀，迦太基已成為雄霸地中海的海上帝國，其文明與財富遠在羅馬之上。羅馬與迦太基發生過三次戰爭，之所以叫布匿克，是因為羅馬稱迦太基為poeni，其實就是腓尼基人的意思。

❸ 譯註：相對主義認為，所有的觀點都是同樣有效的。表現在倫理上，即所有道德都是一樣良善的；表現在知識論上，則是所有的信仰都是真實的。因此，追求客觀真實的想法，也只不過是一種知識信仰，與從宗教所得來的宗教真實（如上帝七天創造世界），兩者的真實性是等價的。

　　第二是關於我所屬的馬克思主義的歷史取向。雖然這麼說並不精確，但我並不打算撕掉這張標籤。一九三〇年代前半，我在德國一所保守的中學（Gymnasium）念書，後來又在倫敦的大學預科中學（grammar school）受教於一位了不起的自由派老師，但我一直覺得歷史是很無聊的科目；如果沒有馬克思，我不會對歷史產生特殊的興趣，我日後也不可能成為一個歷史教授。馬克思，以及青年馬克思激進分子的活動，提供了我研究的素材以及寫作的靈感。即使我認為馬克思的歷史取向中有一大部分可以丟到垃圾桶裡了，我還是願意表示我的敬意（雖然深刻但並非毫無批判），用日本人所說的「老師」（sensei）來稱呼他，意即思想上的導師，人們總是從這樣的人身上得到太多卻無法償還。我後來（在這些論文中會看到）又發現馬克思「歷史的唯物主義概念」（materialist conception of history）乃是歷史最好的嚮導，如偉大的十四世紀學者卡爾東（Ibn Khaldun）❹所敘述的，這種概念表明了歷史就是：

　　　　人類社會或世界文明的紀錄；社會本質中所發生種種變遷的紀錄；人與人之間革命與暴亂，因此而造成了國家大小林

---

❹ 譯註：卡爾東（1332-1406），阿拉伯世界認為他是社會學與歷史學的創始者。卡爾東生於北非的突尼斯（Tunis），祖先原是葉門的阿拉伯人，於西元八世紀時隨穆斯林大軍至西班牙，家族後來又從西班牙遷至北非。卡爾東的歷史分析強調四個層面：第一是建立事件之間的因果關係；第二是建立過去與現在之間的類推關係；第三是考慮環境的因素；第四是考慮經濟的因素。

立的紀錄；人們各種活動與職業，不管是為了營生或是學問及手工藝的紀錄；以及一般來說，社會本質上本來就會經歷的所有轉變的紀錄。[2]

對我來說，我的研究領域是歐洲中古時代之後，現代資本主義的興起以及世界的轉變，因此這段話可說是對我的最佳指導。

　　「馬克思主義史家」與非馬克思主義史家的差別究竟在哪裡呢？在這個世紀兩種意識形態的宗教戰爭中，雙方都一直想要在彼此間劃定一條清楚的界線。一方面，前蘇聯政府當局不允許我的作品譯成俄文，即便我本人是共產黨員，而我又是馬克思恩格斯全集的英文版編輯。從他們的正統角度來判斷，他們反而不是「馬克思主義者」。而另一方面，最近並沒有任何一位「有地位」的法國出版商願意翻譯我的《極端的年代》（*Age of Extremes*），也許是因為它在意識形態上對於巴黎的讀者太震撼了，或者說，對於那些負責評論我的書的人太震撼了。從我的論文中可以看到，歷史學從十九世紀開始，一直到思想的混沌開始沉澱清晰的一九七〇年代，所顯示的是逐漸合流而不是漸形分離。法國的年鑑學派（Annales School）與英國的馬克思主義史家是平行發展的著例。兩派彼此之間都發現對方的歷史主題與自己相當類似，但背

---

[2] 轉引自伊薩維（Charles Issawi，編輯並翻譯）的《阿拉伯的歷史哲學：突尼斯的卡爾東（1332-1406）之普世史序說選集》（*An Arab Philosophy of History: Selections from the Prolegomena of Ibn Khaldun of Tunis* [1332-1406], London, 1950），頁 26-27。

後的思想脈絡卻不相同；除此之外，兩派主要人物的政治立場也不相同。解釋時只認同於馬克思主義，或甚至只認同於我所說的「庸俗的馬克思主義」（vulgar-Marxism）（見頁250-254），這種解釋滲透進入傳統的歷史解釋當中到了無以復加的地步。半個世紀之前，我可以這樣說，至少在英國，只有馬克思主義史家才會主張歐洲中古時代煉獄概念的產生，是因為教會的經濟基礎從依賴富人與貴族的捐獻，開始擴大它的財政基礎。但是到了一九八〇年代，不管是牛津大學中古史名家掃森爵士（Sir Richard Southern），或是他所評論過的勒高夫，都採用了這種解釋，有誰會因此從意識形態上或政治立場上把他們歸類為馬克思的追隨者或支持者呢？

我認為，歷史學的合流為這些論文的中心主題提供了可喜的證據，也就是說，歷史學已經結合成一個連貫有條理的思想事業了，並且在理解今日世界是如何形成上面，也獲得了進展。當然，我並不想就這樣認定馬克思主義與非馬克思主義的歷史不需要區別，儘管兩派的貨櫃裡所放的貨物一樣雜亂無章難以定義。馬克思傳統的歷史學家——不包括那些自稱自己是馬克思主義史家的人——已經為歷史學作出了重要的貢獻。但是他們絕非獨力作戰。他們的作品，或任何人的作品，不應該受到他們本身所抱持的政治立場影響，而遭人貼標籤並倉促地受到判斷。

這裡所集結的論文，是在過去三十年中陸續寫成的，主要是演講以及會議或研討會的稿子，有一些則是書評或特殊學術場合的稿子，如對於學術同仁的慶祝或紀念所出版的論文集或紀念文

集。這些文章的讀者從一般聽眾——主要是大學生，到專業的史家或經濟學家這類小眾。第三、五、七、八、十七及十九章是第一次出版，第十七章原本是以德文寫作，是在德國一年一度的「史家日」（Historikertag）所作的演講，後來在《時代》（Die Zeit）刊出。第一章與第十五章原本發表在《紐約書評》（New York Review of Books），第二章與第十四章發表在史學評論期刊《過去與現在》（Past and Present），第四、十一與二十章則在《新左評論》（New Left Review），第六章在《狄得勒斯》（Daedalus），也就是美國藝術與科學學院的評論上，第十與二十一章在《戴奧真尼斯》（Diogenes），由聯合國教科文組織（UNESCO）贊助。第十三章在《評論》（Review），由位於賓漢頓（Binghamton）的紐約州立大學的布勞岱中心（Fernand Braudel Center）贊助，第十八章則是倫敦大學出版的小冊子。第九與十六章則是紀念文集內的文章，關於紀念的詳細事由及時間則在兩章的開頭會有說明，文章未加更動。最後，感謝那些允許我把這些文章重新出版的人們。

霍布斯邦（E. J. Hobsbawm）

一九九七年於倫敦

論歷史

On History

1

在歷史之外與在歷史之中

Outside and Inside History

這篇文章本來是篇演講稿，於布達佩斯中歐大學一九九三至九四這個新學年的始業式中發表，聽眾是來自過去共黨所統治的歐洲國家以及前蘇聯的學生。這篇文章隨後更名為〈歷史的新威脅〉（'The New Threat to History'）而發表於一九九二年十二月十六日的《紐約書評》，頁62-65，並且也翻譯為各種文字於各國刊登。❶

很榮幸能有這個機會，來參加中歐大學（Central European University）新學年的始業式；而在此地，我也有著不尋常的感受，因為雖然我是移居英國的第二代移民，但是我同時也算是個中歐人。的確，身為一個猶太人，我身屬當初從中歐四散到世界各地的猶太社群的一分子。我的祖父從華沙移居到倫敦。我的母親是維也納人，我的妻子也是，只不過我的妻子現在義大利語卻講得比德語好得多。我的岳母在童年時講的仍然是匈牙利語，而她的父母曾經於奧匈帝國時代在赫塞哥維那（Hercegovina）擁有一家店舖。我們夫婦兩人曾經到莫斯塔（Mostar）❷找尋舊日的光景，憑弔一番，而當時不安的巴爾幹地區還沒有發生戰事。在過去，我跟一些匈牙利的歷史學家也有過聯繫。所以，雖然我是以外地人的身分來到這裡，但間接地來說，我卻也算得上是本地人了。我接下來要對各位說什麼呢？

我要說三個主題。

第一個主題與中歐和東歐有關。如果你們是來自這些地區，而我假定你們其中大部分的確是來自這些地區，那麼你們國家目前的地位與角色是相當不確定的。我的意思不是說這種不確定的現象是中歐與東歐所獨有的，事實上，這種不確定的氣氛在世界各地瀰漫的程度可以說是遠大於以往。然而，對你們來說，未來要怎麼走卻是特別地不清楚。從我有生以來，你們這個地區的國

---

❶ 譯註：此處原文可能有誤。因為作者是先於1993年演講這篇文章，怎麼可能「隨後」於1992年再更名發表。

❷ 譯註：赫塞哥維那首府。

家就充斥著戰爭、征服、占領、解放，以及再占領。每個國家所擁有的版圖都跟我剛出生時的版圖大不相同。在現在的地圖上，從的港（Trieste）到烏拉山（Urals）星羅棋布了二十三個國家，但在我出生的時候，卻只有六個，或者我該說如果沒有遭受到入侵的話，應該有六個：俄國、羅馬尼亞、保加利亞、阿爾巴尼亞、希臘及土耳其。因為一九一八年以後的奧國與匈牙利，已經不可能像哈布斯堡王朝的奧匈帝國那樣地穩定此區了。有幾個國家在第一次世界大戰之後成立，有些甚至於是一九八九年之後才出現。有些國家在歷史上從未擁有過現代意義的國家形式，有些則是只維繫了短暫一段時間，可能一兩年，可能一、二十年，而後又滅亡了，然後又恢復了：如波羅的海三小國、白俄羅斯、烏克蘭、斯洛伐克（Slovakia）、摩達維亞（Moldova）、斯洛文尼亞（Slovenia）、克羅埃西亞、馬其頓，再往東就不提了。有些國家我曾親眼目擊她的興與滅，如南斯拉夫及捷克斯洛伐克。對於一些中歐城市老一輩的居民來說，前後相繼地擁有三個國家的身分文件實在是很尋常的事。在蘭堡（Lemberg）或車諾維茲（Czernowitz），像我一樣年紀的人，曾前後經歷了四個國家，這裡還不把戰時的占領算在內；而如果我們把一九三八年短期出現的內喀爾巴阡・魯申尼亞（Podkarpatska Rus）自治政府也算在內的話，那麼在穆卡奇（Munkacs）的居民則應該會經歷五個國家。在比較文明一點的時期，如一九一九年，人民可能還有機會可以選擇要加入哪個國家，但到了第二次世界大戰，人民要不是被強制遷離，要不就是硬被歸併於新的國家當中。中歐與東歐人

到底歸屬於何處？中歐與東歐人如何定位自己？這是個長久未決的問題，而到現在也仍是個待解的難題。在一些國家，這個問題攸關著生與死，幾乎能夠影響、決定這些人的法定身分與生存機會。

除此之外，這個地區還存在著另一種更集體性的不確定。一九四五年後，一些外交人員與聯合國的專家開始對於中歐東歐地區作一種客氣而修飾性的定位：「未開發」或「開發中」，也就是說，相對或絕對地貧窮與落後。從某方面來說，這兩個歐洲之間並沒有明確的界線，我們毋寧說是有一道由西向東傾斜向下的斜坡，西邊代表的是歐洲經濟與文化動力的主要山脈與頂峰，而這道山脈與頂峰從北義大利穿越阿爾卑斯山到法國北部及低地國，並且經由英法海底隧道延伸到英國去。如果追溯這道山脈，可以發現它與中古時代的商路以及哥德式建築的分布一致，而且它也與歐洲共同體中區域的國內生產毛額數字相符應。事實上，今日這個地區正是歐洲共同體的骨幹。然而，這樣一條歷史的界線區隔開「進步」與「落後」，這條線就劃在哈布斯堡帝國的中部。我知道人們對於這些議題很敏感。盧布加納（Ljubljana）❸認為他們自己要比斯高普耶（Skopje）❹更接近文明中心，而布達佩斯❺就要比貝爾格勒（Belgrade）❻要文明些，至於現今布拉

---

❸ 譯註：斯洛文尼亞首府。

❹ 譯註：馬其頓首府。

❺ 譯註：匈牙利首府。

❻ 譯註：南斯拉夫首府。

格❼的政府當局就很擔心自己被貼上「中歐」的標籤，怕會因此沾上「東歐」的色彩。因此布拉格堅持自己是不折不扣屬於西歐的。不過，就我來看，中歐與東歐的國家沒有一個敢認為自己處於文明的中心。因為她們都看著別的地區，儘可能地搜尋那些足堪作為進步與現代的典範，以供學習，而這種心態尤以在維也納、布達佩斯以及布拉格的知識資產階級最為顯著。他們唯巴黎與倫敦馬首是瞻，正如貝爾格勒與露瑟（Ruse）❽的知識分子仰望維也納一樣──他們完全忽略了，就最廣為接受的標準來衡量，現在的捷克共和國及奧地利一部分地區已經可以算是歐洲的先進工業區了，而維也納、布達佩斯以及布拉格在文化上則完全沒有必要認為自己是比較劣等的。

十九、二十世紀落後國家的歷史，就是試著藉由模仿來趕上先進國的歷史。十九世紀的日本人就以歐洲作為他們的楷模，西歐人則在第二次世界大戰之後向美國經濟看齊。廣義地說，二十世紀中歐與東歐的歷史，就是陸續嘗試各種模式以趕上先進國的過程，一再嘗試而一再失敗。一九一八年之後，成立許多新的國家，他們的模範是西方民主以及經濟自由主義。威爾遜總統（布拉格總車站不是又重新以他為名了嗎？）是這個地區的守護神，除了布爾什維克黨人之外，大家都奉行他的路線。（其實布爾什維克黨人也有他們學習的外國對象：拉特瑙〔Rathenau〕與亨

❼ 譯註：捷克首府。

❽ 譯註：保加利亞城市。

利・福特〔Henry Ford〕。）但這並沒有用。這個模式在一九二〇
與三〇年代在政治與經濟上都同時破產。經濟大恐慌讓許多國家
的民主制度崩潰，連捷克斯洛伐克也不例外。這些國家於是開始
嘗試法西斯模式，或者是開始對其示好，因為這個模式在一九三
〇年代運作起來似乎在政治與經濟上都相當成功。（我們都很容
易忽略掉納粹德國在處理經濟大恐慌上是很成功的。）然而，整
合在大日耳曼經濟圈之內也並不成功，因為德國最後是戰敗了。

　　一九四五年後，大部分的國家選擇了，或者說是被逼著選擇
了布爾什維克模式，這個模式是用計畫性的工業革命來將落後的
農業經濟予以現代化。而這個模式其實跟現在的捷克共和國沒有
什麼關連，甚至於與一九八九年之前存在著的德意志民主共和國❾
也沒什麼關係；與它有關連的是中歐與東歐這個區域的大部分國
家，當然還有前蘇聯。我想我不需要再告訴各位這種系統在經濟
上的不足與瑕疵了吧！這種模式不僅造成經濟上的崩潰，而且也
在中歐與東歐造成了政治上的不寬容。我當然更不需要再提醒各
位這個系統對於前蘇聯人民造成了多大的迫害，特別是史達林所
造成的鐵幕。不過，我還是要說，也許這句話各位聽不下去，那
就是這個系統運作地至少比一九一八年君主制崩潰後所運作的各
種制度好得多。對於在這個地區中處於較落後國家的人民來說，
如斯洛伐克及大部分的巴爾幹半島，這段期間很可能是這個地區
在歷史上所曾經歷過的最好時期。而這個模式之所以會崩解，是

---

❾譯註：即東德。

因為它在經濟上已越來越僵化不通，特別是它無法產生創新，並且有扼殺思想創造的傾向。除此之外，這個模式也逐漸無法像過去一樣封鎖消息，不讓人民知道其他國家的發展早已超越了社會主義國家。如果你傾向於另一種說法，也可以說人民已經開始對這個制度冷漠或仇視，以及政府本身對於他們的所作所為也失去了信仰。總之，無論你們怎麼看，這套制度在一九八九到九一年間，突然間就土崩瓦解了。

　　而現在呢？每個人都拼命地追隨另一種新的模式，政治上要求代議式的民主（Parliamentary Democracy），經濟上則採極端的自由市場資本主義制度。以目前的形式來看，還不能說有一個什麼樣清楚的模式，但總歸是對過去種種的反動。這種現象總有一天會安定下來，而慢慢形成一套可行的制度——如果有機會安定下來的話。然而，儘管真會有這麼一天能安定下來，但衡諸一九一八年以來的歷史，我們實在很難看出這個地區能有多大的機會能夠邁入「真正」先進而現代的國家之林中。即便是那些沒有遭受過內戰、混亂與無政府之苦的國家，他們在學習雷根總統與柴契爾夫人的過程中，其結果也是令人沮喪的。而如果你曾聽過英國在這方面輕描淡寫的說詞，將會發現，即便是雷根—柴契爾模式的源起國，在運作的過程中也沒獲得多大的成功。

　　因此，整體來說，中歐與東歐的人在為他們的過去沮喪的時候，可能還要為他們目前的生活沮喪，然後對於未來則應該是充滿了不確定。這是一個相當危險的狀況。人民會找尋代罪羔羊來為目前的失敗與不安全感負責。在這種情緒之下，會因此受益的

運動團體與意識形態不會是那些想回歸一九八九年前狀態的群體，至少就這個世代來說是這樣；而會是一種仇外的民族主義以及不寬容。遇到問題就歸咎於外國人，一向是最簡單的方式。

從這一點就要帶入我的第二個主題，主要是與大學的任務有關，或者至少與我身為一個史家以及大學教授的任務有關。歷史作為一種民族主義者、種族主義者或基本教義派會加以運用的原始材料，就如同罌粟乃是海洛英的原料一樣。對於各種意識形態來說，過去（past）是一種基本元素，或者應該說，是最必要的基本元素。假如過去不能合乎需要，那麼就得創造一個。其實，從事物的本質來看，過去經常是無法合於需要的，因為這些意識形態想要合理化的現象，並非來自於古代，也非來自於永恆，而是一種歷史的新事物。這可以適用於當代的宗教基本教義派（何梅尼〔Ayatollah Khomeini〕對於回教國家的說法，完全是一九七〇年代早期全新的產物）及民族主義。過去能合理化任何事情。過去給予了原本無足稱述的現在（present）一個輝煌的背景。我記得曾在某個地方看過一個關於印度河谷城市古文明的研究，書名叫《巴基斯坦五千年》（*Five Thousand Years of Pakistan*）。巴基斯坦在一九三二到一九三三年之前根本無從想像，因為巴基斯坦這個名字是在這個時候由一些學生民兵所創造出來的。而在一九四〇年之前，他們也沒有明確的政治訴求。到了一九四七年，巴基斯坦才正式以國家的形式存在。摩衡諸達羅（Mohenjo Daro）文明與目前伊斯蘭瑪巴德（Islamabad）統治者之間的關連，正如同特洛伊戰爭（Trojan War）與安卡拉（Ankara）政府之間的關連

一樣模糊。而最近安卡拉政府就要求，將施利曼（Schliemann）當初挖掘出來的特洛伊城普里安王（King Priam of Troy）的寶藏歸還給他們。無論如何，將巴基斯坦說成有五千年歷史，總比說成四十六年好聽多了。

在這種情況下，歷史學家發現他們居然意外地成為政治上的主角。過去我一直認為歷史學家不會像核子物理學家那樣製造災難，不過現在我不這麼想了。歷史學家的研究可以是一個製造炸彈的工廠，而愛爾蘭共和軍就是在這樣的工廠中，將化學肥料變成了炸藥。面對這樣的問題，我們除了一方面必須忠於歷史事實，另一方面也應該要對於政治的意識形態的濫用歷史提出批判。

在忠於歷史事實這方面，我不想多作著墨，而是要說明一下最近出現的兩種潮流。首先，近來的小說家開始流行以歷史文獻為基礎，來進行小說情節的寫作，而一反以往純創作的方式，如此便讓歷史事實與小說虛構的界線越來越模糊。其次則是「後現代主義的」（postmodernist）思想潮流開始在西方的大學興起，特別是在文學系與人類學系。後現代主義暗示，所有看似客觀存在的「事實」，其實只是人的主觀所建構出來的——簡而言之，事實與虛構之間並沒有明顯的不同。然而對於歷史學家而言，甚至於包括那些反實證論的史家來說，具備區分事實與虛構的能力，乃是基本中的基本。我們沒有辦法創造過去發生的事實。貓王到底是死了，還是活著，這個問題可以基於證據而能毫不含糊地回答，重點是，證據充不充分。現在的土耳其政府否認當初在帝國

時期時，曾想在一九一五年要將亞美尼亞人滅種；這件事到底存不存在，大部分的史家基於嚴密的歷史考證，已經可以斷定屠殺確實存在。即便對於這個歷史事實大家的解讀不同，所置放的歷史脈絡也不同，但這個歷史事實的存在卻不容抹煞。最近，印度教狂熱分子破壞了阿歐迪亞（Aodhya）的一處清真寺，因為他們認為這個地點是印度教神祇拉瑪（Rama）神聖的誕生地，而當初的回教莫臥爾（Moghul）❿ 帝國統治者巴布爾（Babur）就是

---

❿ 譯註：Moghal Empire，國內一般多譯為蒙兀兒帝國。唯「蒙兀兒」一詞，實為 Mongol 之翻譯，即現今習稱的「蒙古」。至於 Moghal Empire(另又可拼為，Mughal 或 Mughul)的創立者巴布爾(Babur，另有一拼法 Baber)，雖然是蒙古人成吉思汗的後裔，然而其實已經雜有土耳其人(Turks)的血統。也就是說，所謂 Moghals，雖然是蒙古西征後，成吉思汗第二子察合台(Chaghatai)於中亞建立汗國後所遺留之蒙古族裔，然而經過三百多年與中亞民族的通婚，其實已成為信奉回教的土耳其人的一支，與信仰佛教的蒙古人不相統屬。因此，把西元一五二六年開始入主印度的 Moghals 所建立的 Moghal Empire，翻成蒙兀兒帝國並不正確。

「蒙古」一詞，中國自唐以來翻譯往往不同，按王國維《觀堂集林》卷十五〈萌古考〉之整理。《舊唐書》稱「蒙兀」，《新唐書》則稱「蒙瓦」，《遼史》稱「萌古」。至於《金史》除稱「萌骨」外，還有「謨葛失」；《亡遼錄》稱「毛割石」；《東都事略附錄》稱「毛揭室韋」；《三朝北盟會編》稱「蒙國斯」；《燕雲奉使錄》稱「萌古子」；《松漠記聞》稱「盲骨子」，又稱「矇古」；至《建炎以來系年要錄》，則終於有「蒙古」之名。

至於「蒙兀兒」一詞，可能來自於清末屠敬山所編纂之《蒙兀兒史記》。屠敬山說：「本書起迄，不囿於有元一代，故不曰元史，而曰蒙兀兒史。」然而，「蒙兀兒」一詞曾受批評，學者認為語音並不貼切。然而，我們可以確定的是「蒙兀兒」乃專指蒙古。

至於 Moghal 之所以在此譯為「莫臥爾」，乃本於清末徐繼畬《瀛寰志略》一

特別選擇了這個地方來蓋清真寺。我在印度大學的同事曾寫了文章說明：第一、直到十九世紀，都還沒有人說阿歐迪亞是拉瑪的誕生地；第二、這座清真寺幾乎可以確認不是建於巴布爾時代。我很希望這樣的一個研究能對那些試圖要藉機會煽動起事的印度教徒有所影響，因而避免讓那些認識字的群眾暴露在不寬容的政治宣傳當中。如果說我的印度同事是在盡他們作為史家的職責的話，那麼就讓我們做我們該做的吧。

很少有不寬容的意識形態會立基於毫無證據支持的謊言或虛構。畢竟，一三八九年時科索沃（Kosovo）是發生了一場戰爭，在這場戰爭中，塞爾維亞的勇士（Serb warriors）及其盟友被土耳其人打敗，之後便在塞爾維亞人的記憶裡烙下傷痕。雖然這並不能證成塞爾維亞人現在壓迫阿爾巴尼亞人（他們構成了科索沃百分之九十的人口）是合理的，也不能證成塞爾維亞人宣稱科索沃是他們的是正確的，但他們的確要仰賴一三八九年這件事實。另一方面，丹麥就不會因為現今英格蘭東部地區早在十一世紀就有丹麥人來拓殖，並且目前在當地仍適用丹族法（Danelaw）以及地名仍帶有丹麥語音節，就宣稱她領有英格蘭。

意識形態濫用歷史最常見的手法，是讓時代倒錯，而不是說

書，其書卷三的「印度」部分中有云：「印度為蒙古別部。元末，駙馬帖木兒王撒馬兒罕，威行西域。印度諸部皆臣服。明嘉靖間，撒馬兒罕別部莫臥爾攻取中印度地立國。勢甚張，力尚回教，黜佛教。」文中之「莫臥爾」即為Moghal，因此，採譯「莫臥爾」。

是故，國內採用的「蒙兀兒」乃是誤譯，此處不採。

謊。希臘民族主義反對馬其頓獨立為一個國家，甚至於反對有馬
其頓這樣一個名字，乃是因為他們認為所有的馬其頓人都是希臘
人，是希臘這個民族國家的一部分。這個淵源可以上溯自亞歷山
大大帝的父親，也就是馬其頓王，他是當時巴爾幹半島上希臘本
土的統治者。馬其頓的問題，不是用學術的角度就能解決的，而
要希臘的知識分子就尊重歷史的角度來駁斥以上的說法，但恐怕
他們得要有很大的勇氣。西元前四世紀時，希臘並不是一個民族
國家，她也不是個單一的政治實體；至於馬其頓帝國，則是完全
與希臘無關，而且也不是個民族國家；除此之外，古希臘人恐怕
是把馬其頓的統治者當成野蠻人而非希臘人來看待，這一點與古
希臘人日後看待羅馬統治者的態度相同，不過在當時，希臘人懂
得小心謹慎地處理彼此之間的關係，所以不會在口頭上就這樣表
示出來。另一方面，馬其頓在歷史上也是一個各種族的融爐，想
要把她歸屬於一個單一的民族根本是不可能的，因此，法國人將
什錦沙拉取名為馬其頓（macédoine），並非毫無見地。同樣的道
理也可以適用於移民國外的馬其頓極端民族主義分子身上，還有
克羅埃西亞所有的出版品。後者想把偉大者茲翁尼米爾
（Zvonimir the Great）移花接木，把他變成總統圖迪曼（Tudjman）
的祖先；儘管艱困無比，薩格瑞大學（Zagreb University）的歷史
學家（能將他們當成我的朋友是我的驕傲）仍然勇敢地反對這種
扭曲而充滿民族主義色彩的歷史教育。

　　許許多多想用神話與創造來取代歷史的舉動，不僅僅只是一
種低劣的思想笑話而已。他們可以決定歷史課本裡面的內容該是

什麼,像日本政府當局就深知箇中三昧,他們堅持將日本侵華的史實予以潔淨化,再放到課堂上來教授。神話與創造是認同政治學(politics of identity)的核心,藉由種族、宗教或過去及現在的國界來定位自己的人群,可以用這種方式在這個充滿不確定性的世界中找到確定的東西,那就是「我們與別人不同,我們比別人優越。」我們在大學很關切這方面的發展,因為會對神話與創造進行有系統地陳述的,都是受過高等教育的人士:學校老師、信徒與僧侶、教授(我希望別太多)、新聞從業人員,大眾媒體幕後的製作人。時至今日,這些人多半有著大學學位。可以確定的是,歷史並不是對祖先的種種追憶或者是集體性的傳統。人們學得歷史,是透過學校老師、歷史書寫者、雜誌的編輯,以及電視製片人。對歷史學家來說,牢記自己的責任何在非常重要,也就是要與認同政治學所勾起的熱情劃清界線——就算我們時時刻刻感受到它,也得堅持。因為,畢竟我們也是人。

這件事情有多嚴重,可以從最近以色列作家埃倫(Amos Elon)所寫的文章看出來,希特勒對猶太人所進行的種族滅絕,已經轉變成將以色列國的存在予以合理化的一種神話。不僅如此,以色列在右派政府掌權時期,還把這個種族滅絕的慘劇轉變成一種民族儀式,藉以強化以色列的國家認同與民族優越主張,並且使其成為官方的民族信仰的中心主題——與上帝聯繫在一起。埃倫追隨著新上任的以色列工黨政府教育部長,開始追溯「大屠殺」(Holocaust)這個概念的轉變過程,並且主張歷史必須要與國家神話、儀式與政治區分開來。我身為一個猶太人,但卻

不是以色列人，對這個問題不予置評。但身為一個歷史學家，我必須帶著遺憾的心情讚許埃倫的看法。這樣一篇對於種族滅絕的學術史貢獻至大的作品，無論它是成於猶太人或非猶太人之手，卻沒有像希爾伯（Hilberg）的偉大作品那樣被翻譯成希伯來文，或者是說雖然正在翻譯當中，卻被什麼原因耽擱下來，最後卻是被編輯給放棄了。這篇了不起的種族滅絕的史學史作品的命運，並沒有因此而成為沉默的悲劇，它已經成為神話合理化過程中的一段變奏曲。

這個故事給了我們希望。我們聽到了那些批評帶有神話性或民族主義色彩的歷史的聲音，而這聲音是從他們自己內部發出來的。我注意到了以色列從建國以來四十年，不斷地從民族大義與猶太復國運動的觀點來寫以色列史，而現在終於有了轉變的契機。這種情況，我同樣也在愛爾蘭史發現到了。在愛爾蘭獲得獨立五十年後，愛爾蘭的歷史學家終於不再從民族解放運動那種具神話色彩的觀點來寫愛爾蘭的歷史。愛爾蘭歷史，包括愛爾蘭共和國與北愛爾蘭，將因此而步入一個偉大的時代，因為它終於解脫了神話與創造的束縛。不過這種作法仍然有其政治意涵及風險，因為這麼做等於打斷了從芬尼安會會眾（Fenians）[11] 到愛爾蘭共和軍的古老傳統，他們以古老的神話為名，以槍炮與炸彈來

---

[11] 譯註：芬尼安本是傳說在西元二、三世紀時保護愛爾蘭的勇士，後來愛爾蘭人於十九世紀反抗英國，致力於愛爾蘭獨立時，便以芬尼安為名，組成芬尼安會。

奮戰。不過，現在新的一代已經慢慢成為社會中堅，而能夠遠離祖國歷史上在追求獨立過程中所受的種種創傷而生的激情，這一點是值得歷史學家欣慰的。

然而，我們不能夠用坐等世代交替的方式來解決問題。我們必須在發現有民族、種族及其他神話正在形成的時候，就要挺身而出予以抵抗。不過，這麼做勢必是不受歡迎的。瑪薩里克（Thomas Masaryk），捷克斯洛伐克共和國的創建者，當他參與政治的時候，是一個極不受歡迎的人，因為他揭露了所有捷克民族神話所賴以為憑的中古文件居然是件贗品。但這件事必須要有人做，而我希望在座中有人是歷史學家的，能夠做到。

以上就是我想要跟各位說的，也就是史家的職責。接下來在結束之前，我還要再提醒諸位一件事。你們身為這所大學的學生，可以說是特權階級。從這樣一所優秀而有聲望的大學裡畢業，你們很有可能（如果你們願意的話）在社會上擁有很高的社會地位，有很好的事業，並且賺的錢比別人多（也許比不上那些成功的大商人）。我想要提醒你們的，也是當初我開始在大學教書時，人家所提醒我的。我的老師告訴我：「你在這裡的目的，是為了那些無法像你這般優秀的學生。他們的資質平庸，想法並不有趣，而且他們待在第二流的班級裡也沒辦法聽到什麼有啟發的東西，因此他們寫出來的考卷也千篇一律。相對地，教第一流的學生是一種享受，但是他們自己會照顧自己，因此那些不是第一流學生的孩子才是真正需要你的人。」

這段話不只可以用在大學，還可以用在全世界。政府、經

濟、學校以及社會的一切，都不是只為了少數的特權階級的利益
而存在的，而是為了一般大眾。他們不是特別聰明或有趣（除
非，我們與其中的一人墜入情網），他們沒有受過高等教育，也
不成功或註定不會成功——簡直說吧，就是平凡無奇。在歷史
上，這樣的人往往在脫離了他的社群之後，在歷史檔案上只剩下
了生日、配偶及死亡時間。然而，一個社會之所以值得讓人在其
中生活，就在於這些人才是社會的主角，而不是有錢人、聰明人
或天才。不過，一個值得生活的社會也要提供空間讓這群少數族
群安身。所以，這個世界的存在並不是為了某些個人的利益，同
樣地，我們也不能光想著我們自己的利益。如果我們的世界真成
了專為特權設想，而且人人為己的世界，那麼這個世界絕不會是
個好世界，它也絕不可能長久。

2

過去感

The Sense of the Past

以下的章節試著要描繪出過去、現在與未來的關係，而這三者乃是歷史學家所關切的重點。一九七〇年，《過去與現在》舉辦一場學術討論會，專題是「過去感與歷史」（The Sense of the Past and History），本章即是以當時開場的論文改寫而成。這篇論文原刊於《過去與現在》第五十五期（1972 年 5 月），原題目為〈過去的社會功能：一些問題〉（'The Social Function of the Past: Some Questions'）。

人類藉由與年長者共同生活，而意識到過去（這裡講的過去，乃是指在任何人所能直接記憶的事件所發生之前的時代而言）。所有可能與史家有關的社會都有過去，即便是那些最新建立的殖民地，也因為移居其中的人是來自於某些有長遠歷史的社會，因而也擁有過去。要成為人類社群的一分子，就要將自己安置在這個社群所擁有的過去當中，即使是用排斥的方式也無妨。因此，過去乃是永久存在於人類意識中的一個面向，也是人類社會中，無論是制度、價值或其他行為模式所不可或缺的一部分。歷史學家所要面對的問題，乃在於要分析社會中「過去感」的本質，並追溯其變遷與轉型。

❧ I ❧

我們在研究歷史的時候，有絕大部分是把重心放在社會（societies）與社群（communities）上面，對於這些社會與社群來說，**過去**在本質上乃是**現在**所該遵循的模範。❶ 理論上，每一個世代都想盡可能地將前一個世代的行為模式加以複製及重製，並且認為如果努力得不夠，將會讓自己這個世代缺乏上一世代的某種特質。這種完全受過去支配的思想，不可避免地會讓所有想改變與創新的企圖喪失合法性，不過話說回來，事實上也不可能存在著這麼一個社會，能夠拒絕任何的創新。創新（innovation）的產生可以經由兩種方式。首先，官方會清楚界定「過去」是什

---

❶ 譯註：粗體為譯者所加。

麼，而其作法大致上是對於大家已經記住或能夠記住的那些無窮的資料進行特定選取。在各種社會裡，這種形式化的社會過去（formalized social past）有多廣泛，要視狀況而定。不過，在選取或者形式化的過程中，總是會存在著縫隙；也就是說，人們會用某種方式將他們認為在社會上具有重要性的，統合成他們所意識到的歷史，但總會有一些事件是不能統合進這個歷史系統的。創新可以從這些縫隙中產生，但是由於創新無法自發地產生而主動地影響系統，因此也無法自發地反抗障礙：「我們以前不是這樣做的。」（This is not how things have always been done.）去探索究竟是哪一類的活動比較有彈性、容易在此刻被忽略但卻在之後顯得重要，應該是件有趣的事。有人認為，技術從廣義來說應該屬於有彈性的要素，至於社會組織、意識形態或價值系統則應該屬於無彈性的要素，除此之外的要素就無關緊要。然而，在缺少比較史的研究之下，這個問題也只好暫時擱置。當然，我們可以看到過去一些受傳統束縛甚深而且重視儀式的社會，也接受了新的農作物以及新的交通工具（如北美印第安人接受了馬）和新武器，卻完全不妨礙他們過去所創造的模式的運行。但從另一方面來看，也可能有其他未曾經過詳細調查的社會，會對這方面的創新有所抗拒。

「形式化的社會過去」明顯具有更嚴謹的意義，因為它為「現在」定下了模範。形式化的社會過去在現在出現爭論與不確定時，擔任起上訴法院的角色：在沒有文字的社會，風俗習慣以及長者的智慧就等同於法律；而在有文字或文字不廣泛流通的社

會，將過去奉為神聖的文獻則因此產生某種精神上的權威，進而產生了與法律相同的功效。一個美洲印第安社群主張某塊土地為其所有，其根據可能來自於遠古；或者單純憑記憶來主張從過去至今財產本為其所有（很可能是有系統地由世代不斷口傳下來的）；或者根據從殖民時期以來所得到並且細心保管的特許狀（charters）或司法決議（legal decisions）：這兩者都具有記錄過去的價值，可作為現在的規範（norm）。

這並不排除某種彈性或事實上的創新，我們可以說，這叫舊瓶能裝新酒。二手車的買賣似乎可以完全看成是與吉普賽人作馬的買賣一樣，吉普賽人理論上仍維持某種程度的游牧來繼續保持他們的生活方式。學生在學習二十世紀印度「現代化」時，會發現不管是在思想上或在行為上，強大而嚴謹的傳統制度不斷在延伸及修改，政府根本無法介入，也就是說，創新在這當中會被重新表現為一種非創新的東西。

在這種社會裡，有意識的以及激進的創新也是可能的，但要透過幾種方式來將其合法化。它可能要被偽裝成要回歸或再去發現某部分被遺忘或放棄的過去，或者是被創造成一種超道德力量（superior moral force）的反歷史原則（anti-historical principle），這種原則可以用強制的方式毀滅現在／過去，例如宗教的啟示或預言。在這種狀況下，反歷史原則是否就因此而喪失了訴諸過去的可能，我們並不清楚；也就是說，是否「新」原則經常是——或總是？——重新再聲明（reassertion）一次「舊」預言，或者是再重新聲明一次「舊」形式（genre）。歷史學家與人類學家的困難

在於，重要的社會創新之所以能在原始社會具備合法性，根據目前所見的資料來看，總是發生在傳統社會面臨重大社會變遷的時候，也就是過去本來具有嚴謹規範性的架構突然緊繃到將要斷裂的局面，以致於無法「適當地」運作。由於從社會外部所強加進來的變遷與創新明顯與社會內部的力量無關，因此沒有必要要求一定要影響社會內部的觀念系統並進而要求其觀念一定要創新──而這樣的問題也可以用不可抗力（force majeure）❷ 這個理由來加以合法化──在這種狀況下，即便是最極端的守舊派也會與這種入侵他們社會並把他們團團包圍的創新模式妥協。守舊派當然也有可能選擇完全拒絕，或者是接受之後又加以排斥，但是這些方法從長期來看是行不通的。

現在應該要中規中矩地重製過去，這種思考會造成歷史的緩慢進展，不過對於有這種思維的人來說，他們反而認為這樣才是踏實的，然而要這樣作卻要讓整個社會花上很多的工夫去維持，並且保持孤立（如目前在美國的阿米許〔Amish〕教派）。❸ 只要變遷──人口上、技術上或其他方面──的擴大是漸進的，而且讓人有餘裕加以吸收的話，那麼變遷便可以被吸收而成為形式化的社會過去，並且藉由對信仰系統的潛移默化並且將原有的系統架構予以「伸展」或者是用其他方式，就能將變遷轉變成神話的

---

❷ 譯註：Force majeure，法文，源自帝國主義時代，西方殖民母國對殖民地在文化、政治、經濟上的種種宰制與灌輸。

❸ 譯註：阿米許教派，源自於17世紀末期興盛於瑞士的門諾教派，後來則專指當代生活於美國的門諾教派。

或儀式的歷史形式的一部分。即使是很劇烈的變遷也可以如法炮製，雖然其社會心理層面所花的成本會大些，譬如西班牙人征服中南美之後，強迫印第安人改信天主教就是一例。如果不是經過這樣的步驟的話，那麼很難在不破壞傳統社會的模式下，還能作到歷史上我們所看到的各種經過累積而造成的實質歷史變革。「我們一直都是這麼做」仍然主導著十九世紀乃至於二十世紀的農業社會，不過在不同的社會，這句話的意思也不盡相同，譬如一八五○年的保加利亞農民與一一五○年的保加利亞農民的用法就不一樣。認為「傳統社會」是靜態而不變，只是那些庸俗的社會科學所相信的神話。有些傳統社會就算是有某種程度的變遷，也還是「傳統的」：過去的模式仍持續或者是應該持續地熔鑄出現在該有的樣子。

因此，如果我們只把目光鎖定在傳統農村上，那麼不管我們看的數量有多麼多，也只會誤導我們的論證。大部分的狀況是，農村通常只不過是更大的社會經濟或甚至政治系統的一部分而已，在這個系統中某些部分的變遷可能對於農村來說是悖逆於傳統的，但對於都市來說卻具有較大的彈性去包容。只要系統內某處激進的變遷不會影響內部的制度與關係，不會讓過去的經驗全然無所適從，那麼區域性的變遷就可以順利而快速地進行。這些變遷甚至可以被穩定的信仰系統所吸收。農民不滿於城市居民那種眾所皆知的習性：「總是追求新奇。」而城市居民也的確不把過去當成是現在的模範，反而不斷地追求變遷以及不道德的潮流。由過去來支配，並不表示社會是不流動的。過去支配觀與循

環的歷史觀相結合，在歷史變遷中會伴隨著退步與災難（指的是
重製過去失敗），而與過去支配觀不能相容的則是不斷進步的歷
史觀。

❦ II ❦

當社會變遷加快或者社會轉型達到一定程度的時候，過去就
必須停止繼續成為現在的模範（pattern），或頂多只成為現在的
模型（model）。當我們無法自發地每一步都照著祖先的步伐走，
或者也不可能這麼做時，「我們就應該再回到祖先的路子上。」
這句話隱含了過去本身的一個基本的轉變。如今過去變成了（而
且必須變成）創新的面具，因為過去不再表示一種以前怎麼做現
在就怎麼做的作法，而是一種在本質上完全不同於以前的作法。
即使我們實際上把鐘撥回到以前的時間，也不代表我們真的回到
了過去，只是在形式上回到了我們所意識到的過去，兩者間有著
功能上的不同。薩帕塔（Zapata）❹ 時代的莫荷洛斯（Morelos，
墨西哥的一個州）想要將其農村社會重新恢復到四十年前的樣
子，這可說是相當有野心的嘗試──消滅狄亞茲（Porfirio Diaz）
❺ 時代的建制而恢復之前的狀態──但也證明這是個註定失敗的

---

❹ 譯註：薩帕塔（1883-1949）於1910年開始發動革命推翻獨裁者狄亞茲，他
　在政治上傾向無政府主義，在經濟上主張以社會主義來處分農村土地。

❺ 譯註：狄亞茲（1830-1915），於1876年參選墨西哥總統大選，不接受敗
　選，發動政變取得總統職位。1880年之後，扶助他人擔任總統作為傀儡，
　實際掌權至1911年，是墨西哥從民主轉為獨裁的關鍵人物。

作法。首先，它無法完全地恢復過去，因為有很多事物已經無法清楚而客觀地記憶下來，因此也就無法重構（例如各個不同社群所爭執的共有地疆界到底該怎麼劃），更不要提「過去該是什麼樣子」以及以此為根據來相信或想像什麼應該存在了。其次，令人憎恨的創新並不僅僅是一個外來物，彷彿一顆子彈打進血肉似的嵌入社會有機體，可以用外科手術的方式單純地把它取走，以此就能讓社會有機體恢復原來的樣子。創新代表社會變遷的一個面向，不能孤立於社會的其他面向，要把它剔除所費的代價將遠高於一場手術。第三，社會單純地想將時鐘撥回過去，其所要動員的力量將會造成深遠的影響：儘管墨西哥的武裝農民其視野是在地的或頂多是區域性的，但還是演變成自外於國家的革命力量。在這種狀況下的恢復反而變成了社會革命。在國境之內（至少就農民所掌握的區域而言），這個恢復過程可能將時鐘調回比他們原先所想調回的一八七〇年代更早的時代，因此將一八七〇年代仍存在著的市場經濟也給摧毀了。如果我們從整個國家的角度來看墨西哥革命的話，它的效應則是在歷史上創造了一個全新的墨西哥。[1]

　　如果我們同意，那些試著要恢復失落過去的作法是不可能完全成功的，除了一些瑣碎的形式以外（就好像恢復已經傾頹毀壞的建築物一樣），那麼我們就可以知道，所謂的恢復過去只是選

---

[1] 我受益於渥馬克（John Womack）所作的精采傳記，《薩帕塔》（*Zapata*, [New York, 1969]），對於莫荷洛斯運動有詳細的描述。

擇性地挑選而已。（從一些落後的農村地區來看，他們想要恢復所有他們腦子裡記得的過去，要去分析比較，到底哪些留著哪些忘了，這實在是很無趣的工作。）過去的哪些面向會在恢復的過程中被挑選出來？歷史學家傾向於去研究那些比較常被提出來要予以恢復的東西——如舊法律、舊道德與舊宗教等等，而歷史學家也因此傾向於想從這些面向來建立一些概括的結論。但在歷史學家這麼做之前，應該先將自己的種種觀察予以系統化，並且尋求與自己的研究主題相關的社會人類學家或其他學科在理論上的指導。除此之外，在進行過於概括的結構分析之前，應該先試著重新去恢復正在消失或已經死亡的經濟結構，這一點雖然難，但卻並不是完全作不到。小農擁有土地的制度，雖然這種土地制度與大城市居民擁有的放牧地形式沒什麼區別（原本，在這種土地制度下，土地並不是由那些沒有土地的農村工人來平分的），但是這種想恢復小地主制的想法，的確可以構成激進的宣傳口號，有時候甚至會演變成實際的運動。

對於這種選擇性的恢復，我們目前還缺乏有效而概括的解釋模式，雖然如此，我們還是要區別所謂符號性的（symbolic）作法以及有效性的（effective）作法。要求恢復舊道德或舊宗教是屬於有效性的作法。如果這個作法真的實現的話，那麼在理論上，女孩子就不可以有婚前性行為或者是每個人都要上教堂。另一方面，如果是想要恢復二次大戰後華沙被炸毀的建築物，或者是反過來說，拆毀一些特殊的創新遺跡，如在布拉格的史達林紀念碑，這是屬於符號性的作法，即便這種作法中間帶有某種審美的

元素亦然。有人可能會懷疑這樣的區別是否有意義，因為人們真正想要恢復的事物太龐雜也太模糊，並不是特定的恢復活動就能達成的，譬如說，過去的「偉大」或過去的「自由」。有效的恢復與符號的恢復，兩者的關係是很複雜的，而且通常兩者會同時出現。邱吉爾（Winston Churchill）堅持要按原樣恢復國會大樓，這可以從有效性的角度來理解，因為保存原有的建築結構將有利於議會政治的特殊生態，意即，英國政治系統運作上所必要的辯論與氣氛。除此之外，重建的時候也像先前一樣，選擇了新哥德式（neo-gothic）的建築風格，這也暗示著強烈的符號性元素，也就是說，藉由一小部分的重建，卻能奇蹟般地讓人在情感上對於已失落的過去產生完全重現的效果，整體因而全部恢復了。

然而，遲早會有這麼一個時候，恢復過去的作法將會到達一個臨界點，屆時過去就無法被照樣重製或恢復。過去將變得與實際的事實或甚至記憶中的事實大不相同；從歷史的角度來看，過去將會跟那些今天我們所感受到具保守氣味的調調沒什麼兩樣。極力想望諾曼第公爵征服英格蘭前，盎格魯撒克遜人所享有的自由生活，或是仰慕宗教改革前，英格蘭所擁有的快樂時光，這些懷舊的例子相信大家都很熟悉。舉個當代的例子作說明的話，「查理曼」（Charlemagne）❻這個隱喻，從拿破崙一世以來，就不

---

❻譯註：即查理大帝（Charles the Great, 742-814），原為法蘭克王，後受教宗加冕為羅馬人的皇帝，象徵性地代表西羅馬帝國的繼承者，暗喻著一種歐洲統一的理想。

斷被用來作為歐洲應該統一的宣傳工具，不管是藉由法國或德國的武力征服，還是透過邦聯形式，但是卻絕不是恢復到西元八到九世紀歐洲的樣子。在這裡（不管它的支持者實際上信或不信），恢復或再創造一個與現在鮮有關聯的過去，幾乎等於一個完全的創新，而在這種狀況下所召喚出來的過去，將變成一個人造物，或者用比較不客氣的話來說，是一個虛構物。迦納（Ghana）這個國名，是從別的非洲地區的名稱挪過來的，不管從歷史或地理來說，都毫無關聯。猶太復國運動者主張要回歸到以色列國在猶太人被逐出巴比倫而散居世界之前（pre-diaspora）的過去，在實際上等於是否定了超過兩千年來的猶太人歷史。[2]

說明了歷史的虛構性之後，我們仍然應該再對於那些如何使用虛構的歷史的方式作個區分，像修辭性的（rhetorical）或分析性的（analytic）以及那些「恢復」中夾帶著真實與具體的。十七到十九世紀的英格蘭激進分子，並不想回到被諾曼第公爵征服前的社會；「諾曼人之軛」（Norman Yoke）對他們來說，只是一種解釋上的方便，「自由的盎格魯撒克遜人」（Free Anglo-Saxons）頂多只是用來類推或用來追溯系譜，這一點在後面再加詳述。另

---

[2] 這種虛假的歷史渴望，跟那些想恢復過去歷史中傳統舊王朝的嘗試大不相同，後者具有忠實於過去的意味：例如1920年代的秘魯農民起義，目標是為了恢復印加帝國；一直延續到20世紀中葉的中國民族主義運動，是為了要恢復明朝。對於秘魯農民來說，印加帝國並不是遙不可及之物，它宛如「昨天」，與現在的區隔不過是時間而已，因為在神祇與西班牙人所任由當地人處理的範圍內，農民世世代代所作的事不過是不斷重複他們祖先所作的事。他們只要時代倒錯，就能輕易地與過去接軌。

一方面，現代民族主義運動，用勒南（Renan）❼的說法就是，一種忘掉歷史或是扭曲歷史的運動，因為他們的目標是史無前例的，但卻堅稱自己是回歸歷史，而實際上只是在實踐他們自己所虛構的歷史。這一點，特別可以從他們用以區別自己民族與其他民族的方法看出，其區別的根據又是訴諸於遠古，從威爾斯人的新杜魯依德教（Welsh neo-Druids）到希伯來文又被採用作為通用口語，以及納粹德國的「武士會城堡」（Ordensburgen）❽ 都是例證。這些例證，我必須再次強調，都絕對不是「恢復」或「復興」。它們都是創新之物，只是其中夾雜著歷史性的過去，而這些過去，其中有些是真的，有些則是想像的。

　　哪一類的創新會以這種方式，以及在什麼樣的條件下，來達成其目的呢？民族主義運動是最明顯的，因為歷史是最容易運作的原料，可以用來加工使其能滿足民族主義者所要的歷史上的虛構物：「民族」（nations）。其他有哪些運動也是這麼做的呢？我們可不可以說，某些類型的渴望就是比較容易採取這種模式，譬

---

❼ 譯註：勒南（1823-1892），法國古文獻學者（philogist），精通閃米語系（Semitic languages），經典作品為《耶穌的一生》（The Life of Jesus），1882 年寫出著名的〈民族是什麼？〉（What a nation?）。

❽ 譯註：第三次十字軍東征（1189-92）之後，自東方返國的日耳曼騎士組成條頓武士會，向東方殖民與經商，因而佔領了普魯士與波羅的海東岸。日後這些城市即因貿易而組成漢薩同盟，與南方的義北城市正好遙相呼應。條頓武士會是武裝化的修士團體，一般的修士住在修院，但武士會的成員則住在城堡，稱為武士會城堡。納粹德國很有可能是利用這段歷史，來將學生組成武裝的打擊小隊。

如那些與凝聚人類群體相關的活動，那些體現「社群感」（sense of the community）的活動？這個問題仍有待解答。

❧ III ❧

只有在創新已經是不可避免的而且社會也需要的時候——創新在此時便代表了「進步」——才會產生有系統地否認過去的問題。這時會有兩個狀況，一個是如何才能承認創新，也就是將其合法化；一個是創新之後的局勢要如何說明（也就是說，當過去的經驗已經不能拿來說明現在的時候，我們要用什麼方法來認識現在）。第一個問題比較容易回答。

我們不知道「新的」跟「革命的」（用在宣傳上）這兩個詞是在什麼過程中轉變成「較好的」與「較受人需要的」的同義詞，現有的研究沒有辦法提供解答。不過，「新奇」或甚至持續的「創新」，似乎在人類控制非自然的範疇（如科學與技術）上，是兩個比較能被接受的詞彙，這是因為在這些範疇的進展，對於最受傳統束縛的社會來說也是明顯有利的。我們看過魯德主義（Luddism）❾反對過腳踏車或電晶體收音機嗎？但從另一方面來說，雖然某些社會與政治上的創新對於一些群體來說的確是具有吸引力，至少從外表來看是如此；然而，創新（包括技術上

---

❾譯註：西元1811到1816年，英國有一批工人認為機器自動化足以妨害他們的就業，因此開始搗毀機器，這一批工人被稱為魯德分子（Luddite），後來引申為反對提高機械化的運動叫魯德運動。

的）所具有的社會與人文意涵卻還是容易受到排斥，其道理也是相同。物質技術快速而持續的變遷，將使本來對此表示歡迎的人，因為其所帶來人際關係（如性關係與家庭生活）的巨大變動，而反倒開始感到不安；不過，從物質生活的變動演變成人際關係的變動，其間的過程，卻很難讓人察覺。因此，當物質上的創新明顯看起來是有用的，但人們卻不予採用的時候，這一定是顧慮到採用此種創新後所將造成的社會變動。

　　一件明顯有利而且其社會意義為中立的創新，幾乎可以毫無困難地讓人自自然然地接受，而對於習慣於技術更新的人來說，這裡也沒有合法化的問題。人們可能會猜想（但這個說法是否有人真的去調查過？），是否一個在本質上是傳統的活動，譬如廣受信仰的宗教，會毫無困難地接受創新嗎？我們知道古代神聖的文本是強烈反對任何變動的，但藉由現代技術如印刷與油畫風格的石版畫（oleographs），可以讓神聖的圖像變得便宜而易於傳播，因此這些創新就不曾招致任何強烈的反對。相反地，某些創新就很需要合法性，特別這種創新從過去的經驗來看並沒有前例可循時，其中的困難可說是異常巨大。創新如果是少量的，那麼即便在質上的變化很大，也不會造成太大的麻煩。它可以被當成正面不斷戰勝負面的例子，或是「更正」或「調整」的過程，譬如理性戰勝不理性、知識戰勝無知、「自然」戰勝不自然，善戰勝惡。過去兩個世紀來的基本經驗顯示，變遷是持續不斷的。但是有時候，這種正面不斷戰勝負面的原則卻不能適用在某些變遷方式過於特殊的狀況：變遷的方式相當具有神秘性，或是變遷的

方式是藉由誇大惡對於善的反抗力量來進行。[3]

弔詭的是，過去同時也是對於持續變遷能予以制衡的最有用
的分析工具，只不過這裡所用的是另一種形式。過去這時候變成
了一種歷史的發現，是對於變遷的方向予以控制的過程，是一種
發展或進化。變遷本身因此就具備了合法性，而成為一種變形的
「過去感」。對此，貝吉荷（Bagehot）[10] 於十九世紀出版的《物理
與政治》（*Physics and Politics*, 1872）提供了一個好例子；流行的
「現代化」概念顯示了一種想法簡單的思考取向。簡單地說，能
夠將現在合法化並且對其予以解釋的，並不是過去那一堆零散的
事件（a set of reference points），例如大憲章（Magna Carta）；甚
至也不是過去的那一段時間，例如舊國會大樓仍存在的那段時
光；而是由過去演變成現在的過程。面對無法反抗的變遷過程，
即便是保守的思想也會認為這是一種歷史的必然而予以接受。也
許，這對他們來說反而是比較恰當的，至少歷史可以給予的最具
說服力的智慧形式就是事後檢討的能力。

不過，要詳細而清楚地陳述一個與過去毫不相像的未來，也
需要預見的能力，而要進行這項工作的人又會遭遇什麼樣的狀況
呢？要在沒有任何參考的狀況下進行是相當困難的，而我們發現

---

[3] 革命政權在革命成功後，所作的說詞，可以用這種方式來分析。如此便能夠
有助於理解在革命分子眼中為什麼有著摧毀不完的「布爾喬亞的殘餘」
（bourgeois survivals），以及在革命後許久仍存在著的激烈的階級鬥爭。

[10] 譯註：貝吉荷（1826-1877），英國銀行家、《經濟學人》編輯、政治與文化
評論家。

到那些最致力於創新的人，總是試著要找到這樣的例子，不管如何地不合理，包括從過去找，或者尋找效果相同的例子；「原始社會」（primitive society）就被認為是人的過去與現在並存的一種形式。十九與二十世紀的社會主義者不加懷疑地將「原始共產主義」（primitive communism）當成分析時的根據，在廣泛使用之下，這種作法顯示出有具體的前例要比沒有前例有更多的好處，至少它提供了能解決新問題的例子，只不過如此一來卻扭曲了過去實際上類似問題的真正解決方式。在詳細而清楚地陳述未來時，當然不一定非要理論不可，只是在實際上，想要預測或為未來建立模式的需要卻相當的強大，不能加以忽視。

歷史主義（historicism）⓫ 在某種程度上運用了繁瑣而複雜的方式，將過去的趨勢由外而內地強加在未來上，是在預測時最方便且最受歡迎的方法。無論如何，要辨明未來的形象，要從過去

⓫ 譯註：霍布斯邦在此所用的歷史主義，可能有兩個意義，一個是卡爾‧波普（Karl Popper）在《歷史主義的貧困》（*Poverty of Historicism*）所提到的歷史主義；另一個則是歷史學界用來指涉德國觀念論影響下所形成的歷史研究方式，也叫歷史主義。不過從霍布斯邦接下來所提及的「好社會」、「可欲的政治系統」以及「烏托邦」等等詞彙來看，霍布斯邦顯然採的是卡爾‧波普的說法，因為後者在其書中對這些詞彙曾有一些討論。而「歷史主義」一詞，是波普個人所創造出來的，用來說明社會科學研究方法上所呈現的一種取向，不管是傾向於自然科學，或者反自然科學，兩派的目的都在作歷史的預測，他們假定歷史是演化的，擁有「韻律」與「類型」、「法則」與「趨勢」，能夠發現這些，就能預測歷史的走向。很明顯地，德國觀念論影響下的歷史主義，可以被歸類為反自然科學一派的歷史主義，而孔德及馬克思的歷史階段分期，則為傾向於自然科學的歷史主義。

發展的過程中找線索，因此弔詭的是，我們越是期望創新，那麼在發現的過程中也就越需要歷史。這個程序可以從非常天真的——認為未來是個更大更好的現在，或是更大但更壞的現在，這些觀點顯示了單從技術發展的角度來思考，或是悲觀的社會主義式的反烏托邦思想——到思想上非常複雜以及緊密的；不過這兩種思考背後的基礎都是歷史。從這個地方出發，也會看到一些矛盾，這個矛盾是從馬克思（Karl Marx）的論點產生的。馬克思一方面相信資本主義一定會被社會主義所取代，但另一方面卻又很不願意針對社會主義將被共產主義社會所取代的現象，作一個概況說明。這並不只是一個常識問題：能夠看出一個發展的趨勢，並不代表就能在複雜及許多方面都是未知的未來環境中，預測出具體結果。這也顯示出其中的衝突，一種是用本質上是歷史決定論的模式來分析未來將會如何，這其中假定歷史的變遷是持續不斷的過程；而另一種則是目前為止相當普遍的計畫社會模式，也就是維持一定程度的穩定。烏托邦在本質上是個穩定而自我再造的國家，其隱含的非歷史決定論傾向相當的明顯。即使是烏托邦色彩較少的「好社會」模式或可欲的政治系統，不管它們是如何地與外在變遷作對應，也都傾向於透過那些不被變動所影響的較穩定及可預測的制度與價值架構，來進行運作。將社會系統與持續變遷連繫起來，這在理論上沒什麼困難，但在實際上沒有必要這樣作，這也許是因為在社會關係上過度地討論不穩定與不可預測，特別會讓人失去思考的方向。用孔德的術語來說，「秩序」與「進步」是並存的，不過分析其中一個詞彙，並不能說明另一

個詞彙有什麼可欲之處。當我們最需要歷史的時候，歷史的功用反而消失了。[4]

　　因此，我們也許仍然被迫要面對過去，以類似於傳統對待過去的方法，那就是把過去當成眾多先例的儲藏庫，只不過現在我們的選取是藉由分析性的模式或計畫，這已與傳統方式不同。設計一個「好社會」尤其是如此，因為就我們所知，大部分運作成功的社會都是從數千年來人類共同生活的經驗中得到教訓，也許還加入了一些最近流行的對於動物社會行為的研究。研究歷史上「到底發生過什麼事」，有助於解決現在及未來的種種問題，這一點是毫無疑問的，而在對過去的歷史活動提出新問題的時候，也等於為這些舊歷史活動注入了新生命。因此，貧民窟或十九世紀大城市市中心被廣大的鐵道建築所取代，這些狀況可以也應該能有助於理解十二世紀末期都市車馬大道的建築是怎麼一回事；而中古時代大學「學生權力」的不同經驗，對於現代大學構成結構的改變並不是沒有影響。[5] 不過，這個經常是獨斷地挖掘過去以有助於預知未來的作法，就目前來看，其本質仍需要更多的分析。無論有沒有歷史研究，這種作法本身並不取代適當的社會模式的建構。它只是反映並在--些狀況下緩解了模式在建構上的不

---

[4] 當然如果我們假定「變就是對」，或至少變是不可避免的，那麼不管對於這種假定贊同與否，我們還是可以接受從過去的趨勢來預料未來的作法，但這並不能讓問題消失。

[5] 見柯本（Alan B. Cobban），〈中古時代大學生的權力〉（'Medieval Student Power'），《過去與現在》第五十三期，（1971 年 11 月），頁 22-66。

適當罷了。

❧ IV ❧

這些漫不經心的陳述並不能將社會使用過去的方式完全說明白,而在這裡也不打算這麼作;不過,我們仍要簡要地提兩個特殊的問題:作為系譜（genealogy）的過去,以及作為編年（chronology）的過去。

過去感作為一種集體性的經驗連續,仍然具有極大的重要性,即便對那些最致力於創新以及相信新奇就等於改進的人來說也是如此:每個現代教育系統的課程中莫不有「歷史」,現代革命分子的理論（如果他們是馬克思主義者的話）認為他們與過去毫無關聯,但卻尋找他們的祖先（斯巴達克斯〔Spartacus〕❷、摩爾〔More〕❸、溫斯坦利〔Winstanley〕❹）。從過去到現在,現代馬克思主義者到底從古羅馬的奴隸叛亂中學到了什麼呢?假定這場叛亂的目的是共產,那麼對於這場叛亂的分析也註定要失敗,就算有結論也對現代共產主義者的熱切渴望沒什麼影響。對於久

---

❷ 譯註:西元前73-71年,本為奴隸後為格鬥士的斯巴達克斯率領奴隸叛變,後為克拉蘇所平定。

❸ 譯註:摩爾（1478-1535）,英國人文主義學者、政治家與法官。因為不願對亨利八世於1534年頒布的繼承法宣誓而被判叛國被殺,此法的內容否定了教宗的權威。

❹ 譯註:溫斯坦利,17世紀時的英國共產思想者,認為私有財產制的產生是人類淪落至不平等境地的開始。

遠的叛亂傳統有一份歸屬感，提供了情感上的滿足，但這是如何作到的？為什麼？它是否類似於連續感，這種連續感灌注於學校課程中，讓兒童能夠願意去學習波蒂西亞（Boadicea）❶ 或維辛多利克（Vercingetorix）❶，阿弗列大王（King Alfred）❶ 或聖女貞德（Joan of Arc）❶ 這些知識（這些知識都是假定，根本很少去檢證），而使他們「應該能夠區別自己是英國人或法國人？」過去作為連續與傳統，作為「我們的祖先」，引用過去的力量是強大的。即使是觀光事業也是用這種方式。我們對於情感帶有直覺性的同情，這不應該讓我們高估找出事情真相的困難度。

　　就較為人熟悉的系譜形式來說，困難自然是小得多，而這種系譜形式在於嘗試去支撐不確定的自尊心。暴富的資產階級尋找血統，新的民族或運動收集過去的偉大以及歷史上的成就，而與此對比的是，他們的歷史其實往往缺乏這些東西——不管他們的感受是否值得同情。⁶ 最有趣的問題是，這類系譜的運作是否有一天會變得沒有必要呢？從現代資本主義社會的經驗來看，他們

---

❶ 譯註：英格蘭地區艾西尼（Iceni）部落的皇后，於西元60年起兵反抗羅馬人的統治，被認為是英國第一個女英雄。

❶ 譯註：維辛多利克為高盧部落首長，於凱撒帶領羅馬兵團與部分高盧部落攻不列顛期間，起兵叛亂，被認為是法國民族英雄。

❶ 譯註：阿弗列大王（849-99），第一個征服整個英格蘭地區的國王。

❶ 譯註：貞德（1412-31），於英法百年戰爭中，以農家女身分率領法軍對抗英軍，1920年被封為聖女。

⁶ 俄國歷史研究普遍強調史達林時代晚期的科學成就，此舉引起了外國的嘲笑，因為他們實際上隱藏了大量俄國在19世紀科技上的巨大成就。

是永久的，也是暫時的。一方面，二十世紀末的暴發戶仍然希望能過著貴族的生活，即便這並不能真正代表政治或經濟上的地位，但仍象徵著最高的社會地位（位於社會主義共和國境內、萊茵河畔的城堡，莊園主人在此享受著打獵的樂趣）。另一方面，新中古、新文藝復興及路易十五時代的建築，還有十九世紀資產階級的社會風格，都在某個時候讓位給了考究的「現代」風格，這種風格不僅不以過去為宗，還發展了一種奇怪的美學上的類推：技術上的創新具有藝術性。不幸的是，歷史上唯一提供我們研究材料的，也就是同時引用祖先與新奇兩種特質的社會，只有十九與二十世紀的西方資本主義社會。因此，憑藉這樣一個單一的取樣，是不足以建立通則的。

最後，編年的問題，將帶我們到通則產生的另一種極端，因為我們很難去找出有這麼一個社會，會毫無目的地記錄時間的存續以及事件的接續過程。芬萊（Moses Finley）曾經指出，編年的過去與非編年的過去，有著相當根本的不同：荷馬（Homer）的《奧德賽》（*Odysseus*）與巴特勒（Samuel Butler）的奧迪賽，後者的寫法當然不會用荷馬的方式，而是寫一個中年男人在二十年離家之後，終於返家回到他那已經年老的妻子身邊。編年是對過去的歷史感，當然對於現代也很重要，因為歷史是有方向的變動。時代倒錯（anachronism）可以馬上警醒歷史學家，而且能讓徹底編年的社會產生情感上的驚異，這可以輕易地透過藝術上的運用來作到：以現代服裝來演出的《馬克白》（*Macbeth*）所帶來的種種好處，明顯並不是詹姆士一世時代（1603-25）所演出的《馬

克白》所能給予的。

　　乍看之下，時代倒錯對於傳統的過去感比較不重要（過去是現在的模範或模式，經驗、智慧與道德的庫房及儲藏室）。在這樣的過去感之下，不會用同時性的角度來看事件，譬如羅馬人及摩爾人（Moors）[19] 在西班牙復活節遊行或其他時候扭打成一團；這兩種人在編年的關係上根本扯不上邊。赫拉提烏斯（Horatius of the Bridge）[20] 在橋上的事蹟，給後世的羅馬人留下了榜樣，但這是發生在史蓋伊沃拉（Mucius Scaevola）[21] 之前或之後，這種問題只有學究才會覺得有趣。類似的狀況（以現代為例），馬加比家族（Maccabees）[22]，也就是瑪薩達（Masada）與巴科八（Bar Kokhba）的守護者，其對現代以色列人的價值並不因為時代的久遠而有所貶損。當真實的時間介入到這一類時代倒錯的過去時，過去便又會改變（例如，用現代歷史學的方法來分析荷馬史詩與聖經）。這是一種破壞社會意義的過程，也是社會正在轉型的徵兆。

　　編年史（又可分成系譜的形式或純粹編年的形式）從某個角

---

[19] 譯註：摩爾人居於非洲西北部，西元8世紀時占領西班牙。

[20] 譯註：泰伯河（Tiber River）上的塞伯利先橋（Sublician Bridge）是通往羅馬城的要道，伊特拉斯坎人（Etrucscans）想由此路攻羅馬，赫拉提烏斯誘敵走上橋面並奮勇砍斷橋面，消滅敵軍，救了羅馬。

[21] 譯註：史蓋伊沃拉是羅馬勇士，西元前508年，他曾嘗試要刺殺圍困羅馬的伊特拉斯坎國王，失手被捕。史氏以右手置於火上燒灼，直至焦爛為止，然後表示羅馬尚有百名像他一樣勇敢的勇士，伊特拉斯坎人因而退兵。

[22] 譯註：西元前2世紀領導猶太人脫離希臘暴政的猶太家族。

度來看，對於許多識字或甚至不識字的社會來說是相當重要的；不過識字的社會有維持書寫紀錄的能力，而不識字的社會只能用口傳來傳遞，前者可以有更精巧的使用方式。（然而，雖然口述歷史記憶的限制已經藉由現代學者所規定的要件來加以調查了，但是歷史學家對於口述歷史在其自身所處的社會條件下是否適當，卻很少著墨。）

　　廣義來說，所有社會都有創世與發展的神話，暗示時間的接續：一開始是這樣，然後是這樣演變。相反地，基督教神意的世界觀也暗示事件的接續，因為目的論（即使其目的已經達成了）也是一種歷史。除此之外，神意史觀也非常適合編年，而神意史觀也是以編年方式而存在著的：不同的千禧年玄思或爭論西元第一個一千年是何時，都與整個計年系統息息相關。[7] 說得精確一點，評論古代文本，來鑑別其是否具有永久的有效性，或者其是否具有永恆的真理，這個過程也隱含了編年的元素（例如，尋找先例）。大家都知道，嘗試要把編年作得更精確，背後都有經濟、法律、官僚體系、政治及儀式性的目的，至少就能夠保存紀錄的識字社會來說是如此，其中也包括為了政治目的而創造了古代本來完全沒有的先例。

　　從一些例子可以清楚看出編年與現代歷史的差異何在。律師與官吏要尋找先例，完全是為了顯示（present-oriented）。其目的

---

　　[7] 數字之所以有如此魔力，本來就是那些以文字書寫而成的編年所產生的副產品：即使到了今日，歷史學家仍很難擺脫「世紀」或其他獨斷的時間單位。

是要發現當下有什麼法律上可以主張的權利，以及解決目前行政上的問題。不過對於史家來說，儘管他們也關心先例與現在的關係，但是先例所藉以產生的環境與現在的環境有何不同，卻才是他們認為更重要的問題。從另一方面來看，這種說法似乎不能完全說明傳統編年的特性。歷史是過去、現在與未來三者的聯合，不管人們回憶及記錄歷史的能力多麼不足，歷史還是屬於一種能夠大體掌握的事物；而以我們的判準來看，不管編年是多麼的難以理解或不精確，都還是用來衡量歷史的必要之物。而就算這種說法是對的，那麼在非編年與編年共存的過去，以及歷史以及非歷史共存的編年，這兩者之間的分界又在何處呢？這裡不可能有確定的答案，但應該有助於我們理解早期社會的過去感以及我們現在社會的過去感，而不以某種形式（歷史是變遷的）的霸權來排除不同外在環境及條件下的另一種形式的過去感（歷史是永久不變的）。

完整地說明問題要比回答問題簡單多了，而本文採取的是比較簡單的方式。不過，如果我們問的問題是針對那些我們習以為常的經驗的話，那麼這些問題就不是毫無價值的了。我們像魚兒一樣在過去這片水中游泳生活，誰也逃脫不了。但是我們在這個環境裡頭生活以及活動的方式卻值得分析與討論。我的目的就是要激發對這兩個問題的討論。

3

關於當代社會，歷史能告訴我們什麼？

What Can History Tell Us about Contemporary Society?

本章原本是在一九八四年加州大學戴維斯分校（University of California, Davis）的第七十五屆校慶所作的演講。之前並未出版，我更動了其中的時態，從現在式改成過去式，並且剔除了與其他章節重複的部分。

關於當代社會，歷史能告訴我們什麼？在問這個問題時，我並不是沉溺於某種學院派的自我防衛，像某些學術領域如古拉丁文及希臘文，文學批評或哲學，雖然有趣但明顯不實用；尤其是嘗試著要籌募基金時更是如此，那些出錢的金主只想把錢放在能夠明確有收益的事物上面，譬如改善核武或賺進幾百萬元。我現在所問的問題，是每個人都會問的問題，而且是人類有歷史以來就會問的問題。

我們如何看待過去，以及過去、現在與未來三者之間的關係，這些問題對每個人來說都不只是一個利益大小的問題：它們是不可或缺的。我們每個人都不得不處在個人生命、我們所屬的家庭以及團體的連續體中。我們也禁不住會比較過去及現在：這就是家庭相簿以及家庭錄影帶存在的理由。我們也一定會從中學到教訓，這就是所謂的「經驗」。我們也許會學到錯誤的東西──其實我們常常如此──但是如果我們不學習，或至今都沒有機會學習，或拒絕學習任何跟我們目的有關的過去，說得極端些，我們就是心智異常。「小孩被火燒到指頭，自然就會離火遠點。」這句諺語說明了我們是從經驗中學習的。理論上，過去──所有的過去，迄今發生的種種──構成了歷史。過去有很多部分並不屬於歷史學家掌管的範圍，但歷史學家能管的也夠多的。而且就史家編纂及建構過去的集體記憶來看，當代社會的人必須仰賴他們。

問題不在於歷史學家是否真的這麼做。而是在於他們確切希望從過去爬梳出來的東西到底是什麼，如果真是如此，歷史學家

是否應該把這些東西交給大眾。舉例來說，運用過去的方法很難界定，但隱約可以知道是相當重要。一個機構——如大學吧——慶祝七十五週年。為什麼可以這麼精確？除了覺得驕傲，或高興，或一些附帶的收獲外，在這個機構的歷史上獨斷地設定一個年代上可資紀念的點，並予以慶祝，我們到底能從中得到什麼？我們需要並且使用歷史，就算我們不知道為什麼要這樣。

那麼關於當代社會，歷史能告訴我們些什麼呢？因為人們都認為，絕大部分的人類過去——西歐直到十八世紀仍是如此——可以告訴我們社會（不管任何社會）是如何運作的。過去是現在與未來的模範。一般來說，它代表了能解開遺傳密碼的鑰匙，透過這把鑰匙每一個世代可重製其後代並且規範彼此的關係。因此，老人的重要，在於他的智慧，也就是他豐富的經驗，記得事情是如何開始如何結束，以及事情該怎麼做比較好。美國參議院以及其他議會中的「元老」（senate）一詞，就表示了這樣的意涵。從某方面來看，也的確是如此，像基於習慣法（重習慣、重傳統）而產生的法律系統有先例的概念。但是如果在今天，「先例」已經必須要再解釋或是廢棄不用，以便與目前這個與過去大不相同的環境相符時，那麼先例就不再（有時還是會有）是完全具有拘束力的了。我知道秘魯中部的安地斯山區的印第安社群，自十六世紀末期以來，就與鄰近農場（haciendas）或（自一九六九年改稱）共同耕作者（co-operatives）在土地上一直存在著爭執。一代接著一代，不識字的老人帶著不識字的男孩到有爭議的高原（puna）牧地去，讓他們看從以前到現在喪失的公有地疆界

在哪裡。在這裡，歷史完全成為現在的權威。

這個例子帶我們到歷史的另一個功能。如果現狀從某種意義來看是令人不滿的，那麼過去就提供了能夠重構現在的模式，使其能令人滿意。過去的日子被界定為──現在仍有人這樣想──往日的美好時光，社會應該像過去那樣。這種觀點仍相當地活躍：全世界的人們、政治運動都對烏托邦有一種鄉愁的情懷：回到舊日的好道德、舊日的宗教，對於聖經或可蘭經──古代文本──一字不漏地信仰等等。當然今天已經很難作到這一點了。回歸過去，要不是回歸一個遙遠而必須重構的過去，在數世紀的堙滅之後對於古典時代的「再生」（rebirth）或「復興」（renaissance），就是（更可能如此）回歸完全不存在卻完全是有意捏造的事物。猶太復國運動或任何現代民族主義，不是一種對失落過去的回歸，因為他們所想像的組織──有領土的民族國家，在十九世紀前並不存在。它是一種革命性的創造，只是偽裝成恢復而已。事實上，他們必須編造出一段歷史，讓他們能夠去實現這段歷史。正如勒南在一個世紀前說的：「把歷史弄錯，是成為一個民族的必要條件。」史家的任務，就在於揭露這個神話，除非他們滿足於──恐怕民族史家總是如此──充當意識形態的僕人。而這便是在關於當代社會上，歷史能作的重要貢獻，即便是負面的。而政客並不會感謝歷史學家所作的一切。

現在這個時代，從歷史中所得到的經驗累積與凝結，已經不那麼重要了。現在隱約已經不是（也不可能是）過去的影印，過去也不可能在實際運作上充當現在的模範。由於工業化的開始，

每一個世代都帶來新的事物，每一件都讓人震撼而與過去沒有什麼類似之處。不過，這個世界還有很多的區域，過去在日常事務上仍維持著它的權威；歷史或經驗仍具備舊日的意義，而在事物的處理上仍須遵照祖先的作法。在我們要進入更複雜的主題之前，我想我應該要提醒你們注意這一點。

讓我給你們一個具體而完全當代的例子：黎巴嫩。不只是基本局勢在一百五十年來沒什麼改變，當地集結著武裝的宗教少數派、環境多山而且惡劣，並且就連當地的政治狀況在長期間也沒什麼變動。一個名叫瓊布拉特（Jumblatt）的人乃是德魯士族（Druzes）❶ 的酋長，他們於一八六〇年對馬隆教派（Maronites）❷進行屠殺，從那時起如果你為照片中黎巴嫩的領導人填上名字，你將會發現他們的名字都是一樣的，只是政治上的立場與地位不同而已。幾年前，有一本十九世紀中葉俄國人所寫的有關黎巴嫩的書被翻成希伯來文，而有位以色列軍人說，「如果我們那時能

---

❶ 譯註：德魯士族始於11世紀初，從回教什葉派分出，是一個獨立的宗教教派，不屬於回教、基督教或猶太教，主張一神論及靈魂轉世說。由於主張只能與教內通婚，於是本來是宗教派別，逐漸轉變成種族意涵，不過大體上種族的歸屬仍是阿拉伯人。自1840年代與馬隆教派爆發衝突，戰事延續到1860年停止，從那之後德魯士族的領袖就一直由瓊布拉特家族擔任。之後與馬隆教派的衝突仍不斷，如1893、1926及1953年都是戰事較著者，最近最有名的就是黎巴嫩的內戰（1975-1991）。霍布斯邦在本文中所指的名字相同，大概指涉的是瓊布拉特家族長久以來領導德魯士族作戰的狀況吧。

❷ 譯註：馬隆教派乃是4世紀時一群以馬隆（Maron）這個僧侶為首的基督徒，他們以馬隆的生活方式為他們的模範。西元7世紀開始興起於安提阿（Antioch）大主教區，於8世紀出走往南到敘利亞、黎巴嫩一帶。

夠讀到這本書，我們就不會在黎巴嫩犯這些錯誤了。」他的意思
是，「我們應該就能知道黎巴嫩是怎麼樣個狀況了。」只要一點
點基本的歷史知識，就能夠找到答案。但是我必須補充，歷史不
是唯一能夠找到答案的方式，但卻比較容易。學者過度傾向於認
定這是因為無知所造成的錯誤。我的猜測是，耶路撒冷及華盛頓
有很多人都知道並且也傳達了關於黎巴嫩的完整資訊。但這些資
訊卻不為比金（Begin）❸、夏隆（Sharon）❹、美國總統雷根
（Reagan）及國務卿舒茲（Shultz）──或其他作決定的人──所
接受。要從歷史或其他事物學到教訓，要兩方的合作：一方給資
訊，另一方接受資訊。

　　黎巴嫩的例子比較不尋常，畢竟在一個世紀前寫的書，還能
用來觀察某個國家當前的政治（甚至包括政治領導人），這種狀
況很少。另一方面，平易而不帶理論的歷史經驗總可以告訴我們
許多有關當代社會的事。這有一部分是因為人性是不變的，而人
類的處境有時會重複。正如老人經常會說「我以前就看過這個
了，」歷史學家也是如此，其基礎是許多世代所累積的紀錄。而
這與我們的主題有關。

---

❸ 譯註：比金（1913-1992），於1977-1982年之間擔任以色列總理，主要政績
　為促進以埃合談，並與埃及總統納瑟（Nasser）簽定以埃和約。

❹ 譯註：夏隆（1928-），於2001年2月就任以色列總理至今。夏隆曾在比金擔
　任總理期間擔任國防部長；他策劃了1982年6月入侵黎巴嫩的行動。在一個
　官方委員會的調查發現中，夏隆被指控要為在1982年巴勒斯坦難民營的屠
　殺負責。

這是因為現代的社會科學、政策的決定與計畫都追求科學主義的模型以及技術的操作，它們有系統而精巧地忽略了人類經驗，或更重要的，歷史經驗。流行的分析及預測模型，其作法就是將現存所有可得的資料輸入到某種概念或實體的超級電腦（notional or real supercomputer）❺裡面，然後讓它跑出答案來。一般的人類經驗及理解方式並不——或還無法，或只在一些高度專精的領域裡——適合這種方式。而這種非歷史或甚至反歷史的計算，經常沒有察覺自己已經陷入盲目，並且比那些只用一般方式觀察而無系統的研究還差。讓我提出兩個在操作上很重要的例子。

第一個例子是經濟上的。從一九二〇年代以來——真正地說是一九〇〇年左右——一些觀察家對於世界經濟的模式感到印象深刻，經濟的擴張與繁榮會持續大概二十到三十年的時間，然後蕭條也是維持一樣的時間。這種經濟消長的週期被稱為「孔卓提夫長期波動」（Kondratiev long waves）❻。沒有人能夠完滿地解釋或分析這種現象，而統計學家則否認這個理論。因為現有的歷史資料所能看出來的週期並不足夠，因此不足以進行預測。一九七〇年代的危機與預測的一樣——我在一九六八年時冒險作了這個

---

❺ 譯註：超級電腦可以分成二種，一是單獨一台功能強大的機器（real），但隨著現在個人電腦、工作站等級的電腦越來越強大，可以把好幾台電腦並聯平行處理達到超級電腦的功能，稱為概念性（notional）的超級電腦，這兩種都稱為超級電腦。

❻ 譯註：孔卓提夫（Nikolai Kondratiev, 1892-1938），俄國經濟學家。

預測。而當危機出現的時候，歷史學家基於孔卓提夫的經驗，反
駁了經濟學家與政府官員的分析，後者預測從一九七三年起經濟
會開始急速好轉。但我們是對的。除此之外，基於同一個道理，
當我在一九八四年作這場演講時，我還是準備冒險預測，在一九
八〇年代末到一九九〇年代初之前，景氣要復甦是不可能的事。
我並沒有一套理論來說明我的預測：至少從一七八〇年代以來的
歷史觀察，如果將一些大戰爭所造成的扭曲列入考慮的話，那麼
所呈現出來的模式看起來應該會有這種結果。還有一點，過去發
生的每個「孔卓提夫波動」，並不只是考慮經濟因素而已，而且
還包括了（這並不奇怪）足以區別每個週期的政治因素在內，包
括各國與各區域的外交與內政。因此這個理論很有可能可以再運
用下去。

第二個例子比較特定。在冷戰時代，美國政府曾用監測儀器
記錄任何疑似俄國對美國發動的核子攻擊行為。無疑地，指揮官
一方面隨時待命準備應變，另一方面則等待其他的監測儀器以光
速自動檢查判讀，以辨別是否功能失常，或是否有一些無害的信
號被誤讀──事實上也就是識別是否第三次世界大戰已經開始。
由於整個過程不可避免是盲目的，因此必須由人力來作最後的判
斷。程式本身必須基於在任何時間下所發生的最壞狀況來動作，
如果不這樣的話，根本沒有時間作反制。因此不管儀器說了什
麼，都像煞有介事，不過在一九八〇年六月❼的意外發生時，並

---

❼譯註：1980年6月3日，電腦誤判有大量蘇聯核子飛彈發射，於是一百架

沒有人因此而按下了核武的按鈕，因為情勢看起來就是不對勁。我（我希望我們都會）也會作相同的判斷，這裡並沒有什麼理論上的緣由——因為出人意表的突擊，在理論上並非不可想像——只是單純因為我們腦袋裡的電腦與其他監測器不同，它有（或能夠有）內建的歷史經驗在裡頭。

我們常說的那種舊式的把歷史當成經驗來使用的作法，就是修昔的底斯（Thucydides）❽與馬基維利（Machiavelli）❾接受並加以運用的作法。現在，讓我簡單地說明這個比較困難的問題，關於當代社會，歷史能告訴我們些什麼，它是如此地與過去不同，也毫無先例可言。我的意思不只是不同而已。歷史，即使在它可以有效地加以通則化的情況下——而且以我的觀點來看，如果不能通則化的話，歷史也就沒什麼用了——還是可以發現歷史中處處充滿了不相似。一個專業史家要學的第一件事，就是要小心時代倒錯，或是當心那些剛開始看起來一樣，其實卻不同的東西，譬如一七九七年與一九九七年的英國君主制度就是一個例子。無論如何，歷史寫作在傳統上是來自於那些對於特定、獨一無二的生命與事件所作的記錄。說明白一點，我的意思其實就

B52轟炸機待命起飛，後來及時發現是電腦錯誤。不過，三天後又發生相同狀況，證明只是虛驚一場。

❽ 譯註：修昔的底斯（約460-400 B.C.之後），古希臘時代的雅典貴族，著有《伯羅奔尼撒戰爭史》（*History of the Peloponnesian War*）。

❾ 譯註：馬基維利（1469-1527），佛羅倫斯共和國政治家，主張權謀霸術，著有《君王論》（*The Prince*）與《佛羅倫斯史》（*History of Florence*）。

是，歷史變遷本身並沒有辦法讓古為今鑑。雖然日本德川幕府時代（Tokugawa Japan）⑩ 與現代的日本有關聯，而唐朝與一九九七年的中國也有關聯，但因此而佯稱現代的日本與中國都是它們的過去經調整後的延長，這樣一點用處也沒有。因為急速、廣泛、劇烈以及持續的轉變乃是自十八世紀末以來，特別是二十世紀中期以來，全世界所共有的特色。

這樣的創新在現在很普遍且明顯，已經成為基本法則，特別是在美國社會，歷史是一段持續革命性轉變的過程，而且年輕人在這種社會裡──在他們不同的發展階段上──對他們來說，事實上每件事都是新探索。在這種意義之下，我們所有人都長成像哥倫布（Columbus）那樣的人。史家的次要功能之一，在於指出創新並不是也不能是絕對普遍的。沒有史家會相信這種說法，認為某人今天不知怎麼地居然發現了全新的享受性愛的方式，也就是發現一個在此之前沒人知道的「G點」（G-spot）⑪。假定有一定數量的做愛可能，讓各種形式的性伴侶能夠去作，另外還給定了做愛時間的長短，並且限定一定的人數但要有做愛經驗，最後

---

⑩ 譯註：德川家康（1542-1616）於1603年受天皇命為征夷大將軍，開幕府於江戶，一直到末代將軍慶喜於1868年將大政奉還於明治天皇，為日本的德川幕府時期。

⑪ 譯註：G點，得名於葛拉芬柏格（Ernest Grafenberg，1881-1957）。女性陰部的前壁有一塊區域，他發現對於一些女性來說，這塊區域能引起性慾，此區即命名為G點。G點是個環繞著尿道的腺體組織，在性高潮時即透過尿道分泌液體，其功能與男性的攝護腺類似。

還要設定人類對於這個問題有持續探索的興趣，那麼我們可以放心地說，要從中發現什麼絕對新穎的事物是不可能的。性的實踐與態度對人們來說當然會變，就好像服飾一樣，而其風味經常就像私人臥房的形式一樣，象徵著社會與個人的風格。虐待與被虐待狂（S/M）在維多利亞女皇（Queen Victoria）時代不可能使用摩托車的排檔桿來進行性虐待，這個原因很明顯。今天，性行為流行趨勢的改變可能要比過去更快，就好像其他的流行循環一樣。不過歷史卻是用來對付那些誤把流行當成進步的最佳利器。

除此之外，歷史對於史無前例的狀況是否能夠加以說明呢？基本上，這是一個有關人類演化方向與機制的問題。這個問題是每個人都想問的，而光就這一點，不管你喜不喜歡（我知道大部分的史家並不喜歡），它都是歷史的重要問題，不可以逃避。也就是說：人是如何從洞穴人變成太空漫遊者，從害怕劍齒虎（sabre-toothed tigers）的時代進展到害怕核子爆炸的時代──從害怕自然所帶來的危險到害怕我們自己所製造的危險？這個問題之所以成為歷史的重要問題，乃是因為人類現在雖然遠較過去高大壯碩，但就生物學的角度來看，從有歷史紀錄以來（實際上並不是很長）人類並沒有什麼變化：從第一座城市開始，大概一萬二千年，大概略早於農業的開始。我們的智能幾乎不比古代美索不達米亞人或中國人高多少。不過，人類社會的生活與運作方式卻全然改觀了。因此，這個問題跟社會生物學比較沒有關係。除此之外，我可以毫不猶豫地說，社會人類學也與此無關，它專注於研究各個不同的社會有何共通點：如愛斯基摩人與日本人。如果

我們單從共通不變的面來考慮的話，那麼就無法解釋種種變遷的現象，除非我們相信並沒有所謂的歷史變遷，而只有要素的結合與分離的問題。

讓我說得清楚些。對於某些人來講，歷史知識要比超能力、占星術或唯意志論（voluntarism）⓬ 更能幫他們擬定行動計畫，即便如此，也不表示追尋人類的演化史就是為了要預測未來。關於賽馬的結果，史家唯一有自信能告訴我們的，就只是過去的結果如何。他不能發現或規劃一個我們所希望的──或害怕的──人類命運。不管我們是把歷史的終點看成是一個不斷進步的普世進程，或是最終將會進展到共產主義社會，歷史都不是一個俗世的末日學（eschatology）。那只是我們強行去解釋的，並不是歷史本身所具有的結論。歷史能做的就只是發現整體歷史變遷的類型與機制，比較特別的則是要去探索在過去幾世紀快速而廣泛的變遷中，人類社會是如何轉變的。這與預測或期望無關，而與當代社會的各個面向息息相關。

這種想法需要一個分析架構來進行歷史分析。這樣的架構必須以人類事務的變遷要素為基礎，它必須可見而客觀，摒除主觀或當代的期望和價值判斷；那就是，藉由勞動、心智、科技及生產組織，人類具有持續增長的能力來控制自然力。事實證明，自

⓬譯註：唯意志論是神學的流派之一，認為上帝（或實存的最終本質）乃是一種意志（will）。只有意志才能決定什麼是對什麼是錯，表現在日常上，則是不鼓勵思辨而主張以實踐來掌握自己的生活。

有歷史以來，人口不斷地增加而沒有嚴重倒退，生產與生產力也在成長——特別是過去幾個世紀。我個人不介意稱此種狀況為進步，就其整個進程來說是如此，而且無論是從潛在面看或事實面看，也沒有人不會視其為一種改進。不過，不要太介意於我們對它的定位，任何想要搞清楚人類歷史是怎麼一回事的人，都要從這個趨勢入手來進行研究。

在這裡，馬克思對歷史學家來說就很重要，因為他基於這個趨勢來建構概念及歷史分析——而到目前為止還沒有人這麼作。我不是說馬克思是對的，也不是說他的說法恰當，但他的取向卻是不可或缺的，如葛爾納（Ernest Gellner）❸ 所說（這位著名學者完全不屬於馬克思主義者）：

> 不管大家接不接受馬克思主義的架構，目前來說，還沒有出現另一種完整的對抗模式，不管是針對西方或東方的歷史都一樣。而當大家需要某種架構以供思考時，就算是（也許可以說特別是）不接受馬克思歷史理論的，也要在陳述他們的觀點時提一下馬克思的觀念。[1]

換句話說，不回頭去談馬克思，或說得更清楚些，不從馬克思開

---

❸譯註：葛爾納（1925-1995），英國哲學家、人類學家與社會學家。經典作品為《民族與民族主義》（*Nations and Nationalism*）。

[1]《文海拾遺》（*Times Literary Supplement*），1984 年 3 月 16 日。

始談的地方談起，那麼對歷史的討論就會不夠嚴謹。意思是說，基本上要從唯物的歷史概念出發，而這也是葛爾納所接受的。

這一種歷史分析，產生了不少與我們直接相關的問題。舉個明顯的例子。人類在有歷史以來的大部分時間裡，把大量的心神花在生產食物上面：大概占了總人口百分之八十到九十的人力。到了今日，北美的農業人口只占了總人口的百分之三，就能生產足供國內其他百分之九十七的人所需的糧食，還能供養世界其他地區的大量人口。除此之外，在工業化剛開始的時候，大部分生產的貨物或勞務，即便不是勞力密集產業，也需要大量而持續增長的勞動力，但時至今日已經不是如此。這是第一次在歷史上出現這樣的時代，大部分的人已經不用像聖經所說的「你必汗流滿面才得糊口。」這是最近才發生的事。西方世界農業人口的萎縮，雖然很早就有人預測到了，但真正劇烈地縮減則是發生在一九五〇年代到一九六〇年代；至於農業之外的其他社會勞動力的萎縮——有趣的是，這一點馬克思也預測到了——也是最近才發生的事，但伴隨著這些現象的則是第三級產業的興起。不過，這還只能算是地區性的現象，並不是全球性的現象。這種人類產業結構上的轉變不得不產生深遠的影響，因為大部分人類的整個價值系統——至少從沙林斯（Marshall Sahlins）「石器時代富裕」（stone-age affluence）❹ 結束以來就是如此——都會不得不與這樣

---

❹ 譯註：沙林斯（1930-），當代美國著名的人類學家，研究波里尼西亞與夏威夷的原住民，以及從大航海時代以來，歐洲人與當地人的互動。他曾提出在

一個事實配合，那就是一定要勞動，這變成人類存在的底限。

這種變化會帶來什麼結果？要從歷史中發現這一點並不容易。而要從歷史中找到解決這類問題的妙方也不簡單。但歷史可以提出關於這個問題的一個重要面向，那就是社會必須進行重分配。從大部分的歷史可以看到，經濟成長的基本機制在於盜用少數人所生產的社會剩餘（social surplus），再將其予以投資來改善生產模式（其實盜用後不一定真的拿去投資）。成長的代價是不平等。到目前為止，這種不平等的現象在某種程度上已經經由全體財富的大量增加，而獲得了補償；正如亞當·史密斯（Adam Smith）所指出的，讓已開發國家中的勞工過著比印第安人酋長更好的生活，讓每一代的人都過著比上一代更好的生活。大家可以透過參與生產過程——透過擁有工作，或者農夫或工匠藉由在市場賣掉自己的產出來獲得收入——以一種穩妥的方式來共享獲利。在已發展國家中，農夫要過自給自足的生活已不太可能。

現在，假定大部分人都已經不需要生產了。那他們靠什麼維生呢？而仰賴這些人消費的商品市場將如何維持呢？這個問題對於企業經濟來說相當重要，經濟越來越仰賴大眾消費，美國首先邁入這個階段，然後是其他國家。他們必須靠公共移轉支出，如

石器時代往農業時代過渡之前，那些原本以漁獵採集為生的人，開始經歷一段富裕時期。一方面藉由初步的農耕，而獲得較多的食物，就不用花同等時間去打獵採集，因此那時代人就擁有大量的「休閒時間」（leisure time）。不過糧食一充裕，人口一多，就又需要增加工作時間，休閒時間因而減少，而結束了這段富裕時期。

退休金，以及其他的社會安全制度與社會福利制度——也就是要
靠政治與行政的機制來進行社會重分配。過去三十年來，福利機
制快速地擴大，主要是因為我們正經歷歷史上最景氣的時代，以
及許多國家的經濟規模不斷擴大的緣故。政府部門的快速擴大，
換句話說，公共部門吸收了不少人力，也算是某種形式的施捨
——在西方和東方都有相同的效果。另一方面，失業救濟金、健
康與社會保險以及教育經費等等福利支出，現在——或者說在一
九七七年——在經濟合作暨發展組織（OECD）主要會員國的公
共支出中佔了一半到三分之二，而在這些國家中，家戶收入有百
分之二十五到四十是來自於在政府機關工作以及社會安全制度。

　　重分配的機制到了這種程度，可以說是已經完全建立了，而
且我們也可以放心地說，它被廢止的機會可以說是少之又少。頂
多是像雷根曾夢想要回到麥金萊（McKinley）❶ 總統時代的經濟
狀況。但要注意兩點。首先，這個機制必須透過徵稅來達成，這
對於西方經濟發展的動力造成極大的壓力，意即大企業主的獲利
遭到壓縮，特別是在經濟不景氣的時候。因此，重分配的機制也
不是沒有人反對。其次，在設計這個機制的時候，並沒有想到經
濟上勞動力過剩的現象會是一種常態，而只把它當成是一時的現
象；這個機制是以完全就業為前提，不過這個假定在歷史上實在
找不到什麼根據。第三，就像濟貧法一樣，這個機制只提供最低
收入，不過這已經比一九三〇年代的措施好得多了。

---

❶ 譯註：麥金萊（1843-1901），美國第二十五任總統（1897-1901）。

　　所以，即使我們說這個機制會繼續運作並且擴大，但就上面我提到的狀況來看，它很可能會增加並且深化經濟上以及其他方面的不平等——過剩的大量人口以及非過剩的少數人。接下來呢？傳統的假設認為經濟成長固然會摧毀一些就業機會，但也會創造新的就業機會，這種說法已經不成立了。

　　社會內部的不平等，類似於大家所熟知而且正在增長的國與國之間的不平等，如少數已發展或發展中的富國及貧窮而落後的世界。就這兩個例子來看，不平等的鴻溝看起來似乎都在加深加寬。而且我們可以從中看出，透過市場經濟所造就的經濟成長，不管有多好，都沒有辦法自動而有效地排除內在以及國際間的不平等，即便它可以增加全球的工業部門，而且還可以進行財富與權力的重分配，但也不過就是從美國轉移到日本而已。

　　現在，暫不考慮道德、倫理及社會正義，這個狀況所造成或惡化的是另外一些嚴重的問題——經濟上與政治上的。由於歷史發展中所造成的不平等，乃是權力與福利的不平等，而這些問題可以在短期內解決。事實上這也是許多強大的國家及階級目前想處理的問題。窮人及窮國是弱小的、沒有組織的，並且能力是不足的：比較起來，這種問題在今天尤其嚴重。在國內，我們可以把窮人塞在貧民窟裡，把他們當成不幸的社會低層看待。我們可以用私人或公共的安全武力建立起一座電子化的堡壘，來保障富人的生命或財產。套句英國某部長針對北愛爾蘭所說的話，我們可以用「大家可以接受的暴力程度」來解決這個問題。在國際上，我們可以轟炸或打擊這些窮國。如一位詩人所描述的二十世

紀初的帝國主義：

> 我們有
>
> 機關槍而他們沒有。

西方唯一畏懼的能夠打擊他們的非西方力量乃是蘇聯，不過她已經不存在了。

　　簡言之，有人這樣假定，經濟問題可以藉由下一波景氣的來臨而獲得解決，因為從過去經驗來看，景氣總是會來；因此不論是在國內或在國外，窮人與不滿者將會永遠安於現狀。第一個假設也許是合理的，但這只有在下列條件滿足時才會成立：世界經濟、國家的結構與政策，以及已發展國家的國際模式，要跳脫目前的「孔卓提夫」階段，而產生與一九五〇年代到一九七〇年代完全不同的模式，例如從經濟大衰退以後到一九五〇年代之間就因為有其特有的模式而自成一個週期。這是歷史從理論及經驗上能夠告訴我們的。第二個假設完全不合理，但短期而言倒還說得通。無論國內或國外，現在已經沒有辦法像一八八〇年代到一九五〇年代之間，那樣動員窮人來抗議、施壓、進行社會變遷以及革命，這種說法也許合理，但這並不表示他們完全不能產生政治力量或甚至軍事力量，尤其是在繁榮不能帶給他們任何好處的時候。這也是歷史告訴我們的。歷史不能告訴我們的是，在這種狀況下會發生什麼事：這要看我們要解決的是什麼樣的問題。

　　讓我下個結論。我承認在實際上，許多歷史之所以能讓我們

理解當代社會，是基於歷史經驗與歷史視野的統整。史家的事業就在於要比其他人知道更多的過去，而他們也要從同中求異、異中求同（不管運用理論與否），否則不足以成為優秀的歷史學家。例如，過去四十年來，許多政治人物研究一九三〇年代，那段充滿戰爭危險的年代——重溫希特勒、慕尼黑及其他事件——但對於許多關心國際政治的史家來說，一方面知道這是段獨特的歷史，一方面也不安地覺得它與一九一四年前夕有類似之處。一九六五年，有位歷史學家寫了一本關於一九一四年前夕軍事競賽的研究，書名為《昨日的武力恫嚇》（*Yesterday's Deterrent*）。遺憾的是，史家從歷史得到的教訓就是沒有人從歷史得到教訓。我們得繼續努力才行。

　　大體說來，有兩種力量會模糊我們的視野，讓我們鮮能學習或留意歷史的教訓。我已經提過一個，即透過機械的模型與裝置所呈現的非歷史的、人工設計的、解題式的取向。這個取向在許多領域上已經有了豐碩的成果，但它卻沒有歷史視野，而且凡是資料無法轉換成模型或裝置的，從一開始就被剔除。因此，這種思考並不能將所有的變數都輸進模型裡面，而且就歷史學家來看，其他事物並沒有辦法假定為不變。（這是我們早該從蘇聯的歷史及其崩潰中學到的東西。）另外一個我也曾經提過，那就是為了非理性的目的而有系統地扭曲歷史。再回到我先前曾提到的部分，為什麼所有的政權都要讓它們的青少年在學校裡讀一點歷史呢？不是為了要了解他們的社會及社會是如何的變遷，而是要認同他們的社會，為他們的社會而驕傲，當個或成為一個美國或

西班牙或宏都拉斯或伊拉克的好公民。這種作法跟發動一場運動沒什麼兩樣。歷史要是成為鼓動人心的意識形態，那麼它就自然而然地成了自以為是的神話了。這時，沒有什麼東西會比歷史這樣的眼罩更危險的了，現代的民族與民族主義史可以證明這一點。

　　將這塊眼罩拿掉，是歷史學家的任務，若是做不到，至少偶爾將它輕輕掀起──如果能夠這麼做的話，就能讓當代社會可以看清一些事物，即使了解的過程並不好受，但卻能因此有所幫助。幸運的是，大學是教育系統中一個允許（甚至是鼓勵）歷史學家進行這種工作的地方。但也不總是如此，因為歷史專業的培養多半在於訓練一堆服務政權並將政權合理化的人。不過，不是所有的歷史專業都是如此。大學畢竟是批判性的歷史比較可以存在的地方──一個在當代社會中我們可以受到資助的地方──而在慶祝校慶的同時，發表這樣的看法也是最恰當不過的了。

4

向前看：歷史與未來

Looking Forward: History and the Future

這篇論文發表於倫敦經濟學院（London School of Economics），是大衛・葛拉斯紀念講座（David Glass Memorial Lecture）的第一次演講，並且分別由倫敦經濟學院及《新左評論》印行出版。本文刊於《新左評論》第一二五期（1981年2月），頁3-19。本文已稍作修整縮短。

　　這個演講是大衛・葛拉斯紀念講座的第一場。葛拉斯是倫敦經濟學院最傑出的學者之一，與學院有著長期的合作關係，由於他在此任教，使得學院的名聲也大大提高。我要補充的是，在並不是每個人都能實踐傳統的時候，他卻代表了本校最好的傳統：那就是社會改革的傳統，激進主義的傳統，以及學生都不是富家子弟的傳統。值得一提的是，他在首部關於人口學的著作中下了一個結論──他一直都是英國人口學的權威──要求「提供給工人階級一個足以養育子女而免於遭受經濟與社會困難的生活條件。」他對於自己成為從一八五五年偉大的威廉・法爾博士（Dr William Farr）以來，首位進入皇家學院（Royal Society）的社會科學家感到自豪，因為他認為自己（像法爾一樣）是「在」（in）社會而且是「為了」（for）社會的社會科學家，而不只是研究社會而已。

　　因此，這個紀念他的講座，很自然地就要談「社會趨勢」（social trends）。這個詞就我的理解，從廣義來看，是研究社會發展的方向並且思考我們要怎麼作。這暗示著我們要盡可能地研究未來。這是一個有風險的，經常是令人沮喪的，但卻也是必要的活動。而且所有對於現實世界的預測，多半要從過去所發生的事來推論，也就是從歷史來看未來。因此，對於這個主題，歷史學家應該會有相關的看法。相反地，單就歷史與未來之間沒有明確的界線來看，歷史與未來不可分。我剛才說的話，現在已經變成了過去。我將要說的，則是屬於未來。介於這兩者間的地帶，有一個純屬於觀念的但持續移動的點，如果你喜歡的話，可以稱這

塊地帶為「現在」。而如每個著書人都知道的，把過去與未來分開，完全是出於技術上的考量。將現在與過去區別開來，也有技術上的理由。我們不能要求過去直接回答任何問題，因為現在的問題沒有辦法對過去提出，雖說我們可以運用作為史家的智巧，從過去所留下來的蛛絲馬跡找到間接的答案，但這也行不通。相反地，如每個民意調查單位所知，我們可以問現在任何可問的問題，但就在回答與記錄的時候，馬上就變成過去了，即便是最近的過去也還是過去，不過這並不會影響我們對現在的發問。因此，過去、現在與未來構成了連續體。

除此之外，即使史家與哲學家想要明確地區分過去與未來，而也的確有人這麼做了，但卻沒有人接受他們的說法。所有的人類與社會都植根於過去——植根於他們的家庭、社群、民族或其他相關的團體，或甚至是個人的記憶——他們都從與過去的關係中來定位自己，可能是正面的也可能是負面的。明明現在跟過去是一樣的；但人們總是會說「比以前更怎麼樣」。還有，有意識的人類行為，其中有絕大部分是來自於學習、記憶以及經驗，於是構成了過去、現在與未來不斷對峙的龐大機制。人們總是從了解過去的過程中，來預想未來會是如何。他們必須如此。姑且不提公共政策，一個有意識的人在過平日的生活時，總是需要了解過去。而理所當然地，他們這麼作是基於一個合理的假定：大體而言，未來與過去的連結是有系統的，並不是毫無道理地將外在條件與事件硬生生地綁在一起。人類社會的結構、進程，以及再造、變遷與轉變的機制有其系統，能限制事物發生的數量，決定

哪些事物會發生，並對於其餘的事物賦予或高或低的發生或然率。這隱含某種（不可避免是有限的）程度的可預測性——但是，如我們所知，這並不等於成功的預測。不過，我們要記住，不可預測性之所以像大塊烏雲般地籠罩著我們，那主要是因為關於預測的討論總是集中於（由於明顯的理由）談未來的不確定，卻很少談確定的部分。畢竟我們並不需要氣象專家預測，冬天之後春天會來。

我個人的看法是，在一定程度上，預測未來是值得的、可能的，甚至也是必要的。這並不表示未來是註定的，也不表示未來是可知的。這也不表示沒有別的選擇或結果，或者預測者沒有對的可能。我心裡比較想問的問題其實是：預測了多少？什麼樣的預測？如何改善預測？史家如何參與預測？即使有人能回答這些問題，從理論與實際來說，未來仍有許多我們無法知道的，不過至少我們可以更有效地集中心力在預測上。

然而，在我思考這些問題之前，讓我先對另外一些問題稍作思考：為什麼預測會在歷史學家之間不受歡迎？為什麼很少有人會想去改善預測，或是思考預測的問題，即便是肯定預測的價值跟可行性的史家，如馬克思主義者，也是如此？答案很清楚。歷史預測的成果，說得客氣一點，還沒有成氣候。我們每一個人只要曾經作過預測，都經常失敗得很慘。最安全的作法，就是宣稱我們的專業活動就是要停在昨天，而不是預測；或者是將自己局限在那些已經研究過但還是含糊不清的問題上，這些問題以前具有古代神諭的特質，現在則像是舊報紙中的星座專欄。不過，雖

然預測的成果很不理想，卻沒有因此讓其他人、其他學科或一些偽學科停止預測。今天，仍有大公司致力於預測，不受失敗與不確定的影響。蘭德公司（Rand Corporation）甚至在絕望之中，還是重建了德爾菲神論（Oracle of Delphi）的更新版（我不是在開玩笑；這個特殊的預測機制，名字就叫作「德爾菲技術」〔Delphi technique〕），透過一群選拔出來的專家團隊，來徵詢如何處理雞隻內臟的問題，之後再看是否能達成共識，最後才作成結論。除此之外，也已經有許多由歷史學家、社會科學家及其他無法歸類的觀察家所作成的成功預測的例子。如果你不希望又要再度引用到馬克思，那麼我會建議你也可以引用托克維爾（de Tocqueville）❶ 以及布克哈特（Burckhardt）❷。除非我們認為（而這是不可能的）這些成功的例子都只是運氣好，那我們就應該承認，這些例子背後的方法論是值得研究的；如果我們希望能夠擊中目標，或者是提高命中率，就更應該去研究他們。而相反地，不斷失敗的原因也是值得研究的，因為這也可以幫助我們達成命中的目的。

遺憾的是，之所以會造成一連串的失敗，其原因乃是人類欲望的力量。人事的預測以及天氣的預測都是不可靠且不確定的事

❶ 譯註：托克維爾（1805-1858），法國政治家、歷史思想家，著有《美國的民主》（*Democracy in America*）、《舊制度與大革命》（*The Old Regime and the French Revolution*）。

❷ 譯註：布克哈特（1818-1897），瑞士歷史學家，著有《義大利文藝復興的文化》（*The Culture of the Renaissance in Italy*）。

業，但卻也不可或缺。另一方面，運用氣象學的人知道他們並不能——或者你認為這樣說比較好，還不能——改變天氣。他們的目標是針對他們所不能改變的天氣，作最好的運用，亦即，計劃自己的行動以因應不同的天氣。作為一個個體，人類也許可以用大致相同的方式來預測，也許成功的狀況很少，但卻可以對此採取有效的行動。我已故的岳父曾正確地料到奧地利遲早會落入希特勒手裡，所以他在一九三七年時，把事業從維也納遷移到曼徹斯特（Manchester）——但是能像他這樣邏輯思考的維也納猶太人並不多。然而，作為一個集體，人類傾向於從歷史預測中尋找能夠改變未來的知識；不只是什麼時候該儲存防曬乳液，還要創造陽光。由於有一些人類的決策或多或少會對未來造成明顯差異，因此這種期望不能完全忽視。然而，這些決策常常反過來影響了預測的過程。因此，歷史預測與氣象預測不同，前者常被周遭不斷出現的評價所影響，它們可能基於不同的理由而認為這個預測不可能或不好，而最常見的理由其實就是我們不喜歡這個預測。歷史學家比較吃虧的地方，就在於他沒有堅定不為所動的聽眾，也就是說，不管他的意識形態是什麼，他就是定期且迫切地需要氣象預報：如水手、農夫等等。

我們四周圍繞著人群，特別是那些關心政治的，當他們還沒說他們已經發現過去的時候，他們會說他們有必要從過去學點東西，但是實際上這些人主要的興趣是運用歷史來為他們所做的一切辯護。在這種狀況下，歷史學家的預測能力就很難有提升的可能。

然而，我們不能把問題都推到聽眾身上。預言者本身也要分擔一點罪過。馬克思自己就為人類社會設定了一個特定的目標：共產主義；而他在進行歷史分析之前，就已經認定無產階級有其特定的任務，而他的歷史分析也是在不了解無產階級為何的狀況下，就認定無產階級革命是不可避免的。就他的預測先於歷史分析來看，就不能說他的預測是以歷史分析為基礎，但這也不必然表示他的預測一定是錯的。我們至少一定要小心地區別基於分析而生的預測以及基於欲望而生的預測。因此，在那段著名的資本積累歷史趨勢的討論中，馬克思預測，個人資本家透過「不斷迫近的資本主義生產本身的法則」（the immanent laws of capitalist production itself）來進行沒收（意即，透過資本的集中以及取得必然的勞動過程的社會形式，有意識地運用科技及有計劃地剝削全球資源），其根據乃是歷史的─理論的分析；至於馬克思的另一個預測則與此不同而較不重要，就是無產階級本身將自成一個階級，終將成為「沒收者中的沒收者」（expropriator of the expropriators）。這兩個預測雖然彼此相關，但絕不是同一件事，而且實際上我們只接受第一個預測而不接受第二個。

我們當中作過預測的——誰沒作過呢？——都能了解預測具有心理上的（或者你會比較喜歡說是意識形態上的）誘惑力。我們並不會躲避它。如果歷史預測者對於社會所呈現的沮喪心態保持中立，就好像氣象學家面對反氣旋一樣的話，那麼歷史預測將會比現在更好。完全的無知，我認為這是預測者的主要障礙。留意預測的人，會以有意識的行動來否證（falsify）❸預測，讓預測

失靈，不過，完全的無知卻比這一點要嚴重的多。不過，這一類
否證的行動到目前為止並不多見，也並不是很有成效。最安全的
歷史經驗法則，還是那句話，沒有人能從歷史中得到教訓——凡
是研究社會主義政權的農業政策，還有研究柴契爾夫人（Mrs
Thatcher）❹ 經濟政策的學生，都會同意這一點。不幸的是，伊
底帕斯（Oedipus）仍然可以當成是人類面對未來的寓言，不過
有一個重大的不同：伊底帕斯十分想逃避殺害父親與娶母親的命
運（如神諭所預言），但他不能。大部分的算命師跟他們的顧客
都會認為不好的預言都可用某種方式來化解，因為預言不好，不
表示已經真切地確定下來，或者說，可以用別的方式讓不好的結
果不發生。

　　我曾提過，已經有很多企業在進行預測。其中大部分都與特
定活動的未來發展有關，主要的領域是在經濟、土木及軍事科
技。這些預測技術會問一連串相當特定且有限制的問題，這些問
題雖然會受到各種變因的影響，但在某種程度上仍算是孤立的。
預測中有很大一部分——不管是用在私人或是公眾事業上——並
不是用來預言一個未來會發生的事實，而只是作一種肯定或否
證。因此一般來說它是一種條件的形式。原則上，它並不對實際
的未來或特意建構的未來作檢證（verification），後者指的是實驗
室裡的模型，在其中一切與主題無關的變數都被剔除掉。預測中

---

❸ 譯註：藉由不斷找出讓理論無法解釋的資料，來證明理論是否合理。

❹ 譯註：柴契爾夫人（1925-），於1979到1990年間擔任英國首相。

也有很多的命題（propositions）❺，大部分以邏輯—數學形式呈現，不同命題的結合就會導向某種不同的結果。如果實際的狀況剛好跟某些命題符合的話，那麼預測模式就會判定某種結果將會產生，以此而產生預測的效果。

歷史預測與其他所有的預測都不同，原因有二。首先，歷史學家關心真實的世界，在這個世界中，那些與主題無關的事物都不能用人為方式將其設定為不變。所以從這個角度出發，歷史學家認為沒有所謂理想的全球實驗室，可以讓我們（理論上是可行的）建構一個環境，使市場價格與貨幣供給在當中能具有一種可預測的關係。史家本來就關心複雜與變遷的整體，即使是最特定以及界定最嚴密的問題，也只有放在這種脈絡中看才合理。史家與大型旅行社的預測者不同，史家之所以對於未來在假日出遊的趨勢有興趣，不是因為這是我們關心的主要重點——雖然我們也可以在這個領域作專精的研究——而是它與變遷中的英國社會及世界文化有關係。在這一方面，歷史類似於生態學，不過卻較為寬廣與複雜。當我們能夠而且必須從互動關係的無縫之網中找出特定的線時，要是我們主要的興趣不是放在網子本身的話，那我們就不是在研究生態學或歷史。因此，歷史預測原則上是用來提供整個結構與組成形式，至少潛在上要能用來回答所有有特殊興趣的人所問的特定與預測有關的問題——當然，這些問題要可回

---

❺ 譯註：一種仔細思考後所構成的意見或判斷，由許多這一類的意見與判斷緊密構成起來的陳述就是命題。

答的才行。

第二，作為理論家，史家並不關心預測能不能確認。他們作的許多預測，無論如何都無法在這一代或下一代被驗證，而自然科學所作的歷史預測也是如此——例如，氣候學對於未來冰河時期的預測。我們可能會比較相信氣候學家而不相信歷史學家，但是我們仍然並不能證明前者是對。有人說，對於社會變遷趨勢的分析，必須「以可檢驗而可預測的命題來加以明確陳述。」這種說法對我們的孩子與孫子是慈悲，但對於那些可憐的老人如維科（Vico）❻、馬克思、韋伯（Max Weber）❼ 及附帶一提的達爾文（Darwin）來說卻是殘酷，因為這樣就局限了社會分析的規模並造成歷史本質的誤解，歷史本來是用來研究時間流程中的複雜轉變。有人說，歷史要是只專注於目前可見的資料，而不管那些在未來而目前不可得的資料，如此豈不方便。不管歷史的預測是不是禁得起驗證，歷史的預測卻是在陳述過去、現在與未來的過程中很自然就會浮現出來的東西，因為這個過程指涉著未來；就算許多史家也許寧願避免向未來去延伸他們的陳述也一樣。修改一下孔德（Auguste Comte）❽ 的話，不是為了預見（prévoir,

❻譯註：維科（1668-1744），義大利那不勒斯哲學家，為歷史哲學的起始者，著有《新科學》（New Science）。

❼譯註：韋伯（1864-1920），德國社會學家，對於官僚科層制度（bureaucracy）有著深刻分析。

❽譯註：孔德（1798-1857），法國哲學家，實證主義的開創者。著有《實證主義哲學》（Positive Philosophy）。

foreseeing）才去認知（savoir, knowing），但預見卻是認知的一部分。

　　而史家是持續地在預見，但卻是回溯性的。他們的未來恰好是現在，或者相對於較遠的過去（more remote past）來說，未來就是較近的過去（more recent past）。最傳統及最「反科學」的史家長久以來所分析的就是局勢與事件的結果，或另類反事實的可能性（alternative counterfactual possibilities），以及時代間的交替。在這方面相當勤奮的史家，如達克爵士（Lord Dacre，即休・崔維-羅潑〔Hugh Trevor-Roper〕）❾ 在牛津的告別演說，以他們的研究方式來反對可預測性，然而為了做到這一點，他們所用的方法卻是預測。這些用來分析歷史原因、結果及另類可能的方法，乃是得益於那些重視預測的學者，他們擁有一種重要且難學的武器，也就是後見之明。因此他們的方法與預測者有關，兩者原則上是類似的。這些方法的價值，不只在於從各種真實歷史經驗龐大的累積中找出指導現在的原則；還在於用目前所發生的事實來驗證過去對現在所作的預測是否正確，並思考其預測為什麼正確或錯誤；最後則是從世世代代長久研究人類的活動當中，史家已經取得了大量實際的經驗與判斷。因此，總結以上，其價值主要可分為兩點。首先，史家的預測（雖然是回溯性的）包括了繁複

---

❾ 譯註：崔維-羅潑（1914-），英國史家。於二次大戰期間服務於英國情報局，因而在研究德軍情報上有崇高地位。戰後開始研究希特勒以及二次大戰，為著名的現代史家。於1980年獲頒爵位。

而整體的人類社會事實，以及其他不能以實驗控制的模式來處理的事物，而事實上並沒有所謂的「其他」，所有的事物都歸屬於一種關係的體系，從這個體系中，我們只能具體地陳述人類的社會生活，而無法用抽象的方式來表述。其次，真正的歷史學總是要去挖掘社會互動的模式，變遷與轉變的機制與趨勢，以及社會轉變的方向；歷史學本身所提供的架構要比那些「統計圖」（statistical projections）要恰當得多了，後者「用某種範疇來編譯經驗與件，而作成圖表，根本不具有任何理論的意義。」歷史的預測不只是想像的預測（imaginative presentiment or Ahnug，借用布克哈特的用語）❿ 而已，否則就等於是史家的猜測。我並不是要貶抑它：但它的確不夠。而從這裡 —— 讓我稍稍作個宣傳吧 —— 正可看出馬克思以及其他採取類似研究歷史發展的方法（不管他們是否是馬克思主義者）的獨到之處了。

　　用歷史來作預測的方法有二，通常都會合併使用：用通則化及模式化來預測趨勢；用路徑分析（path analysis）來預測實際的事件或結果。預測英國經濟會持續衰退，這是第一種，預測柴契爾夫人政府的未來，則是第二種。預測一些諸如俄國或伊朗革命這一類的事件（我們剛好只看出了一件，但另一件則沒有看出），則融合了兩種方法。除非實際發生的事件的確與一些趨勢有差異，就像一九四五年盟軍分區佔領德國這個事件，與針對現

---

❿ 譯註：Ahnug，即 Ahnung，其意義為憑藉感覺與直覺來進行預測，而非憑藉理性。

在兩德各自發展出不同的社會趨勢所作的分析，兩個主題是有差異的（這種狀況隨著一九九○年兩德統一而更明顯了），否則，兩種方法是同時並用的。本來一些細微的不確定性不會影響到對未來的預測，但如今這種不確定性卻越來越大——即便這些不確定隨後可以被呈現為確定，如「固定的」拳賽——以致於我們只能將其局限成一連串可能發生的場景。我們也可以將一些不可預測但瑣碎的因素予以忽略，但這種作法經常隱約地顯示出，我們是從自己所提問的問題出發來判斷這些因素是否重要。有許多這一類的不可預測的因素，到今天還是被認為是不重要的：我們也許不知道美國總統會不會被暗殺，但是分析與經濟告訴我們，這個問題不可能會造成什麼影響。其他瑣碎不重要的問題就留給某些政客，對他們來說，政治上的一個禮拜可是段長時間；或留給某些史家，他們渴望知道諾斯寇特爵士（Sir Stafford Northcote）在一八七五年十月八日寫了什麼給克羅斯（R. A. Cross）。另外一些不可預測的就無人聞問了。儘管如此，我們除了為讀者呈現一套發生可能都相同的場景外，也最好是將這些場景再細分為兩類，如猶太笑話中說的，每一個狀況都有兩種可能。這就是史家從回溯的預測中所能提供的指導。

從這一點來看，運作方式相當特別的回溯預測可能有其用處：如俄國大革命，我們在事後對這個事件所發表的種種看法，都應該拿來與當時人的預測作個對比。由於這種作法一定會思考一個問題，就是「如果發生的話」（might-have-beens），所以，這種回溯的預測是一種反事實的歷史形式（a form of counterfactual history），亦即，如果這段歷史發生會如何，但事實上並沒有發生。不過，我們必須將這種方法與相當普遍及眾所皆知的反事實思考形式區別開來，即「計量史學」（cliometricians）❶。我在這裡的討論重點不在於反對這種對於過去進行成本效益分析的作法——因為這樣就等於完全否定它——或是討論其有效性。我只想提出，量化經濟史的流行形式完全沒有作到對歷史或然性的評估。奴隸經濟是不是在經濟上是個可行、有效率及好的經營方式，這個命題我姑且不談它的對錯，但這個命題跟這個制度能不能延續實在沒有什麼關係，因為當中並沒有關於這個經濟制度能運轉多久的論證。事實上，奴隸制度在十九世紀時不約而同地在各地消失了，它的衰弱與崩壞是可以自信及正確地預測出來的。預測，不管回溯與否，都要去評估或然率，否則就根本不是預測。

　　不管一九〇五年及一九一七年的環境是多麼的特別及不可預

---

❶譯註：計量史學發展於1945年後，用自然科學的方式來處理經濟史。這種取向與過去的經濟史不同，它不再描述或解釋特殊而個別的現象，相反地，只關心總體或群體的行為，所以又稱「新經濟史」。新經濟史所用的分析工具為計量經濟模式，以數學形式來測試或表達經濟現象。代表性的學者為佛格爾（Robert W. Fogel），他質問是否跨洋鐵路的完成有助於美國的發展，如果沒有的話會如何，這即為有名的「反事實的假設概念」（counterfactual condition conception）。另外，佛格爾與恩格曼（Stanley L. Engerman）合著的《美國黑奴制度的經濟學》（*The Economics of American Negro Slavery*），顯示出黑人在奴隸制度下的生活（卡路里、蛋白質的吸收量、工資的領取、家庭生活）並未如一般所想像的差，不過此說引起軒然大波。

測，俄國革命的發生仍然是大家預料中的事。為什麼？在對俄國的社會與制度作過結構的分析之後，我們相信沙皇制度不可能克服其內在的弱點與矛盾。如果這樣的分析真的正確，那麼在原則上這樣的分析就不用問「如果發生的話」，因為它已經確定會發生了。就算這時俄國有好的政策或能幹的君主想力挽狂瀾，但這不過像是西西弗斯（Sisyphus）⓬ 一路推著石頭上山罷了。沙皇時代曾間斷地有過有效的政策與不錯的政治家，並且有輝煌的經濟成長表現，這些訊息誤導了一些自由派人士，讓他們以為如果沒有一次大戰跟列寧（Lenin）的話，就不會有革命。然而其實不然。機會並不站在沙皇這一邊，就算列寧這個政治人物很明智，讓史托利賓（Stolypin）⓭ 的農村政策有機會成功，革命仍舊會發生。

　　大部分的西方人士都預期（其中不乏俄國的馬克思主義者，還有列寧本人）俄國革命將會造就一個西方式的資產階級所構成的民主政府，但為什麼還是有一些人對此表示懷疑呢？因為事實很明顯，俄國的自由派人士及資產階級太弱，不足以擔此重任。在一九〇五年到一九一七年期間，俄國資產階級大量成長，與一九〇〇年之前相比，他們更為自信，然而他們的弱點也開始顯現。他們的自信在一九一七年時闖了大禍，有位優秀的史家相

⓬ 譯註：西西弗斯，希臘神話中的科林斯（Corinth）國王，因生性貪婪而被罰在陰間推巨石上山頂，但巨石到山頂又滾落，推石工作因此永無休止。

⓭ 譯註：史托利賓（1862-1911），俄國首相，推動一連串農村改革，企圖打破農村共同體中僵硬的土地區劃，以提升農村生產力。

信，一九一七年的激化，乃是因為城市工人被資產階級政府企圖重新控制工廠（實際上已不可能）激怒所致。時至今日，這種前瞻的預測已經較為容易，這是因為從一九一四年以來，我們已經學到，一個自由民主政權要穩定的特定歷史條件是什麼；也知道要從資產階級及其他社會中層對於這個政權有多支持或有多游移來判斷。從這些歷史的教訓裡——而不是用無法預測的方法，如果大家還記得我們提過的布克哈特以及其他保守的預測者的話——我們也許可以考慮除了布爾什維克（Bolshevism）❶政權之外，還有沒有其他的可能，例如非民主式的資本主義政權：也許是一個軍政府形式。但從一九一七年軍隊全面瓦解來看，這也不可能。

　　從另一方面看來，一九一七年十月所發生的結果，在一九〇五年似乎是不可能發生的，在一九一七年二月也不可能：俄國在布爾什維克領導下施行社會主義。甚至於馬克思主義者也一致認為俄國的無產階級要單獨發動革命的時機還未到。考茨基（Kautsky）❶及孟什維克（Mensheviks）❶有充分的理由認為，這個嘗試註定要失敗。無論從什麼角度看，布爾什維克都是少數。流行的說法是將這個本來不可能發生的結果歸功於列寧的決策，

---

❶譯註：布爾什維克，即多數派，在俄國社會民主勞動黨中，為列寧所領導的強硬派。

❶譯註：考茨基（1854-1938），生於布拉格，為馬克思主義理論家。

❶譯註：孟什維克，即少數派，在俄國社會民主勞動黨中反對布爾什維克的溫和派。

他能看到成功的機會而在短期內就發動叛亂，一舉成功。為什麼
這種結果的發生並不是完全不可能的呢？這裡有結構上的原因。
我們知道，俄國經由革命而建立馬克思主義政府，是馬克思主義
分子始料未及的。（附帶一提，我們也知道這樣的革命可以有完
全不同的結果。）列寧本人已經在一九〇八年注意到了這一類
「世界政治的易燃物」，並且預期到了他日後所謂的革命前景中的
「最弱連結」（weakest link）理論❶。然而，這也不足以預測（與
期望不同）布爾什維克的勝選，更不可能想到他們日後會成功。
儘管如此，預測分析並非不可能，這也的確是列寧政策的基礎。
把列寧想成是唯意志論者，是愚蠢的。行動才能造成可能，沒有
人能像列寧那樣會一邊實踐一邊規劃，也沒有人會像他一樣，遇
到不可能實現的事就會無情地放棄。事實上，蘇聯終於維持下來
了──為此，列寧不惜讓蘇聯變成一個與他原先期望完全不同的
國家──正因列寧知道不管自己喜不喜歡都得做一些修正。就算
列寧想當一個像毛澤東那樣的唯意志論者也不可能，因為在一九
一七年時他還沒有那樣的地位，他不能隨心所欲地作任何的決
定：他不能控制整個黨，而整個黨又不能控制整個俄國。只有在

---

❶ 譯註：列寧於1917年發表〈鎖鏈將從其最弱的部分斷裂〉（The Chain is no
Stronger than its Weakest Link），文中說，如果一條鐵鏈可以支撐一定重量，
如果我們把其中一段環節換成木製的，那麼這條鐵鏈就會從這塊木製處斷
掉，在此刻，整條鐵鏈如同一條木鏈。在政治上也是如此。所以列寧呼籲，
要同志們務必投票給布爾什維克，因為投給孟什維克的話不只是將鐵鏈換成
木鏈而已，甚至會變成紙鏈。

革命過後政府成立，他們才能命令民眾做事──但也是有限地，就算是強大的政府也不一定能做到。

我們不需要跟隨列寧的分析，因為他只在意一個結果，但我們可以進行多種同時並行的分析。簡言之，一九一七年的基本問題不在於誰能接管俄國，而是是否有人能有效地建立政權。臨時政府之所以不能成功，很明顯地是因為沒有馬上停戰──如此無論如何都會造成問題。布爾什維克之所以成功：第一、因為其他的左派人士對於接管政權都毫無準備，而他們卻準備好了；第二、因為他們一直都比較能認識到並且考慮到社會最底層在想什麼；第三、因為──這是主因──他們掌握了彼得格勒（Petrograd）與莫斯科（Moscow）的局勢；最後，在關鍵時刻他們奪取了政權。在當時，人們如果不選擇布爾什維克的話，所要面對的情勢就是無政府。在那種狀況下，可能出現的局面有很多，最可能發生的一種其實是比布爾什維克掌權更極端的狀況──亦即，帝國的邊區會各自獨立、爆發內戰、各地區的反革命勢力會各行其是並且自建軍事政權成為軍閥，其中一個軍閥將會控制首都並且開始進行統一全國並建立中央政府的工作，而這個任務將會花上很長一段時間。簡言之，你必須在布爾什維克政府與無政府中間選擇其一。

從這一點看，隱蔽未來景物的濃霧已經很稀薄了。列寧本人看得很清楚，政權的延續要比政權的建立要不確定的多。它不能依賴政治「衝浪」（surfing）的形式──找到個浪頭，然後追上去──而是要注意內政與國際間的各種變數，而這些變數是不可

預見的。除此之外，就未來發展要憑藉政策的這一點來看——也就是要靠有意識的、可能錯誤的並且一定有變數的決策——通往未來的進程會因為他們的介入而有所偏斜。因此，布爾什維克宣布建立第三國際，但拒絕任何與布爾什維克宗旨不合的人加入，這對於一九一九到一九二〇年歐洲所面臨的緊迫的革命危機來說，無疑是相當敏感的；但是在不斷變遷而時移世異的狀況下，社會民主黨與共產黨居然分裂了，並且彼此敵視，最後對彼此造成無法預見的影響。先見之明與後見之明的差異在這裡就變得很重要。無論如何，預測會因黑暗的掠過而被打斷，只有透過回溯才能再度照亮它，我們之所以知道在過去什麼「必須發生」，只是因為沒有別的可能會發生。布爾什維克革命的存續，繫於國際的環境，雖然在一九一七年十月之後的幾個月，還不能有效地預測它的未來，但還是有人看好它。布爾什維克終於還是存活了下來並開始運作，與預測分毫不差。應該會有人對於蘇聯長期的未來發展有所預測，而這個預測也應該有可能與蘇聯實際發生的狀況不同，然而遺憾的是，我居然沒有發現這樣的例子。而且，應該也會有人預測蘇聯會有另外一番局面，那就是較不殘忍而思想上的迫害也沒那麼嚴重，但是，對於一九一七年的高度期望，沒有人不沮喪。

我之所以說明這些（第十九章會再談及），目的不是為了顯示歷史過程是不可避免的，而是要思考預測的範圍與限制。如此便能允許我們辨認可能性低的結果，例如沙皇可以挽救傾頹的王朝；及可能性高的結果，如俄國革命、非自由主義的後革命政權

以及廣義來說隨後蘇聯的發展。它允許我們從晦暗中解開列寧個人的貢獻。它允許我們辨認出到底是只能回答是或不是的局勢，譬如說是選擇布爾什維克還是選擇無政府，還是有很多選擇的局勢。它解釋了列寧在十月時對於奪取政權為何具有自信的原因，以及為何對於維持政權感到不確定。它允許我們詳細列出政權得以存續的條件，以及這些條件是否可以估計得出來。它也允許我們區別兩種狀況，一種是具有分析性及可預測性的過程，但卻沒人涉入——如一九一七年的俄國歷史——另一種則是有效的領導與計畫，涉入了議題。我並不相信某位天真的美國社會學家說的話：由於「社會變遷逐漸朝向組織化與制度化——未來應該是可預測的，因為它會跟現在它想推動的事物很類似。」事實上，要預測出蘇聯的發展趨勢，除非蘇聯的政策（目標）都能承認並接續它之前所作的一切來訂定。預測者與政治人物之所以對人類的計畫（不管它的力量多強）充滿挫折感，主要因為人類的能力是有限的，對照出「要把事情作好」但結果總是差強人意，而潛在上把事情搞砸的可能性卻是相當高。拿破崙（Napoleon）對此有相當的認識：打輸一場仗要比打贏十場更能改變局勢。而最後，這些方式的運用能讓我們評估在歷史這個預測最多的領域中，預測者的表現如何。而我不禁有些好奇，就我所知的廣大文獻中，那些還沒有經過系統調查的，不管是過去的預測者或現在的預測者，他們的歷史預測作得如何。

　　社會趨勢的預測從某一方面來說，要比事件的預測來得容易，因為它的重點是在於探索，而這一點乃是所有社會學科的基

礎：能對人口進行概括的討論，而不受時空中各項變動而紛亂的
決策、事件、意外以及可能性的干擾——雖未能了解每一棵樹，
但卻能說明整片樹林。目前就趨勢而言，這至少需要一段時間才
看得出來。就這一點來看，它可稱為是長期的預測，然而，即使
是用人類長期預測的時間間距來衡量（其實也不過就是一個世紀
左右），趨勢這個所謂的長期在比較上也還算短。比以上這些預
測更長的，就我所知，就是以千年為單位了——這裡的千年有兩
種意義。不過，長期的預測有一個眾所皆知的缺點，那就是幾乎
不可能在當中作出適當的時間刻度。我們可以知道什麼可能發
生，但不知道是什麼時候。美國與蘇聯將會成為超級強權，這在
一八四○年代就已經有人預測到了，根據是他們的國土與資源；
不過，只有傻子才會講一個確切時點，比如說一九○○年。

　　一些長期預測，其結果的發生都比原先所預期的時間晚。例
如，農民並沒有從已開發國家中消失，這可以用來否定十九世紀
中葉所作的預測。另一些預測，其結果的發生則早於原先的預
期。過去有人預測，由歐美國家來宰制世界將世界瓜分為殖民地
的現象是不可能持續的。我很懷疑張伯倫（Joe Chamberlain）時
代的人是否真能預料到，帝國主義的興起與消滅居然只發生在一
代人的時間裡頭——我想到邱吉爾，他生於一八七四年，死於一
九六五年。還有一些預測與實際結果相較，是忽快忽慢。農民在
經過長期而成功的殘存苟活之後，開始消失的速度也是驚人。哥
倫比亞的農業人口在一九六○年時佔了總人口的百分之六十七左
右，但到了一九七○年代末期就減少了一半或更多。就算我們不

知道預測什麼時候實現,但預測還是很有意義的。如果我們相信,猶太人在四面受敵的中東能永久建國的機會,從長期來看,並不比當初的十字軍成功的機會高時,那麼這對於那些關心自己能不能殘存的人來說,的確有著決策上的意義,這時候,定一個確切的時點根本沒意義。不過,我要說的重點是,問「什麼將發生」跟問「何時將發生」在方法論上完全是兩碼事。

我所知唯一能作編年上的預測,而且還相當有自信的,就是那些根據規律週期而能看出明確機制的預測,就算我們不了解內容,也不影響預測的準度。經濟學家就是尋找這類週期的偉大研究者,不過有時候人口學者也會處理這方面的問題(透過世代與年齡群的接續與成熟來找到週期)。其他的社會科學也宣稱它們發現了週期,只是幫助不大,有用的多半只局限在相當專業的預測上。例如,如果人類學家克羅伯(Kroeber)⑱是對的話,女人服飾「最大值(maxima)與最小值(minima)之間的轉換相當規律,平均大概是五十年左右。」(我對此沒有意見,有意見的應該是布匹商人)。不過,之前提過(見頁63-64)的「孔卓提夫長期波動」就沒有那麼狹隘。即便我對這個已被廣為接受的學說沒有什麼解釋,以及許多人對這個學說仍然存疑,但是它的確能幫

---

⑱譯註:克羅伯(Alfred L. Kroeber, 1876-1960),美國人類學家。認為女人的服裝式樣從長度到寬度,其變化有其週期。裙子長度週期(即短到長,長到短)為寬度週期(即寬到窄,窄到寬)的三分之一,為三十五年比上一百年,另外的一些參考值還有肩膀的寬度、腰身的寬度等等,林林總總。將這些值平均起來就有所謂的最大值與最小值,同時也算出週期。

助我們預測，不只在經濟學上，還在社會、政治與文化層面可以讓我們看到交替的循環。歐洲史的學者覺得最有用的十九、二十世紀分期，大部分都與孔卓提夫波動吻合。遺憾的是，對於預測者來說，這樣的預測工具實在太少。

　　撇開編年不談，史家即使面對最普遍而有力的預測形式（如社會科學），也是毫不遜色。社會科學的基礎是理論性的命題或模式（基本上是數學形式），可以運用在各種的事實上。但這既無價值又不適當。說它沒價值，是因為如果我們設定了各種變數，並在其間強行建立一種邏輯關係的話，就根本沒有論證的空間了。如果人類在有限資源的使用上，消耗的速度遠高於尋找替代品的速度的話，那麼資源遲早都會耗盡，就算有石油存量也沒有意義，唯一有意義的討論就只剩下什麼時候資源會用光的問題。所有命題的建構都該基於經驗，沒有經驗，預測是不可能的。之所以說它不適當，是因為它太概括，沒有辦法處理具體的問題，想用這種方法來預測註定要失敗。這就是為什麼葛拉斯會說（我想這也可以用在經濟學跟語言學上），人口學在社會科學當中已發展得最為成熟，因為它跟物理學有著極高的類似性，不過，它在預測工作上也有著糟糕的紀錄。因此，馬爾薩斯（Malthus）**⑲**的命題，人口不可能在超越生活資源所能提供的條件下，永遠地成長，這一點至今仍然適用且有價值。不過，馬爾薩斯的理論沒有辦法告訴我們人口成長與生活條件在過去、現在

---

⑲ 譯註：馬爾薩斯（1766-1834），英國經濟學家。

與未來的關係。它沒有辦法預測或回溯地解釋馬爾薩斯自己所說的危機，如愛爾蘭的大饑饉。如果我們想解釋為什麼愛爾蘭有饑荒而蘭開夏（Lancashire）[20] 卻沒有，我們就不能用馬爾薩斯的模式，而應該排除這個模式並且直接分析一些要素才對。相反地，如果我們要預測索馬利亞（Somalia）[21] 的饑荒，我們不應該同語反覆地說，之所以會有饑荒是因為食物不夠。簡單地說，人口理論可以作一些假設性的預測，但這並不是預測，而預測本身也用不著人口學的模式。那麼，預測的基礎是什麼呢？

就馬爾薩斯本人對於趨勢的預測來看——其實是錯誤的——他仰賴一些歷史資料、人口成長，以及自以為是地挑了一些經驗素材（其實是獨斷選取的），來預言農業生產力的成長率，然而這卻毫不實際。人口學或經濟學的預測，不能只是將他所設定的變數翻譯成實際的數量就好，這種作法是很有爭議的：他必須要持續地走出他的理論分析及專業領域，而進入整個歷史領域，不管過去或現在。為什麼西方的土地肥力到了一九三〇年代之後就不再下降，致使大家對於未來人口的增長作了一番修改？要回答這種問題必須要靠歷史學家，而史家在回答問題當中還可以對未來可能的變遷提供不少意見。為什麼有些人認為第三世界在工業化與都市化之後，人口成長率會趨緩呢？不只是因為以前已經有這樣的例子（即歷史資料），而且已開發國家的人口成長過程

---

[20] 譯註：蘭開夏，英格蘭西北部郡名，為棉產區。

[21] 譯註：索馬利亞，非洲東部一共和國。

（即歷史通則化）也可以類推出這樣的結論。慶幸的是，人口學者已察覺到這一點，比經濟學家好多了，如果我們比較一下歷史人口學的欣欣向榮及回溯的計量經濟學的貌似歷史，就能了解。葛拉斯大半生都是個社會學家，而不是個人口學家，這一點不需要我多說，而除了對其他領域也有廣泛的興趣，他也是個博學而敏銳的歷史學家。他之所以是個偉大的人口學家，在於他知道「在人口學領域當中，人口學者的幹練只佔其中一部分，其餘的重任都在歷史學家與社會學家身上。」

　　然而我必須說，歷史學家就像社會學家，在面對未來時相當地無助，不只是因為大家都是如此，而是因為他們對於自己所調查的整體或系統沒有清楚的觀念，而儘管已經有了馬克思開創性的研究，他們對於不同元素間的互動也還是搞不清楚。我們關心的是，「社會」（不管單數或複數）到底是什麼？生態學家會畫定一個生態系統，人類學家處理的是小的、孤立的及「原始的」社群，但研究人類社會的人就不能這樣說，特別是在現代世界。我們還在找尋出路。大部分的史家都會說，我們不能隱瞞自己的無知，而大部分的社會科學家不會這麼做。我們與社會科學家不同，我們不會受到引誘而向有威望的自然科學學習，那只會成為一種模仿，一種假的精確。除此之外，畢竟我們跟人類學家所處理的人類社會經驗的深度與廣度並不相同。而且，只有我們在研究人類社會時，要顧及歷史的變遷、互動與轉變。歷史本身能提供方向，任何人面對未來而沒有歷史，將是盲目而危險的，特別是在高科技時代。

讓我提一個極端的例子吧。如果你們還記得，在一九八〇年六月，美國監測系統發現蘇聯發射了核子飛彈，幾分鐘之內，美國核子武器進入緊急狀態，但最後發現是電腦出了問題。假設現在有看門人進到這個大廳，告訴我們爆發核子戰爭了，那麼即便是最悲觀的人都能在三分鐘之內認定這個人一定搞錯了，這本質上是一種歷史的原因。世界大戰的爆發，之前一定有一些初步的危機出現，不管它有多短或只是個徵兆，而過去幾個月、幾個星期或幾天，都沒有這樣的事，因此不足以讓我們相信戰爭發生了。但是如果我們現在正遭逢一九六二年的古巴飛彈危機的話，那麼我們就不會那麼有信心了。簡單地說，我們腦子裡有一個理性的模式，基於對於過去的資訊與分析，而能夠計算世界大戰發生的可能性。在這個基礎上，我們排除那些可能性不高的事物，而考慮其餘合理的可能性，來評估或然率。我不認為加拿大會花時間來計劃如何防衛美國，或是英國會想辦法防範法國的入侵。如果不作評估，我們會假定任何事可能在任何時候發生，而這種假定只會在恐怖片或幽浮迷中出現。或者是，我們要求在作任何事的時候都要作預防措施，那麼我們就等於在遵守一個非理性的「只作最壞打算」的工作程序，特別是我們在當公務員時會有一種少做少錯的心態，就是這種狀況的例證。凡事作最壞打算，跟凡事作最好打算一樣，都是不理性的。不過在作最壞打算時，反應的方式卻可以有所不同：一種是直接採取預防措施，另一種則是有步驟地來處理。例如，一九四〇年時，英國政府就想將所有的德國與奧國難民全都趕到鐵絲網後頭。

「凡事作最壞打算」反應在心理學上，就是偏執狂與歇斯底里。目前我們的確生活在緊張與恐懼中（這一段話是寫於第二次冷戰〔second Cold War〕❷的高峰），在歇斯底里中還夾雜著歷史思維的喪失。作最壞打算的人，不只是那些專業的預測者——如軍事部門、特務及恐怖小說作家，他們經常在揣摩情境——還有那些地緣政治專家，他們思索著在非洲活動的阿富汗與古巴（與法國區別）軍隊。更嚴重的是，我們用機器來理解世界，我們建造了一個自動系統讓我們處處從最壞來打算，因而很容易將任何符號的移動誤讀為「攻擊」。沒有歷史學家的介入，只有同樣也是自動化的交叉檢測來顯示機器所造成的誤讀，藉以避免毀滅。這種辨認錯誤的警報，所用的只是歸謬法，面對未來毫無歷史眼光，令人毛骨悚然。我不是真的預期，如果或當戰爭爆發時，它必是由盲目的技術差錯所致。不過，這種狀況的確有可能發生，這也顯示了歷史的理性思維是不可或缺的，它可以讓我們評估未來及人類行為。

　　我該如何下結論呢？史家不是先知，不能也不應該嘗試在英國國家廣播公司（BBC）的全球新聞服務電子佈告欄上寫出下一

---

❷ 譯註：按本文完成時間應不晚於1981年，仍處於美蘇冷戰時代。美蘇冷戰時代，於1991年蘇聯消失後也隨之終結。如今所稱的第二次冷戰，只是在冷戰之後，對於世界政治的一種預測。一種可能是，北約向東擴張可能會造成俄國民族主義抬頭，而重新採取與西歐及美國對抗的立場，另外一種可能則是指美國與中國將來可能發生的對峙。精確來說，第二次冷戰仍在成形中，尚未來到，也可能不會出現。因此，霍布斯邦在此所指的第二次冷戰的高峰不知所指為何。

年度或下一世紀的新聞頭條。我們不是也不應該在先知公司的末日學部門工作。我知道有一些思想家，其中也包括一些史家，將歷史過程看成是人類命運的開展，朝向一個幸福或不幸福的未來走去。這種想法對於身處自信的一九五〇年代的美國社會科學家來說，在道德立場上顯得很有說服力，他們相信人類的命運已經在現在的社會找到了歸宿，把奧馬哈（Omaha）❷❸當成了新耶路撒冷（Jerusalem）。這種想法不容易被否證，但也沒有任何幫助。哲學家布洛赫（Ernst Bloch）❷❹曾說，人是希望的動物。我們總是夢想，有太多理由讓我們如此。歷史學家也是人，也會對人類的未來有自己的想法並為此而奮鬥，如果他們發現歷史似乎（有時也確實如此）正朝著他們所希望的方向走，他們也會喜悅。無論如何，如果人們對未來失去了信心，用「諸神的黃昏」（Götterdämmerung）❷❺來取代烏托邦，那麼這對整個世界並不是件好事。不過，歷史學家的工作是要找出我們從哪裡來，往哪裡去，不應該受到對於歷史展望的喜好所影響。

　　讓我用一個弔詭的方式來說吧。因為不喜歡馬克思所論證

---

❷❸譯註：奧馬哈，美國內布拉斯加州（Nebraska）東部密蘇里河（Missouri）畔的一個城市。

❷❹譯註：布洛赫（1885-1977），德國哲學家。西方普遍將其評價為馬克思主義哲學家，不過他的思維應該更接近於上古自然哲學。他認為存在的基本內容是一種有目的的、朝向生命終點的驅力，這個驅力就是「希望」。

❷❺譯註：〈諸神的黃昏〉乃是華格納（Richard Wagner, 1813-1883）聯篇樂劇《尼伯龍的指環》（Der Ring des Nibelungen）中的最後一篇，最後大火從萊茵河燒上了天，神殿逐漸被大火吞噬。

的，資本主義與資產階級社會只是暫時的歷史現象，而因此擱置
他的理論，或只是因為支持社會主義（馬克思認為社會主義終能
勝過資本主義與資產階級社會），就擁抱馬克思，這兩種作法都一
樣沒有幫助。我相信馬克思以其淵博的洞察看出了一些基本的趨
勢；但是我們不知道這些趨勢實際上會帶來什麼。就像許多在過
去曾預測的未來一樣，當未來到來，也許是看不出來的，不是因
為預測錯了，而是因為我們沒有認出這位有趣的陌生人就是我們
預料將會出現的人。我不是說我們應該像熊彼得（Schumpeter）❷
一樣，他對於馬克思的傑出分析有所保留但也表示尊敬，熊彼得
主張：「說馬克思容許大家以保守的方式來詮釋他的想法，就是
說，要嚴肅地引用他的想法。」不過我們應該要記住，希望與預
測雖然不可分，但畢竟不是同一檔事。

　　史家對於探索未來，能作的貢獻還很多：發現人類能做什
麼，不能做什麼；找出人類活動的環境、界限、潛力及結果；區
別可預見的與不可預見的，以及各種先見之明。除此之外，史家
還可以批判那些愚蠢而危險的運作，也就是建構自動化的機器來
進行預測，這種作法居然還受到一些追求科學地位的研究者的歡
迎：我又要引用某一位社會學家的說法，接受這種方式來預測革
命的人，將「早期現代化如果要造成社會革命，其規模要有多大

❷ 譯註：熊彼得（J. A. Schumpeter, 1883-1950），原籍奧國的美國經濟學家，重
　要著作為《經濟發展理論》（The Theory of Economic Development）、《資本主
　義、社會主義與民主》（Capitalism, Socialism and Democracy）。為馬克思的批判
　者，但仍認為資本主義內部的力量終將發展出社會主義。

多快」這個問題予以量化，其方法則是「從橫斷面與縱斷面這兩個面向，來收集各種比較性的資料。」馬克思主義者不會這麼做。史家可以也應該批判那些更危險的運作，如未來學（futurology）。未來學不去思考那些可以思考的，卻去思考那些根本不可知的。他們懂得運用統計學的外插法。他們會說什麼可能發生，但更常說什麼不可能發生。他們並沒有搜集很多資料——這是歷史的核心。如果他們想花多一點時間來評估及改善他們看未來的能力，或者是想把宣傳工作做得好一點，那麼他們也許會搜集多一點資料。不管是什麼，他們就是懂得宣傳。

5

歷史學進步了嗎？

Has History Made Progress?

　　歷史寫作 —— 至少就我有興趣的領域來說 ——
是如何發展的？它與社會科學的關係是什麼？這些是
後面幾章所要討論的問題。

　　〈歷史學進步了嗎？〉（之前未出版）是一九七
九年在伯克貝克學院（Birkbeck College）所作的稍
微遲來的就職演說。

　　歷史學進步了嗎？對於一個行將退休的人，回首四十年來，從大學開始念歷史，到研究生，然後一九四七年到伯克貝克學院來教書，會問這樣的問題是再自然也不過的。這個問題應該還可以這麼問：在這段專業生涯中，我做了什麼？這個問題還可以，但也不完全。因為這個問題假定了「進步」這個詞可以用在歷史這個學科上。但真的是這樣嗎？

　　「進步」明顯可以適用於某些學科，卻不能適用於另一些學科。在我們的圖書館內，就可以看出這種區別。在自然科學裡，進步不會受到任何理性觀察者嚴厲的質疑，自然科學的書籍也不會長期使用，除非是為了基本原理的教授或是領域內偶爾短期的綜合，因為自然科學的汰換率正對應著其進步率，而後者從我——我們——活到現在所見的進展是驚人的。在這個領域中，並沒有該讀的經典，但一些對於偉大先賢懷有崇敬感的人，或對科學史有興趣的人，則會回頭去讀一些過去的經典。牛頓（Newton）或麥斯威爾（Clerk Maxwell）❶ 或孟德爾（Mendel）❷ 的理論已經被吸收進了一個在理解上更廣而更適當的物理世界中；相反地，今天一般平庸的物理研究生對於宇宙的理解卻更勝於牛頓。歷史學家以及自然科學發展過程的分析家知道科學的進步不是線型的，但進步確實是存在的。

---

❶ 譯註：麥斯威爾（1831-79），出生於蘇格蘭的英國物理學家。對於法拉第（Michael Faraday, 1791-1867）的電磁理論作了延伸並作數學上的表述。

❷ 譯註：孟德爾（1822-84），奧國遺傳學家。發現下一代的植物不受環境的影響，必定擁有上一代植物的某種特徵。

　　另一方面，如果我們思考一下文學批評這個一般只在大學之內進行的關於創作藝術的研究，進步對它來說不僅是無法證明的，也是不合理的，除非從比較瑣碎的形式來看，譬如資料的累積更形增多或批評方法種類與手續的越加繁瑣。二十世紀的文學並不優於十七世紀的文學，強森（Johnson）博士❸的批評並不比李維斯（Leavis）博士❹或羅蘭・巴特（Roland Barthes）❺更不高明，他們只是不同。無疑地有許多學院的和其他批評的著作並不為人所知，只有博士班的學生會去念這一類的書，如果這些書能夠留存下來，並不是因為它們比較新，能夠取代舊時代的書，而是因為這些書的作者本身有著特別的敏銳度以及理解力。有一些人是用歷史方法來研究文學，不管是文學史或是文學批評史，而就我的觀察，進步一詞也不能用在這裡，另外一些類似的學科如藝術史也是一樣。英國文學系解讀文學，但也許因為如此，解讀後也產生了一堆書。

　　還有其他學科，「進步」概念要用在上面似乎也同樣困難：例如哲學或法律。柏拉圖（Plato）並不因笛卡兒（Descartes）的出現而過時，同樣的道理，康德（Kant）之於笛卡兒，黑格爾

---

❸ 譯註：強森（Samuel Johnson, 1709-1784），英國18世紀最著名的詩人與批評家。

❹ 譯註：李維斯（Frank Raymond Leavis, 1895-1978），20世紀英國著名的批評家。

❺ 譯註：羅蘭・巴特（1915-1980），法國社會與文學批評家，他在符號學上的成就引導結構主義成為二十世紀的思想主流之一。

（Hegel）之於康德；我們無法看到智慧累積的過程，也就是說，後來的作品並沒有將前人作品中的真理完全吸收。我們比較常看到的是舊的主題持續地被拿出來再討論一次，特別是那些上古時代的主題，不過討論時卻是用當代的術語，這有點像莎士比亞（Shakespeare）的劇作在一九二〇年代或一九七〇年代演出一樣，兩種演出的模式不同，但演出者還是會受到歡迎。我並不是在批評這種學科，我們如果看看現代的田徑賽，它顯示了一種進步，因為現在的人跑得、跳得比五十年前的人更快、更遠，他們不斷地在刷新紀錄，但是另一方面，我們也可以看到一種從外表看來是不斷在變，但實質上卻是不變的比賽，如下棋的兩人對奕模式。

歷史其實就與第二種學科很像，因為史家不只是寫書，也讀書，特別是讀相當古老的書。不過從另一方面來說，史家也會過時，但是過時的速度要比科學家慢得多。我們現在已經不讀吉朋（Gibbon）❻了，但我們還讀康德或盧梭（Rousseau）的書，因為他們的想法仍然與我們現在的問題有關。我們雖然會稱讚吉朋在學術上的巨大成就，但現在讀他的作品，重點已經不是在得到有關羅馬帝國的知識，而是在欣賞他的文學才華，所以專業史家並不會為了研究上的需要來念他的書，除非是為了休閒。如果我們會去讀過去的史家作品，一方面可能是因為這些作品提供了一些永久原始材料，譬如說版本已經不可能再更新的中古編年史，或

---

❻ 譯註：吉朋（Edward Gibbon, 1737-1794），英國歷史學家，著有《羅馬帝國衰亡史》（*The Decline and Fall of the Roman Empire*）。

者是因為他們突然間對一些很冷僻已經沒有人研究的主題開始感到興趣，換句話說，從這個主題來看，這些過去的史家作品還是相當新穎的。這就是歷史再版工業的經濟基礎。但是，一本書在它出版的一個世紀之後又重新浮上檯面，這就引發了我今天下午所問的：我們能在歷史學中談「進步」嗎？如果可以，那它的特質是什麼？

　　這裡所講的進步，它的意義很明顯地不是指史家變得更博學或更聰明。就算史家接觸了更多的知識，也不表示他更博學。我也不確定是否史家會變得更聰明，因為我自己就是個反例。從過去一、兩個世紀以來，歷史學就不是一個很花腦力的學科。我曾經有一段時間接觸過一個很花腦力或至少需要一點聰明的學科，那就是英國與美國的劍橋大學經濟系，我試著趕上一堆比我聰明得多的人，這段有益但卻沮喪的經驗，我永遠也忘不了。我意思不是說，五十年前的歷史學家沒有相同的聰明才智，而是說像我這樣的人仍然有可能在歷史學界作出貢獻而擁有名聲，儘管我在處理艱難工作以及類似偵探的調查上是能力不足的。也許有人認為，正統學院的歷史研究長久以來就敵視理論與通則，因為偉大的蘭克（Ranke）❼ 所樹立的傳統，鼓勵思想上不要過於前衛，而事實上，歷史學也不需要前衛。從另一方面來看，在某些國家

---

❼ 譯註：蘭克（Leopold von Ranke, 1795-1886），德國歷史學家。素有「德國最偉大的史家」、「客觀歷史寫作之父」、「歷史學的創建者」之稱。然而，所謂的客觀指的是蘭克面對文獻時所用的考證方法而言，至於蘭克的歷史理念則是賡續他幼時的家庭信仰，一種路德式的神學觀念。

與某些時代中，歷史也吸引了與上述特質完全相反的心智，例如一九三〇年代以來的法國，有一個特殊的歷史取向——通稱為年鑑學派（Annales School）❽——數十年來已成為這個國家的社會科學的核心學科。但是不管怎麼說，聰明對歷史學家來說也不是缺點。現在，已經有一些歷史研究開始走上需要腦力的道路，可以跟其他的學科較量較量，這一類的歷史研究多半是從社會學科或哲學引進一些概念或模式來對歷史進行分析，從這個方面看來，歷史研究已經不再是軟性的思考了。不過，這也還不足以說明史學的進步是什麼意思。

我們要用什麼有意義的方式，才能說史學是有進展的呢？對於這個問題，我們並沒有明確的答案，因為史家之間對於他們所做的事，或者說，對於他們所處理的主題，並沒有共識。舉例來說，每一件發生在過去的事都是歷史；現在發生的每一件事也是歷史。在我從事歷史研究的過程中，不知不覺地四十多年過去了，我和我同輩的人——還有你們——以及學生或旁聽生都在其中變成了歷史的一部分。所有歷史研究都隱含了選擇，一種不為人知的選擇，從過去無限的人類活動中選擇，從影響這些人類活動的事物中選擇。但是在做這樣的選擇時，卻沒有一個大家都能接受的判準，甚至於隨著時間不同，判準很容易就跟著改變。當

---

❽ 譯註：年鑑學派因一群學者以《經濟與社會史年鑑》（*Annales d'Histoire Economique et Sociale*）為其發表成果的刊物，因而得名。這個刊物前後共有四個名稱，但因具有延續性，外人稱以此刊物為中心而隱約形成的學者群為年鑑學派。

史家認為歷史大致上是由偉人來決定的時候，他們的選擇很明顯地不同於當他們不認為如此的時候所作的選擇。這便提供了極為堅固而有效的堡壘來庇護歷史的死硬派（以及那些反對歷史的人），讓他們能堅守立場，並且保證這也絕對不會是最後一個立場。

　　凡是能根據學界承認的判準來調查過去的人，就是史家，這一點是所有歷史專業人員都會同意的。即使是最不需要用腦而以收集瑣事為能事的古史編年史家，我都無法否認他們的史家地位，它們現在也許看起來瑣碎，但也許明天就有它的用處。畢竟，歷史人口學這個過去二十年來轉變許多的學科，它所依賴的資料就是來自於系譜學家的收集；而收集的原因，要不是因為對貴族世系的崇拜，就是出於神學上的目的，後者如鹽湖城（Salt Lake City）的摩門教徒（Mormons）❾。因此，歷史學家一直不斷地自我反省，並且對於其他學科在哲學與方法論上所帶來的挑戰感到相當惶恐。

　　要避免這類爭論的辦法，就是看看從過去幾個世代以來，歷史研究到底有什麼成就，或者看看這些成就是否顯示出對於同一主題有一種系統性的發展趨勢。結果證明了沒有所謂的「進步」，倒是顯示出歷史這個學科像是艘獨木舟，在個人品味、現

---

❾ 譯註：摩門教，1830年美國人史密斯（Joseph Smith）創始的基督教派；正式名稱為耶穌基督末世聖徒教會（The Church of Jesus Christ of Latter-Day Saints），原贊成一夫多妻制，中心地在美國猶他州的鹽湖城。

實政治與意識形態或甚至流行趨勢的波浪中載浮載沉。

　　讓我們回到一八九〇年代中期，那個時候正值現代自然科學史上重要的轉捩點。歷史學作為一門受人尊敬的學科，地位可說是屹立不搖。檔案整理完善，標準的期刊也才剛剛創刊——《英國史學評論》（*English Historical Review*）、《史學評論》（*Revue Historique*）、《史學期刊》（*Historische Zeitschrift*）、《美國史學評論》（*American Historical Review*）都是十九世紀最後三十年的產物——歷史學的本質還沒有人質疑。大史家在公眾生活上都是大人物——在英國，他們是主教與貴族，在法國也是如此。艾克頓爵士（Lord Acton）❿甚至認為是到了該寫一部最後的《劍橋近代史》（*Cambridge Modern History*）的時候了，這部書將標示出最新的學術進展，也許還標示了這些問題已不會再有進展。之後不到五十年，甚至連劍橋大學（此時已經沒幾個人知道近代史的寫作發源於此）也覺得這部書已經過時了，必須要完全改寫。不過，即便是在艾克頓自信滿滿的當時，也還是有人抱著懷疑的態度。

　　這些挑戰主要來自於對歷史內容的不滿——在那個時候，歷史的內容盡是敘述性的文字，主題集中在政治史與制度史，後來這種歷史取向在一本英國諷刺文學《一〇六六年及其種種》

---

❿譯註：艾克頓爵士（1834-1902），英國政治家、史學家。所主編的《劍橋近代史》，上起文藝復興，下至19世紀。艾克頓自信滿滿地認為，將不會有第二部《劍橋近代史》，因為他相信歷史的研究已經到了最高峰，以後不需要再改寫，這就是他所謂的「最後的」《劍橋近代史》。

（*1066 and All That*）**⓫**中被狠狠地嘲弄了一番；這些挑戰也關切歷史通則的可能性。其實，這些挑戰是來自於社會科學以及歷史以外的學科，他們相信歷史應該是社會科學的一個特殊形式。體制內的歷史學家完全不接受這些挑戰。在德國，一八九○年代中期，這個論戰正打得火熱，有一位歷史學家名叫蘭普勒希特（Karl Lamprecht）**⓬**因此被列為異端，不過以今日眼光來看，他還略嫌保守。正統派認為，歷史應該是敘述性的。人物、事件與局勢，各自不同，是不可能從中找到通則的，因此，不可能有所謂的「歷史法則」（historical laws）。

這種說法可以分兩方面來談。首先是正統史學中，歷史的內容是從過去的資料中選取出來的。它所選取的主要是政治，特別是與現代民族國家間的外交政策有關的政治，而且只注意那些能影響外交政策的人的一舉一動。雖然也研究其他的領域如文化史或經濟史，但是卻只是次要的地位，交代得總是模糊不清，除非這些領域有助於我們理解政治上的決策，否則絕不可能花工夫在上面。簡單地說，它在資料的選擇上相當地狹窄，而且在政治立

⓫譯註：這本書原來不是一本書，本來是賽勒（Sellar）跟葉特曼（Yeatman）在1930年代以連載方式在《笨拙》（*Punch*，倫敦有名的幽默諷刺、有插圖的週刊，創刊於1841年）週刊發表。內容主要是從英國歷史的原點西元前55年開始，一直到1918年。文中諷刺地說，歷史並不是用來思考的，是用來背的，因此將一連串地名、人名作有趣的聯結、聯想，並諷刺民族主義，文中甚至還嘲弄了一下最高分的歷史卷子。

⓬譯註：蘭普勒希特（1856-1915），德國史家。反對敘述性的政治史，主張尋找歷史發展的通則，並將領域由政治史擴展到文化史、經濟史及思想史。

場上還相當地教條。其次，正統史學也反對將過去的各個方面都
統合成一個有系統的結構或因果彼此聯繫的關係，尤其反對將經
濟與社會因素當成政治發生的原因，反對建立任何人類社會發展
的演化模式（其實正統本身也在建立這樣的模式）以及建立歷史
發展的分期模式。貝勞（Georg von Below）❸ 就認為，這種模式
性的思考只存在於自然科學、哲學、經濟學、法學以及神學，與
歷史無關。

　　這種觀點代表了十九世紀中晚期對於史學發展的反動，或者
說，對於十八世紀以來史學發展的反動。不過，這並不是我現在
要討論的重點。平心而論，十八世紀的史家或者具有歷史心態的
經濟學家及社會學家，無論他們是來自於蘇格蘭或哥廷根
（Göttingen）❹，要以當時的技術水平來處理包羅萬象的歷史問
題是不可能的，他們沒有能力對於社會組織或社會變遷建立一套
通則，因此才將研究局限於政治制度與政治事件，並且強調人類
在決策時所展現的自主意識及獨特性。我的觀點是，蘭克正統原
本在各大學的崇高地位之所以受到挑戰，一方面是因為意識形態
的關係，另一方面也表示它過時了。正統派雖然還是負隅反抗，
但已是坐困愁城。

　　我之所以強調第一點，主要是因為正統派本身也喜歡把這個

---

❸ 譯註：貝勞，德國歷史主義的代表人物之一，認為蘭普勒希特代表了西方實
　證主義對德國唯心論／觀念論的攻擊。
❹ 譯註：哥廷根，德國中部城市，為德國現代史學的發源地。

挑戰當成是意識形態上的，特別是社會主義的或馬克思主義的。
一八九〇年代中期在德國《史學期刊》上的論爭，反映了正統派
所對抗的，不僅有「集體主義的」（collectivist），還有「個人主義
的」（individualist）以及「唯物主義的」（materialist）歷史概念；
這是大家都知道的。不過，這並不是意識形態的論爭。如果暫且
不談各個學科對於歷史這種只談帝王將相的作法有多麼地厭惡，
我們會發現到那些反對正統派的人並不是來自於同一個陣營。這
些人包括了馬克思、孔德還有蘭普勒希特，而從政治立場或意識
形態來看，他們的作法都不是很激進。這些人當中也包括了韋伯
與涂爾幹（Durkheim）**⑮**。在法國，對於正統史學（即所謂的事
件史〔history of events〕）的反叛則完全與馬克思主義無關，它的
歷史背景我們就不說了。即便法國的正統史學穩穩地抓住了學
院，但是在一九一四年之前，正統派在法國就已經差不多全面崩
潰了。第十一版的《大英百科全書》（*Encyclopaedia Britannica*,
1910）也發現這一點，從十九世紀中葉以來，就有一種趨勢，唯
物的歷史分析逐漸地取代了唯心的歷史分析，因而造成了「經濟
或社會史」的興起。

　　如果我說這個不斷向前推展的趨勢是普遍的，這並不是因為
我想盡可能地降低馬克思或馬克思主義對它的影響力。我絕不可

---

⑮ 譯註：涂爾幹（Emile Durkheim, 1858-1917），法國社會學家。與馬克思及韋
　　伯並列為現代社會學的三大宗師。涂爾幹發現在現代資本主義所產生的生產
　　模式下，人與人之間的關係逐漸從親族與地緣走出來，變成由分工所造成的
　　生產上的社會連帶關係。

能有這種想法,在十九世紀末的嚴謹的觀察家也不可能有這種想法。我要強調的是,史學的發展從時間上來看,是有一個特定的發展方向的,不管歷史研究者怎麼想,就算歷史專業人員想要依靠既有的體制頑抗也是阻擋不了的。一九一四年之前,壓力主要都來自於歷史學之外:經濟學家(在某些國家,經濟學者有相當的歷史訓練);社會學家;在法國則還有地理學家;甚至於律師。我們可以發現,那些在宗教與社會的關係上,以及新教與資本主義興起的關聯性上,有著最深刻討論的經典文本,除卻馬克思這個開山祖師不談,就屬韋伯(社會學家)及托洛爾契(Troeltsch,神學家)⑯ 了。給正統史學最後一擊的則是來自其內部。在法國,有名的年鑑(全名應為《經濟與社會史年鑑》〔*Annales d'Histoire Economique et Sociale*〕)從邊區的史特拉斯堡(Strasbourg)⑰ 反攻巴黎;在英國,《過去與現在》由許多非歷史系的馬克思主義者所創立,到了一九五〇年代快速地成長為跨國的論壇,而組成成員也不局限於馬克思主義者。在西德,正統史學從這裡開始,最後也在這裡結束;一九六〇年代,開始出現反對德國民族主義的激進分子,他們從威瑪時代(Weimar period)⑱ 一兩個被視為民主共和分子的史家中尋找靈感,並且再度強調要

---

⑯ 譯註:托洛爾契(Ernst Troeltsch, 1865-1923),德國神學家。從神學、哲學與文化的角度看新教與資本主義的關係。

⑰ 譯註:史特拉斯堡,法國亞爾薩斯省下萊因首府,位於德法邊境。

⑱ 譯註:威瑪共和國時代,始於1918年德皇退位或1919年制定威瑪憲法,直到1933年希特勒奪權為止。

從社會與經濟發展來解釋政治。

這個趨勢無可質疑。你只要比較一下英國在戰間期的歐洲史課本，如格蘭特（Grant）與譚普萊（Temperley）的《十九和二十世紀的歐洲》（*Europe in the Nineteenth and Twentieth Centuries*），及當代的課本如羅伯特（John Roberts）的《一八八〇到一九四五年的歐洲》（*Europe 1880-1945*），就可以發現從我當學生以來課本的巨大變化：我特別挑了一個以穩健派自居的現代學者，或甚至於偏向保守派。舊課本開頭是簡短十六頁對歐洲的介紹，說明了國家體系、權力平衡及主要的歐陸國家，順便陳述了一下哲士（philosophes）——伏爾泰（Voltaire）、盧梭等等——以及自由、平等與博愛。新課本出現於四十年後，一開始則是長篇敘述歐洲的經濟結構，之後則是簡短的一章：「社會：制度與假設」，政治類型與宗教（在此之前只是簡單地提一點國際關係）這兩章則各六頁。

基本上，我們在二十世紀所看到的歷史研究，正是一八九〇年代的正統史學所否定的：即歷史與社會科學的復交。歷史當然不能被吸收成社會科學或其他學科的一部分。而這也不是說，歷史學家不可以去注意那些有歷史傾向的人口學家或經濟學家所處理的問題。無論如何，歷史學與社會科學是各自獨立的。復交也不是單方面的。如果說史家越來越懂得向社會科學求取方法與解釋模式的話，那麼社會科學也越來越傾向於歷史化，並且開始求助於史家。而十九世紀末學者的批評也不是沒有道理，當時社會科學的演化架構與解釋模式太過於簡化並且不切實際，而時至今

日，社會科學也還是有同樣的毛病。

目前的狀況是，歷史學從敘述性轉向分析性與解釋性；從研究獨特而個別的事件到建構規則乃至於通則。已經完全與傳統不同了。

這些難道就是進步了嗎？審慎來說，是的。我不認為歷史學與其他學科斷絕往來會有什麼前途，這些學科可能研究地球上生命的演變，或從有紀錄以來，我們祖先的演化過程，或生態系統的功能與結構，乃至於動物群落和獨特的智人（Homo sapiens）。我們全都同意這些研究都是、能是也應是歷史的範圍，在過去幾個世代，這些歷史性的研究已經將歷史學與其他學科連結地更為緊密，使得我們能夠比蘭克與艾克頓更了解自己。這就是最廣義的歷史所能告訴我們的：智人如何及為何從舊石器時代演進到核子時代。

如果我們不處理人類的變遷這種基本的問題，或是在這不斷變遷之中我們也不注意人類的活動，那麼就等於我們作為一個史家，只知道處理瑣碎的問題，只知道待在象牙塔中空想。我們可以發現，有人提出一些理由，認為歷史學必須與其他學科脫勾，但我不認為他們的理由充分。他們把史家最該作的任務推給了不是史家的人（他們其實知道誰最應該處理這些問題），明明是他們自己沒有能力來處理這類的問題，他們卻以此來作為論證，認為史家不該處理這種事。

我已經說過了，史家並不是只要處理這類問題就好。歷史學並不是其他那些也研究歷史的學科的附庸而已，如歷史社會學或

社會生物學。歷史學是而且必須是獨特的,這一點,那些歷史反動派倒是說對了。而其理由是瑣碎的。許多史家以及他們的讀者對於群體中個人的命運有著濃厚的興趣,但這一點,動物生態學者就認為不值得浪費筆墨;史家的興趣就恰好在於規則所要排除的那些微觀的事件與情境。其實生物學家也可以像史家那樣來處理動物的課題。小說《下華特息普》(*Watership Down*)❶ 描寫兔子的方式(我認為作者一定有相當的動物學素養),與傳統史家如上古史家贊諾芬(Xenophon)❷ 所寫的《長征記》(*Anabasis*)如出一轍。但是還是有些許的不同。因為不管我們認為格萊斯東(Gladstone)與狄斯雷理(Disraeli)❸ 之間的差異重不重要,我們沒有辦法把兔子描寫成像他們兩位的互動那樣,除非把牠們虛構成像人類一樣能想、能說、能行動。除此之外,需要提醒社會生物學家的是,人類每一個個體都是不同的,動物也是一樣。

---

❶ 譯註:《下華特息普》,書名的意思是個地名,它位於英格蘭中部的波克夏(Berkshire),因而又名下波克夏(Berkshire Down)。這本書被選錄進英國高中英文課程,內容描述波克夏由於人類的墾伐,使得當地的兔子不得不離鄉背景去尋覓新的住所以及新的同伴,途中免不了驚險,但都化險為夷。作者是亞當斯(Richard Adams),他本人就住在波克夏。

❷ 譯註:贊諾芬(430?-?355 B. C.),古希臘將軍與史家。《長征記》一書是描寫贊諾芬參加傭兵團去幫助波斯王居魯士(Cyrus)謀叛其親兄亞塔色且斯(Artaxerxes)王的行動,後來失敗,贊諾芬返國的種種經過。

❸ 譯註:狄斯雷理(1804-1881),保守黨人,於1868年及1874至1880年間擔任英國首相。格萊斯東(1809-1898),自由黨人,於1868至1874年,1880至1886年間擔任英國首相。兩人二十年間各自率領保守黨與自由黨,爭奪選票以主持政府,並迭為首相。

　　他們創造自己的世界與自己的歷史。這並不是說他們可以自由地做他們想做的事（即「有意識的選擇」），也不是說，只要了解人的意圖就能夠了解歷史。事情絕非如此。不過，人類社會的轉變的確是經由多種的現象來表現，而這些現象的背後確實有著人類的意向（讓我們用一個最廣義的詞，那就是「文化」），人類的意向可以透過制度與實踐來產生效果，而制度與實踐卻又帶有人的目的在裡頭，如政府與政策。我們可以建立制度，也可以更動這些制度（能更動到什麼程度，這是歷史的大問題），而我們有語言，我們所表達的觀念總是跟我們自己及我們的活動有關。

　　這些想法實在不容忽視。西德與東德的發展路線完全不同，這是因為從一九四五年以後，兩國就基於不同的理念而採行了不同的制度與政策。我並不是說事情本該如此。歷史決定論中的不可避免性所產生的問題，跟我們現在所要討論的問題截然不同，我並不打算在這個地方討論；意識與文化扮演的角色是什麼，用馬克思的術語來說，就是下層建築與上層建築的關係問題，而這兩個層次經常是混在一起以致於常有混淆並且難以辨認。我所要講的是，歷史所談的不外乎是在人造的制度之中所存在著的意識、文化以及有目的的舉措。如果我可以再補充一下，我認為馬克思主義在這方面的研究是最好的歷史取向，因為它比較能察覺到人類作為歷史的主體與創造者所具有的能力，以及人類作為歷史的客體時的被動性。除此之外，它之所以是最好的，還在於馬克思（從這方面看，他也可以算得上是知識社會學的祖師）發展了一套理論，可以說明史家的理念是如何受到史家個人社會立場

的影響。

　　讓我回到主題。歷史學的確有進步，至少從過去三個世代來看是如此，主要表現在歷史與社會科學的合流上，不過這個進展並不大，而且還帶來了一些麻煩。首先，這個進展是藉由必要的化約（simplification）而獲得的，在化約的過程中產生了問題。這就是為什麼現在有一股聲浪要求要再度研究政治史這一門從史學革命以來就被冷落的領域。有一些新政治史的研究——如劍橋的史家，他們是相當謹慎的新保守派——回歸到十九世紀最落伍的爬梳檔案的形式：在愛爾蘭自治危機時或在一九三一年時，誰寫了什麼給了在內閣的誰。不過，正如勒高夫（Jacques Le Goff）❷所言，「政治史逐漸在恢復元氣，而其所運用的方法、精神與理論，正是當初逼它退隱的社會科學所提供的，」特別是那些研究十九世紀前的政治史。

　　其次，社會科學的驚人發展，除了讓它在學院的位置更形穩固，歷史學與社會科學的交流也造就了學科的多元與斷片化。我們有「新」經濟史，也就是用目前的學院理論來研究過去，同樣地，我們有社會人類學、精神分析、結構人類學及其他的學科。另外還有偽學科，它可以幫助年輕的學者藉由運用當下的流行思潮或說些別人從未說過的話，來獲取美名。新奇變成了要在專業領域擁有市場的代名詞，就好像在大眾面前推銷洗潔劑一樣。我不是反對史家從社會科學借用技術及觀念，也不是反對將社會科

─────────────

❷譯註：勒高夫（1924-），法國史家，年鑑學派的一員，專攻中古史。

學最新的成果整合進歷史學當中，因為這樣作的確是有用而且相關的。我所反對的是把歷史貨品放到一堆無法溝通的貨櫃裡面。並沒有所謂的經濟史、社會史、人類史或精神分析史：歷史就是歷史，如此而已。

　　第三種現象更加強了這種斷片化的趨勢：歷史研究領域的大幅擴張，這大概是近二、三十年的事吧。我之前說過，所有的歷史寫作都是一種選取。我們現在已經比上一代還清楚，選取的過程通常是很狹隘的。我們簡單提一下最近剛成為研究領域或學科分枝的一些主題，像期刊與學社就是一例，學者參與其中就好像是印度洋島國加入聯合國一樣，其他還有：家庭、女性、童年、死亡、性、儀式及符號象徵（節慶與嘉年華會是最流行的）、飲食與烹飪、氣候、犯罪、人類身體的特徵與健康，更不用提大陸及地區，包括了之前未發掘出來的地理與社會主題。你們可以在主要的期刊上看到這類的文章，如馬達加斯加（Madagascar）的視覺空間，以及法國人眼珠子顏色分布的變化，還有長久以來被忽略的平民的歷史。

　　歷史研究呈現出一種帝國氣象或團結一心的氣氛，這是件好事。套句流行的詞彙，歷史是「整體的」（total）❷，即便目前選取的範圍只能代表二十世紀末史家的興趣亦然。而且，就歷史學已經如我所願地取得社會科學的一般架構來看，這也是個可喜的

---

❷ 譯註：法國人類學家牟斯（Marcel Mauss, 1872-1950）所習用的詞，後來法國史學大家布勞岱（Fernand Braudel, 1902-85）也援用此一術語，也就是結合了地理、經濟、社會與文化的歷史分析。

發展。不過，就目前的狀況來看，主要的史學期刊已經開始變得像古董市場一樣，所有的內容都來自於過去，但是這些內容彼此卻不產生聯繫。

接下來的發展將會如何？我無法預測。一部分是因為（其他學科也一樣）一旦我們所問的問題或所接受的模式有了變化，未來的發展就會不同，因此難以預測（「典範」〔paradigms〕 ❷ 是可以用來形容這種狀況的流行詞彙）；另外則是因為歷史學仍舊是門很不成熟的學科，學者對於哪些問題是基本，哪些問題是重要，仍然未建立共識（除了在比較專業的領域，不過這些領域也不見得好多少）；最後則是因為史家本身也要融入研究當中，這是非人文學科所不需要的。我不是一個過度懷疑的人，我並不認為史家寫的其實都是當代史，只是外表罩上了古代的衣服；不過無可置疑的是，我們的確需要用當代的眼光來看歷史。以下，我要提出三個未來可能有利於歷史學的發展。

首先，歷史學應該重新再來研究人類的轉變，這是重要的歷史問題，而且時機也已經成熟。除此之外，我們還要追問，為什麼人類從採集漁獵進展到現代工業社會，這整個過程竟只發生在

---

❷ 譯註：「典範」一詞乃孔恩（Thomas Kuhn, 1922-96）所創。孔恩，美國物理學家，在《科學革命的結構》（*The Structure of Scientific Revolutions*）一書中，孔恩指出，科學並不是一門連續的、累積的知識，相反地，科學的進展是一連串有間隔的人類思想的暴力革命。一個傳統被粉碎，再另立一個新傳統，譬如，托勒密所建立的地球中心說，為哥白尼的地球繞日說所打破。彼此間並不是知識的累積，而是兩個知識系統的對立，亦即，兩個典範。

世界的一隅,而非他處。只要史家能夠認識到這個問題具有普遍性與核心性,那麼不管是研究中古時代加冕儀式,還是研究冷戰起源,他們都會在專業領域內對這個問題有所貢獻。他們會理性地或至少在可用的範圍內來延展他們的研究主題,而非隨隨便便。可喜的是,這個問題至少有一個重要的要素已被重新提出來討論,而且是由非馬克思主義的史家來提出的,那就是資本主義的歷史起源與發展。這是目前全球經濟危機下所能看到的比較正面的消息。現在看來,歷史學要更有進展是可能的;甚至應該會繼續進展下去。

第二,各種事物如何結合在一起,這也是個重要問題。我問的不是歷史的變遷與轉變如何產生,因為這個問題已經隱含在第一個問題中了。我指的是,人類生活中各個面向的互動模式,如經濟、政治、家庭與性關係、廣義或狹義的文化,或是感性。十九世紀時(這是我的專業領域),所有的問題都明顯與資本主義經濟的勝利有關,我們在分析時,無論如何都不能忽略這一個重要事實。但是我們也該知道,即便是在資本主義的核心地區,它的成功也是奠定在過去歷史的基礎上。資本主義摧毀了也創造了一些事物,但是更常見的是,它對於既有的事物抱持著適應、吸收以及調整的態度。如果你從另一個角度來看這個問題——譬如從一八六〇年代的日本來看——就會發現,一個先於資本主義存在的社會,為了讓自己繼續生存下去,會採取適應與吸收資本主義的策略。而對於這種現象,簡化的決定論與功能論(functionalism)㉕的解釋顯然是不夠的。

　　為了不讓在場不是史家的人士覺得無聊，我不會再舉十九世紀的例子，而只把問題的一個面向轉移過來看現在。從一九五〇年來，我們就生活在一個社會與文化的變遷空前巨大的年代，幾乎沒有人會懷疑這種變遷是來自於經濟以及科技的發展。大家也發現人與人彼此緊密地連結在一起——如果你喜歡這個術語的話，那麼我可以說，人們組成一個集合（syndrome）。然而伴隨著社會轉變的，還有農民數量急速減少（除了亞非之外）、羅馬天主教會的危機、搖滾樂的興起、全球共產主義運動的危機、西方傳統婚姻與家庭類型的危機、前衛藝術的破產、科學開始對於宇宙的起源與發展感到興趣、清教徒工作倫理以及議會政府的衰微，以及倫敦《金融時報》（*Financial Times*）不尋常地開始以整個版面來報導藝術，關於這些新事物的出現，它們到底跟社會的轉變有什麼樣的關係呢？而這些新事物各自又有著什麼樣的互動關係呢？這些問題極為有趣、極為重要，卻也極為困難。不過，史家要是得試著處理這些問題，他們將會比孟德斯鳩（Montesquieu）的成就更大——他們應該要超越馬克思。

　　還有第三類問題，這些問題比較接近傳統史家的興趣。歷史經驗、歷史事件以及歷史情勢的種種細節，到底重不重要？這包

❷譯註：功能論認為，社會中存在的各個制度及各個行為模式都是彼此依存的，意即，各有其功能而能彼此協同合作，使社會運作順暢。批評者認為，此說忽略了社會中存在著種種矛盾與衝突，因而才有所謂的調適與改變，而這種缺點，正顯示其維護現狀的保守傾向。這種理論始於涂爾幹，而後由美國社會學家帕深斯（Talcott Parsons, 1902-1977）發揚光大。

括了一些比較瑣碎的問題，譬如個人或決策在歷史的角色如何，我們可以問，「如果拿破崙贏了滑鐵盧（Waterloo）之役，歷史是否將因此而改寫？」或者也包括了一些比較有趣的問題，如十九世紀的德國思想史與奧國思想史為什麼有那麼大的不同？或是，十八世紀的英格蘭思想史與蘇格蘭思想史何以有如此的差異？這些問題的耐人尋味，尤其表現在兩組國家各自在語言、文化上都彼此相連，而觀念卻大相逕庭。還有一些問題則具有實際的重要性，如每個經濟學家都知道他為某一個國家所提供的經濟成長良策，並不一定可以用在另一個國家上──例如，可以用在瑞典與奧地利的經濟政策，不一定可以用在英國。

這並沒有造成太多研究或方法論上的問題──雖然有時也會如此：特別是關於比較研究或反事實研究（counterfactual studies）的問題。歷史學畢竟與其他具有歷史氣味的社會科學不同，因為歷史學不能在假設其他條件完全相同的狀況下研究。歷史學的研究必須調查事物間的關係，而且必須將事物如實看待而非作變數上的控制。就從歷史明顯是獨特而且是不重複的來說吧──如毛澤東死亡，列寧抵達芬蘭車站的影響──就足以將歷史與那些軼事趣聞區別開來，也足以分別歷史和凡事必記的敘事體的不同。這種凡事必記的敘述跟小說一樣奇妙，或猶有過之，或根本就是（我很抱歉我經常這麼說）比小說無聊。已經有跡象顯示，比較研究與反事實研究現在已經引起史家的興趣，不過我必須說，我們在運用這些研究方法上面還沒有獲得什麼成果。

現在讓我下個結論吧。歷史學在這個世紀已經有了進展，在

背負了龐大包袱下，步履沉重而顛簸，然而卻是紮紮實實地在往前走。「進步」已經可以恰當地用在歷史這門學科上了，而我們也能對於世界上各個人類社會的歷史發展有更深的理解，意即，那是一段客觀而真實、繁複但又矛盾，但絕非出於偶然的過程。我知道有人反對我的說法。歷史總是隱含了意識形態與政治立場，因此它的內容總是引人質疑，特別是當新的歷史發現對於當前的政治狀態有不利的影響時，更是招來反對。德國學術界在一九一四年前後的狀況就是如此。歷史學若不抱著開放的胸襟，歡迎自然科學與社會科學的批評的話，那麼可能會被貶低成一門完全主觀的學科，甚至不成一門學科。

在史家的研究中，有一塊灰色地帶，那就是史家的研究——甚至史家對於主題的選擇——總是會受到史家個人意圖的影響：這的確是史學專業的問題。但是，這也說明史學研究具有主體性。而在這個問題上，我願意採取偉大而被遺忘的歷史哲學家卡爾東（見序言，頁11-12）的立場，他在六百年前——一三七五到一三八一年間——寫下了不起的《普世史序說》（*Prolegomena to Universal History*）。

自從歷史學從十八世紀中葉開始被承認為一門學科，卡爾東的計畫就陸陸續續地實現了。而我也完成了其中一部分。當我回首這三十年的研究、教學及寫作的生涯時，我希望我也能說，我作出了一點貢獻了。即便我沒有作到，即便歷史學沒有任何的進步，我仍相信沒有人會否認，我已經從研究歷史的過程中，獲得了極大的樂趣。

6

從社會史到社會的歷史

From Social History to the History of Society

　　這篇曾引起一些討論的論文，原本發表於一九七
○年在羅馬舉行的「當代史學研究」（Historical
Studies Today）會議，主辦人是《狄得勒斯》
（*Daedalus*）——美國藝術與科學學院的期刊。本文
後來發表在《狄得勒斯》以及由吉爾伯特（Felix
Gilbert）和格勞巴德（Stephen R. Graubard）合編
的《當代史學研究》（紐約，1972年）上面，作為第
一章。自從一九七○年本文發表之後，社會史又有了
不少進展，因此本文現在已經變成了歷史。尤其當我
發現這篇文章並沒有提及婦女史之時，我不能不覺得
羞赧。婦女史在一九六○年代末之前，幾乎沒有什麼
人研究，而我本人以及其他在社會史研究上頗為傑出
的學者（全是男的），居然沒察覺到這個現象。

❧ I ❧

　　社會史這個詞很難定義，直到最近也看不出有定義的必要，
這是因為學術機構對這個領域並沒有很大的興趣，並且把它區隔
在其研究領域之外。一般說來，社會史是一直到最近才流行起來
的（至少名字是如此），在此之前，社會史的意義主要表現在三
個方面。首先，它指涉窮人或下層階級的歷史，講得稍微狹義一
點的話，就是窮人的運動史（「社會運動」）。這個詞甚至可以再
更狹義一點，單指勞工史及社會主義觀念及組織史。基於明顯的
原因，社會史跟社會抗爭史及社會主義運動史有著極為緊密的聯
繫。有一些社會史家之所以受這個主題吸引，就是因為他們是激
進分子或社會主義者，因而對這方面有著濃厚的情感。[1]

　　第二，社會史過去被用來指涉某些作品，這些作品專門研究
各種的人類活動，只是這些活動難以歸類（除非你要用「習慣、
風俗、每天的生活」來形容），所以統稱為社會史。這反映的其
實是盎格魯—薩克遜的慣用語，也許正好反映了語言學的因素，
因為英語缺乏恰當的詞彙（就算有，字詞的意義也太過於膚淺而
表面）來指涉德國人對於類似課題所給予的名稱，如「文化史」
（Kulturgeschichte）或「風俗史」（Sittengeschichte）。這一類的社

---

[1] 可以參考路透（A. J. C. Rueter）的說法，見《第九屆歷史科學國際會議》
（*IX congrès international des sciences historiques*, Paris, 1950），第一冊，頁298。

會史雖然也有政治立場激進的學者會予以注意，但它畢竟與研究下層階級的社會史不同——其實剛好相反。它對於所謂的社會史剩餘觀點（residual view）提供了不言可喻的基礎，如崔福林（G. M. Trevelyan）在《英國社會史》（*English Social History,* 1944）中表示的：「被政治所遺漏的歷史。」我想這不用多做解釋。

　　社會史的第三種意義是最普遍的，而且也最與我們的目的相符：「社會」（social）史與「經濟史」（economic history）聯合在一起。事實上，在盎格魯─薩克遜世界之外，二次大戰前在這個領域的典型專業期刊的標題總是（我這麼認為）把這兩個名字扣在一起，如《社會與經濟史季刊》（*Vierteljahrschrift für Sozial u. Wirtschaftsgeschichte*）、《經濟與社會史評論》（*Revue d'Histoire E. & S.*），或是《經濟與社會史年鑑》（*Annales d'Histoire E. & S.*）。需要注意的是，在這個聯合中，經濟這半邊具有壓倒性的優勢。關於各個國家、各個時代與各個主題的經濟史研究已經是汗牛充棟了，但社會史的研究仍不能與其等量齊觀。不過事實上，經濟與社會史的著作相對來說還是比較少的。一九三九年之前，大家可以想到的著作並不多，作者都非常有名（皮宏〔Pirenne〕❶、羅

――――――――――

❶譯註：皮宏（Henri Pirenne, 1862-1935），比利時歷史學家。他認為上古的結束與中古的開始，並不是以西羅馬帝國的滅亡為分界，而是以穆斯林占領了地中海商路，使得西歐的貿易與城市衰微，此時即為中古的開始。亦即，皮宏是以經濟因素來分期，而不是朝代興革。代表作為《中古歐洲社會經濟史》（*Economic and Social History of Medieval Europe*）及《中古的城市》（*Les villes du moyen age*）。

斯多夫哲夫〔Mikhail Rostovtzeff〕❷、湯普森〔J. W. Thompson〕❸，也許多普施〔Dopsch〕❹也可以算進去），單篇論文或期刊文獻就更少了。無論如何，不管社會經濟史是否代表歷史學的一個專業領域還是更狹義地是屬於經濟史的一部分，經濟與社會這兩個詞習慣性的聯用已經產生了某種重要的意義。

社會經濟史顯示人們渴望尋找一個新的歷史取向，一種完全與古典蘭克學派不同的取向。正如安文（George Unwin）所認為的，這類史家的興趣在於研究經濟的演變，而研究的成果讓他們發現到社會的結構與變遷，特別是階級與社會群體間的關係。[2]即便是在最嚴密而一絲不苟的經濟史家（他們認為自己是史家）的作品中，還是可以明顯地看得出社會的向度。克萊普漢（J. H. Clapham）主張，經濟史是所有歷史領域中最基礎的一環，因為它是社會的基礎。[3] 經濟之所以在這個聯合中對社會佔盡了優勢，有兩個原因。一部分是因為經濟學理論不允許把經濟孤立於

---

❷ 譯註：羅斯多夫哲夫（1870-1952），俄國經濟學家。代表作為《羅馬帝國社會經濟史》（*The Social and Economic History of Roman Empire*）。

❸ 譯註：湯普森，著有《中古時代社會經濟史》（*Economic and Social History of the Middle Ages*）（1959）。

❹ 譯註：多普施（Alfons Dopsch, 1868-1953），奧國歷史學家，著有《卡洛林時代的經濟發展》（*Die Wirtschaftsentwicklung der Karolingerzeit*）。

[2] 喬治‧安文，《經濟史研究》（*Studies in Economic History*, London, 1927），頁 xxiii，33-39。

[3] 克萊普漢，《英國經濟簡史》（*A Concise Economic History of Britain*, Cambridge, 1949），〈導論〉。

社會、制度以及其他要素之外，不管是馬克思主義還是德國歷史學派都這麼主張，一部份也是因為經濟學一開始發展得比其他社會科學快。如果歷史學必須被整合進社會科學之中的話，那麼經濟學絕對是首選。有人可能會更進一步地主張（反對馬克思），不管人類社會中的經濟面與社會面是如何地不可分割，若要進行關於人類社會演變的歷史研究，其分析基礎必為社會生產過程。

雖然著名的費夫賀（Lucien Febvre）與布洛克（Marc Bloch）曾一度將《年鑑》副標題中的「經濟」拿掉，而宣稱它純粹是社會的，但直到一九五○年代為止，社會史的三個面向沒有一個成為學院的專業領域。❺ 不過，這種狀況只是戰爭期間的暫時狀態，之後這個偉大期刊以這個名稱發行了四分之一個世紀——《年鑑：經濟，社會，文明》（*Annales: Économies, Sociétés, Civilisations*）——其內容也是如此，反映了其創建者原本具備的全球性且包羅萬象的目標。在一九五○年之前，社會史方面的主題以及問題的討論都還沒有真正的發展。一直要到一九五○年代末期，專門研究社會史的期刊才出現，但數量還是很少：我們也許可以將《社會與歷史的比較研究》（*Comparative Studies in Society*

---

❺ 譯註：費夫賀（1878-1956）與布洛克（1886-1944）是年鑑學派的創建者。《年鑑》起初叫《經濟與社會史年鑑》（1929-1939），然後於1939年改名為《社會史年鑑》（*Annales d'histoire sociale*），1942年又改名為《社會史論叢》（*Mélanges d'histoire sociale*），1945年再改回《社會史年鑑》，1946年改名為《年鑑：經濟，社會，文明》迄今。費夫賀著有《土地及人的演進》（*La terre et l'évolution humaine*），布洛克著有《封建社會》（*La société féodale*）。

and History, 1958）的創刊視為一個開始。因此，作為一個學術專業，社會史可以說相當地新。

社會史在過去二十年間，為什麼會快速發展及逐漸解放呢？這個問題可以從社會科學在技術與機構上的變遷來說明：經濟史的專業化加上經濟理論與分析的快速發展，「新經濟史」就是一個例子；社會學在深度與廣度上也有所進展，變成了一門流行的學科，歷史學反過來變成它的輔助學科，類似的狀況也發生在經濟學。我們不能忽略這些因素。許多史家（如馬克思主義史家）之前將自己定位在經濟，因為他們有興趣的問題不被正統歷史所鼓勵或接受，他們後來發現自己已經被快速發展的經濟史給排擠掉了，於是只好將自己定位為「社會史家」，尤其是數學不好的人更會如此。這樣的想法可能不適當，不過，在一九五〇年代到一九六〇年代初期的氣氛下，如果像陶尼（R. H. Tawney）❻這樣的人在當時是個年輕的研究者或沒有擔任經濟史學會的會長，他應該會受到經濟史家的歡迎。這種學科上的重新畫界以及專業上的改動沒有辦法解釋什麼，但也不能太低估。

比較重要的其實是社會科學在這段期間的歷史化，如果用後見之明來看的話，這也是社會科學在這段期間最重要的發展。由於這個演變跟本文的主旨沒什麼關係，所以我不多作解釋，不過

---

❻譯註：陶尼（1880-1962），英國經濟史學者，為虔誠的基督徒，但立場傾向於社會主義，代表作為《宗教與資本主義的興起》（*Religion and the Rise of Capitalism*）。

要留意的是，殖民地與半殖民地為了政治與經濟自由所作的革命與鬥爭的重要性，這個現象吸引了各國政府、國際及研究組織，最後還有社會科學家的目光，讓他們開始注意到歷史的轉變。這些問題到本文的寫作時間為止，還是屬於社會科學的研究範圍，不過卻只是邊緣，至於歷史學家則更是忽略這種問題。[4]

　　無論如何，歷史問題及概念（有時候是一些極為概括的概念，如「現代化」與「經濟成長」）已經吸引了那些以往從不理會歷史學的科目（還不到敵視的地步），如芮克里夫布朗（Radcliffe-Brown）[7]的社會人類學家。歷史學的逐步滲透，明顯表現在經濟學，這門一馬當先的領域──經濟學的假設雖然很繁複，但是跟烹飪書也沒有兩樣，「把以下所列的材料的量都控制好，攪拌一下，放下去煮，然後結果就是起飛而達成自足的成長」──已經了解到，經濟外圍的要素可以決定經濟發展。簡單

---

[4] 從這個文件（經濟與社會研究會議，《經濟發展的社會面向》〔*Social Aspects of Economic Development*〕，伊斯坦堡，1964）的兩段引文中，可以說明這個新事業後面的多重動機。來自土耳其的會議主席認為：「經濟落後地區的經濟發展或成長是目前世界所面臨最重要的問題之一……窮國把經濟的發展當成首要之務。經濟發展對它們來說，與政治的獨立及主權的獲取有關。」任那（Daniel Lerner）則說：「十年來，在全球所看到的社會變遷與經濟發展可以提供我們經驗。這十年來，世界各地都很努力，要在不造成文化衝突下發展經濟，要在不破壞社會均衡下加速經濟成長，要在不顛覆政治穩定性下提升經濟流動性。」（頁 xxiii，1）

[7] 譯註：芮克里夫布朗（Alfred Reginald Radcliffe-Brown，1881-1955），英國人類學家，曾到澳洲作田野調查，研究家族與社會組織的關係。著有《社會人類學方法》（*Method in Social Anthropology*）。

地說，社會科學家現在已經不可能完全不理會社會的結構與轉變：也就是社會的歷史。這是一個奇妙的弔詭，經濟學家開始摸索尋找社會要素（或嚴格來講不屬於經濟的要素），就在同時，經濟史家吸取了十五年前的經濟學模式，嘗試讓自己看起來像是個極花腦力的工作者，讓自己只記得一堆的方程式與統計學。

從這段有關社會史的簡短介紹中，我們能獲得些什麼呢？我們很難從中得到關於社會史的本質與任務的適當指引，但是它可以解釋社會史所容納的領域為什麼如此龐雜，也可以說明其他的社會科學是如何協助社會史建立其學術疆域。至少從中我們也得到一些暗示，其中至少有一點是值得馬上說明的。

對於社會史演變的調查，我們似乎可以發現到，這方面最優秀的研究者總是對於「社會史」這個詞很不習慣。他們要不是——像那些對我們貢獻良多的法國人——比較喜歡稱自己為史家，或說自己的目標是「整體的」（'total' or 'global'）歷史；不然就是不讓自己歸類於任何一科，只是就自己研究所及，將所有用得上的社會科學都整合進歷史裡去。布洛克、布勞岱（Fernand Braudel）❽、勒費夫賀（Georges Lefebvre）❾ 都沒有辦法被歸類

---

❽ 譯註：布勞岱（1902-85），接替費夫賀成為《年鑑》第二代的領導人物，著有《物質文明與資本主義》（*Civilisation matérelle et capitalisme*）、《腓力普二世時代的地中海與地中海世界》（*La Méditerranée et le monde méditerranéen à l'époque de philippe II*）。

❾ 譯註：勒費夫賀（1874-1959），法國歷史學家，專門研究法國大革命，但也旁及心態史的研究。

為社會史家，但是如果從他們接受古朗士（Fustel de Coulanges）
❿的說法來看，即「歷史不是過去所發生的所有事物的累積，它
是與人類社會有關的科學，」那麼他們倒也是自成一類了。

　　社會史之所以沒有辦法像經濟史或其他領域的歷史一樣，有
其固定的領域，是因為它要處理的問題包羅萬象。基於分析的需
要，我們可以將某些人類活動界定為經濟性的，然後再將這些活
動予以歷史地研究。雖然這有些（除非你的目的本來就只是要界
定）造作或不夠尊重現實，但卻相當實用。同樣地，可能也會有
人想學習已經很陳舊的思想史研究法，這種方法在理論的表現上
水準比較低一點，它把那些已經形諸於文字的觀念從其原本存在
的歷史脈絡分離出來，然後追溯這些觀念的血統，從一個作者追
溯到另一個作者。這麼做當然是可能，不過人的存在有其社會面
向，而社會面向又與其他各個面向密不可分，除非是一些重複而
瑣碎的面向，那我們才能夠棄之不顧。人不可能與他所藉以生活
及取得物資的環境有須臾的分離。人也不可能與他們自己的觀念
分離，因為只要一張開嘴，所用的語言裡頭就牽動著概念。凡此
種種，不一而足。思想史家也許（這是在冒險）不會去注意經
濟，而經濟史家則不會去注意莎士比亞，但社會史家如果兩者都

---

❿譯註：古朗士（1830-1889），法國歷史學家，著有《古代法國政治制度史》
　（*Histoire des institutions politiques de l'ancienne France*）、《古代城市》（*La cité
　antique*）。其中《古代城市》一書由國內學者李宗侗先生譯為《希臘羅馬古
　代社會史》（1955），而李先生亦受此書啟發，寫成《中國古代社會史》
　（1954），其上篇即為古代中國與古代希臘羅馬之比較研究。

不注意，就不會有什麼成果。相反地，如果明明是篇經濟史論文，卻專門研究普羅旺斯語所寫成的詩（Provençal poetry）❶，或是說，明明是有關十六世紀思想史的論文卻偏偏討論通貨膨脹，這兩種狀況都看起來不太對勁，但卻都可以放在社會史的討論中。

❧ II ❧

讓我們從過去拉回到現在，並且思考一下關係著社會的歷史（history of society）的寫作問題。第一個問題，與研究社會的史家（societal historians）能從社會科學獲得多少有關，或者確切地說，他們的主題界限在哪裡或應該在哪裡，如果光從他們研究的是過去來說，他們研究的是否就是跟社會有關的科學呢？這個問題很平常，從過去二十年的經驗裡，這個問題已經有了兩個答案。社會史從一九五○年以來就開始成形而發展，不只是表現在其他社會科學的專業結構上（例如，大學生都要必選幾門社會科學的課），也表現在方法與技術，以及提問的方式上。譬如英國的工業革命，長久以來一直被這方面的專家所忽視，因為他們認為工業革命這個概念是有問題的，要不是因為經濟學家（其實他們也受到政府及決策者的影響）的鞭策，否則他們仍不懂得如何去思考工業革命怎麼發生，以及其所產生的政治社會的後果為

---

❶譯註：普羅旺斯是法國東南的一省，著名的坎城、尼斯、馬賽與蔚藍海岸都在這個省區內。

何。雖然有一些例外，不過過去二十年來，外來的刺激的確是個主要因素。另一方面，如果我們換個角度來看最近的發展，我們會驚訝地發現，來自於不同學科的專家都開始注意到社會史的問題。千禧年的研究就是一個例子，我們發現到在這方面的研究人士來自於人類學、社會學、政治學、歷史學，更別說還有文學系及宗教系的學生了——不過，就我所知，沒有經濟學者。我們也注意到擁有不同學科背景的人開始（至少是短期的）跟歷史學家一起合作進行歷史研究，如社會學的提利（Charles Tilly）❶❷ 及斯梅爾塞（Neil Smelser）❶❸、人類學的沃爾夫（Eric Wolf）❶❹ 及經濟學的哈根（Everett Hagen）❶❺ 及希克斯爵士（Sir John Hicks）❶❻。

至於第二個趨勢則最好把它視為是一種改宗（conversion）而不是一種合流（convergence）。我們必須記住一點，當不具歷史傾向的社會科學家開始恰當地思考一個歷史問題，並且以這個

---

❶❷ 譯註：提利（1929-），美國社會學家，現任教於哥倫比亞大學政治系。專攻1500年之後的歐洲政治史，著有《法國人民抗爭史》（*The Contentious French*）。

❶❸ 譯註：斯梅爾塞，美國社會學家，著有《社會停滯與社會變遷：19世紀英國工人階級的教育》（*Social Paralysis and Social Change: British Working-Class Education in the Nineteenth Century*）。

❶❹ 譯註：沃爾夫（1923-），奧裔美國人類學家。著有《農民》（*Peasants*）。

❶❺ 譯註：哈根（1906-93），美國經濟學家，研究貧困國家在經濟發展過程中的社會變遷。

❶❻ 譯註：希克斯爵士（1904-89），英國經濟學家，1972年諾貝爾經濟學獎得主。

問題來詢問歷史學家時,那是因為這些社會科學家對於這個問題還沒有解答。而如果他們有時候也開始扮演起歷史學家的角色時,那就是因為我們歷史學——除了馬克思主義者與親近馬克思主義者的人(接受了馬克思主義者的問題模式)之外——的研究人員已經不能提供解答了。[5] 除此之外,雖然現在已經有一些社會科學家投入我們歷史學的陣容,並且獲得了我們的尊敬,但另外卻有更多的社會科學家用相當粗糙而機械的概念與模式來研究歷史。只要出現一個提利,同時間就會冒出好幾打的羅斯托(Rostow)[17] 出來。有不少人冒險進入歷史領域,面對著廣大的原始資料卻渾然不知其中的危險,也不知道該如何避免或克服這些困難,這我就不想再提了。歷史學家是有著相當的意願向別的學科學習,不過目前這個處境,歷史學家的任務應該是多教而不是多學。社會的歷史不應該使用那些從其他學科借來的貧乏枯燥

---

[5] 希克斯爵士就有著這樣的怨言:「我的『歷史理論』跟馬克思很接近……如果有史家需要一些觀念來組織他手上的史料,藉以構築出一個恰如其分的歷史流程的話……那麼他應該會想要使用馬克思的模式,或對他的模式作一點修改;因為除了馬克思的理論以外,實在沒有別的選擇,所以這種狀況並不值得驚訝。如今在《資本論》(*Das Kapital*)的一百年後,社會科學已獲得了相當的進展,此時也該提供點別的選擇了吧。」《經濟史理論》(*A Theory of Economic History*)(London, Oxford and New York, 1969),頁 2-3。

[17] 譯註:羅斯托(Walt Whitman Rostow,1916-),美國經濟史家。主張線型的經濟發展階段論,認為經濟發展有五階段,從傳統、準備起飛、起飛、成熟到完全成熟,見其《經濟成長階段》(*Stages of Economic Growth*)(1960),以及《現代經濟的源起》(*Origins of the Modern Economy*)(1975)。羅氏即為霍布斯邦所謂的粗糙概念使用者,正好拿來與提利對照。

模式來寫作;它需要建構適當的模式,或至少(馬克思主義者應該會這樣想)從現存的簡單架構中發展出新的模式。

不過,如果談到技術或方法就不能這樣說了,在這方面,歷史學家完全是個借貸者,而且將來也應該會再向其他學科借用更多更有系統的技術與方法來協助研究。這方面的問題我不想討論太多,不過可以簡單地提一兩點。由於受限於原始資料的性質,史家只能使用一些簡單的假設或跡近於趣聞的瑣事來解釋歷史,如果我們想要有所超越,就必須使用新的技術來研究,譬如以統計學來組織及處理大量的資料,而要作到這一點就要先作到研究分工以及使用相當的技術設備,至於這些,社會科學早就已經具備。從另一方面來看,我們同樣也需要技術來對特定個體、小團體及局勢作深度的觀察與分析,而這些技術同樣也得向歷史學以外的學科求取,同時還要與我們的目的搭配——例如,社會人類學的參與觀察法(participant observation),深入訪談(interview-in-depth),乃至於精神分析法。這些不同的技術至少可以刺激我們在研究上尋找到更多的資料或是對原有資料的掌握更好,如此可以協助我們解決更多的問題。[6]

我對於社會史將成為向過去投射的社會學這種說法,感到強烈懷疑,同樣地,我也不認為經濟史會變成回溯性的經濟理論,

---

[6] 費羅(Marc Ferro)蒐集了1917年二月革命之後幾個禮拜所拍往彼得格勒的電報與決議,等於是回溯性地作了大眾意見調查。有人就懷疑,如果之前沒有人對此有過研究(非歷史的),他是否會想到這個法子。費羅,《一九一七革命》(*La Révolution de 1917*, Paris, 1967)。

因為這些學科目前還沒有提供我們有用的模式或分析架構，好讓我們能研究長期的「歷史的」社會經濟變遷。如果我們除去馬克思主義不論，事實上，這些學科縱然對變遷有興趣，但卻還沒有認真地予以看待。不過從另一方面來看，這些學科卻是藉由將歷史變遷予以提煉而得出相當重要的分析模型。這尤其表現在社會學及社會人類學上。

社會學的創建者顯然要比新古典經濟學派（不過，古典政治經濟學在這方面並不差）更具有歷史心靈，不過卻又比後者較不科學。霍夫曼（Stanley Hoffmann）正確地指出經濟學家的「模式」與社會學家及人類學家的「清單」（checklists）之間的差異。[7] 也許社會學與人類學所提供的並不只是個清單。它們也提供了我們某些角度，結構的各種類型是由各種要素彼此變換、組合而成的，它們的組成方式各自不同，曖昧地像是站在公車頂上往下俯看克庫勒（Kekulé）⑱ 的環狀結構，有著無法驗證的缺點。這種結構—功能的類型，可以說是精確而富啟發性，至少在某些條件下是如此。從比較中庸的角度來說的話，社會學與人類學提供了我們有用的隱喻、概念或詞彙（如「角色」），或者讓我們組織材料更為方便。

社會學與人類學除了模式較不足之外，有人還認為，如果社

---

[7] 於 1968 年 5 月在紐澤西州普林斯頓召開的歷史新趨勢的會議上所提出的。

⑱ 譯註：克庫勒（Friedrich August Kekulé, 1829-96），德國化學家。他所發現的苯分子環狀結構，開啟了有機化學的先聲。

會學（或是社會人類學）能夠成功地排除歷史氣味的話（即去除具有方向的變遷），理論的建構會更好。[8] 廣義來說，結構─功能模式著重各種社會間的共通性，而我們所強調的則是差異性。李維史陀（Lévi-Strauss）❶ 對亞馬遜部落的研究對於了解現代社會（或任何社會）並沒有幫助，但是卻有助於理解人類從原始時代到現代工業主義或後工業主義的進展，以及在這個進展之下，社會有了什麼改變，或是必須要有什麼改變，之後會有什麼結果。換句話說，重點不是在觀察人類社會在糧食的取得上有什麼必然性；而是要思考糧食生產是從什麼時候開始（原本從新石器時代的農業革命開始，社會上產生了大量的農業人口，構成了社會的主幹）變成由一小群農業生產者來負擔，而其方式又是從什麼時候開始變成了非農業性的。這是怎麼發生的？為什麼？在目前，不管社會學或社會人類學有多管用，我都不認為在這方面它們的成就已經足堪我們學習。

另一方面，我對目前流行的經濟理論有些存疑，並且認為在對社會進行歷史分析時，使用這些理論（包括所謂的新經濟史）並不恰當，不過，經濟面向的分析對於社會史家來說仍有其價值。社會史不得不處理那些實質上屬於歷史動力因子的東西，意

---

[8] 我不認為這種把方向硬插入社會中的作法叫「增加繁複」，然後就叫做歷史。當然，這種說法也不是沒有道理。

❶ 譯註：李維史陀（1902-），法國人類學家，以結構主義（structuralism）的取向研究神話，他的目的不在於詮釋特殊的個案，而是要找出各神話中所具有的共通符號。著有《生食與熟食》（*The Raw and the Cooked*）。

即社會生產過程（從全球以及長期的角度來看）。從這方面來
看，就像馬克思的作法，社會史家將歷史發展建立在社會生產的
過程當中。簡單地說：「經濟剩餘」（economic surplus）概念
——巴朗（Paul Baran）晚期曾重新使用這個概念並且獲得不錯
的成果[9]——對於任何一個想研究社會發展的史家來說，是相當
基本的，我認為這個概念從分析的角度來看，要比「共同體—社
會」（Gemeinschaft-Gesellschaft）[20] 的二元對立更為客觀、量化，
而且更為基礎。馬克思當然早就知道經濟模式（如果要有助於歷
史分析的話）是不能與社會現象與制度分開來討論的，這其中還
包括了某些人類共同體或家族組織的基本類型，更不用說還包含
了特定的社會經濟構成的結構與假定，譬如文化。馬克思被稱為
現代社會學思想的祖師爺之一（透過支持或反對他的論述所構成
的）並非毫無根據，不過實際上，他主要的作品《資本論》卻具

---

[9] 巴朗，《增長的政治經濟學》（*The Political Economy of Growth*, New York, 1957），第二章。

[20] 譯註：共同體，德文作Gemeinschaft，英文為community；社會，德文作
Gesellschaft，英文為society。社群與社會的二元對立，源出德國社會學家托
尼斯（Ferdinand Tönnies，1855-1936）所著的《共同體與社會》。他所謂的
共同體，指的是前工業時代的農村共同體，人與人的關係是地緣的、血緣的
與宗教的，表現的形式是文化（Kultur，culture）；至於社會，指的是都會
的、機械性的社會生活，人與人之間的關係是非個人性的，是專業化的，是
商業性的，表現的形式是文明（Zivilisation，civilization）。托尼斯認為，文
明，也就是技術與經濟的發展，受資本主義的促使，總是向上的，然而它的
日益向上卻日益不利於文化（藝術、哲學、人的內心生活）；兩者的對立繼
續不斷地趨於尖銳，終至出現一種不可忍受的悲劇式的緊張狀態。

有經濟分析的形式。我們沒有必要對他的結論或方法論表示同意。但是忽略他的說法也是不智的,因為馬克思所界定及指出的歷史問題,仍是現代社會科學所關切的。

❧ III ❧

我們要怎麼寫社會的歷史?我不可能對於社會下一個定義或模式,或是對於我們要寫什麼列一張清單。即使我可以,我也不知道這能有什麼好處。不過,如果對於社會的歷史能夠樹立一些指引或警告的路標的話,應該還是有一點功用的。

首先,社會的歷史是「歷史」;也就是說,時間是它的向度。我們關切的不只是結構以及社會的存續與變遷,還有轉變的可能性及類型,以及實際上發生了什麼事。如果不是這樣(如布勞岱在〈歷史與長時段〉〔'Histoire et Longue Durée'〕[10] 中提醒我們的),我們就不是史家。「推測史學」(Conjectural history)也是我們學科的一環,它的主要價值是幫助我們評估現在與未來的可能,至於過去的可能則是屬於比較史學(comparative history)的範圍;而實際的歷史則是我們必須要解釋的。資本主義在帝制時代的中國能不能發展,這類問題與我們的關聯性只在於它可以幫我們解釋這個事實,那就是資本主義完全是由(或至少是始於)世界的某個區域發展出來的。也就是說,它可以將一些社會關係

---

[10] 這篇重要文章的英文譯本,見《社會科學資訊》(*Social Science Information*)第九期,(1970年2月),頁145-174。

系統的趨勢（例如封建制度），與其他發展較快的區域拿來對照（模式上的對照）。社會的歷史因此是社會結構的一般模式與實際特定現象的變遷，兩者間的交流與互動。無論我們研究的時空有多麼廣泛，社會的歷史就是如此。

其次，社會的歷史，是各單元的人群群居一起的歷史，同時可以用社會學的名詞加以界定。它是社會的歷史，也是人類社會（與猿猴和螞蟻不同）的歷史；是某種社會類型及其社會關係的歷史（像「資產階級社會」或「農業社會」），或人類整體發展的歷史。對社會作界定是很困難的，除非我們認為一九三〇年的「日本社會」與「英國社會」沒什麼不同，否則我們就不能說我們對社會的界定是客觀的。因為，即使我們排除「社會」這個字在用法上所造成的混淆，我們還是會遇到問題，首先是因為社會單元的大小、複雜度以及規模都各自不同，尤其是在歷史不同的發展階段更是如此；其次是因為我們所稱為社會的那個東西，其實是幾個規模不同而繁複的單元（人群自發地自我分類，但界線不分明）互動而構成的事物。極端的例子如新幾內亞或亞馬遜部落，這些單元可以界定出相同的人群，但卻是不恰當的。一般來說，當地的族群跟我們習用的「社群」意義完全不同，也跟構成社會一部分的關係系統不同；而有些單元可能反映了當地族群的關係（如經濟關係），也可能毫無意義（如文化）。

基督教或伊斯蘭教存在並且是自成一類的，雖然它們可以界定為社會的一個部門，並且有相同的特質，但在談到古希臘或是現代的瑞典社會時，基督教與伊斯蘭教在這裡根本不是它們社會

的一部分。換句話說，底特律（Detroit）與庫斯科（Cuzco）㉑
在今天是屬於單一的功能互動系統的一部分（例如，經濟系統的
一部分），但從社會學的角度來看，卻沒有人認為這兩座城市屬
於同一個社會。同樣的也不會有人認為羅馬社會或漢代社會與它
們各自對應的蠻族社會是同一個社會，雖然它們都構成了同一個
互動系統。我們要如何界定這些單元呢？這個問題並不容易，雖
然有人用一些外在的判準來解決（或者說是規避）這個問題：區
域、種族、政治等等，但並不令人滿意。這個問題也不只是方法
論的問題。現代社會的歷史所表現的主題，在於其規模，其內在
的同質性，或至少是社會關係上的集中及直接，從結構上的多元
變成一元。為了追溯這些現象，定義的問題就變得很棘手，凡是
學習民族社會發展或民族主義的學生一定能了解這一點。

　　第三，研究社會的歷史，需要運用形式化且精巧的模式來處
理結構問題，如果不行，那麼至少要建立一個研究的優先順序以
及工作假設，才能構成主題的核心以及核心周圍的廣泛連結，這
樣也隱約能構成一種模式。社會史家其實在研究時也確實會作順
序的排定以及工作假設。因此，我不相信那些研究十八世紀巴西
史的人會認為，在當時的巴西社會中，天主教會比奴隸制更值得
研究；或者是，我也不相信會有哪個研究十九世紀英國史的人，
如果他或她生活在當時的英國，會認為當時社會連帶的核心會是
家族關係。

㉑譯註：秘魯城市，曾是印加帝國的首都。

　　史家之間似乎有種默契，都有著這一類的工作模式，只是稍作修改而已。強調物質以及歷史環境的，就會研究生產的力量與技術（人口學就是從這邊發展出來的），以及其所帶來的經濟結構——分工、交換、積累、剩餘的分配等等——社會關係就從這裡衍生出來。然後社會的制度及形貌才緊接著成形。社會結構建立了，它的特徵完全由之前的條件來決定，從比較研究中，我們就可以看出社會間特徵的差異何在。這樣的研究必須從某個環境中的社會生產過程來進行。史家因此會從繁複的關係連結中挑出某一條關係，把它當作是目前所研究之社會（或社會類型）的重心，然後將其他的關係帶進來，以它為中心來纏繞——例如，布洛克在《封建社會》（*Feudal Society*）所說的「互相依存的關係」（relations of interdependence），或是那些從工業生產中，或是工業社會中，在資本主義形式裡所產生的關係。一旦結構被建立起來了，那就必須要看看它是否能顯示出某種歷史的律動。用法文來看，「結構」（structure）必須要解釋成「局勢」（conjuncture），後者並不排斥前者的意涵，但卻更切題，帶有歷史變遷的形式與類型之意。不過，以上的分析無論如何都是以經濟的律動（廣義來說）作為根本。在歷史變遷過程中，社會會呈現出力量的拉扯，史家因此首先必須要建立起一般性的機制，來說明社會結構是怎樣失去均衡而又重新建立均衡的。其次，這個現象傳統上也是社會史家有興趣的主題之一，例如，集體意識、社會運動、思想與文化變遷的社會面向。

　　我的目標是要簡要介紹一下這些，我認為（也許我是錯的）

已經廣受社會史家接受的工作計畫，儘管我個人喜歡這種作法，
但我在這兒的重點不是要推薦。相反地，基於這種隱晦的設定，
我們擬定了清楚明瞭的工作計畫，而且公開地質問我們自己，是
否這個計畫最能夠說明社會的本質與結構，以及社會在歷史變遷
（或穩定）中的機制如何；研究其他問題的工作計畫能不能與我
們的工作計畫相容，或是比我們的更好，或是兩種計畫層層交
疊，就像畢卡索（Picasso）的畫像一樣，看起來是正面卻又有側
寫的感覺。

　　簡言之，作為社會的史家，我們如果要建立個能說明社會歷
史動態的有效模型（在社會科學的幫助下），我們就應該將理論
與實踐完全地結合成一體，也就是要先觀察我們正在研究什麼，
將我們的研究法予以通則化，並且透過更進一步的研究來修改我
們的通則。

✍ IV ✍

　　最後，我要以過去一二十年社會史實際的發展來作結論，藉
以看出未來可能的走向以及問題。如此不僅可以讓我們了解史家
的傾向，也可以接觸以往所知甚少的學科實際進展。最近幾年比
較熱門的主題與問題是什麼？最受人爭議的焦點是什麼？最有意
思的地方在哪？回答了這些問題並不等於已經作了詳盡的分析，
但是如果不想一想這些問題的話，我們的研究成果也將是有限
的。學者間的共識也許會被流行思潮或政治與行政體制所誤認或
曲解——比較明顯的例子如研究群眾失序（public disorder）這樣

的領域，但如果因此而不尋求共識也是危險的。學科要進步，不能夠預先畫定一個區域或擬定一個計畫，如果光靠這樣就行了，那麼癌症早就不是不治之症了。相反地，是要對那些值得思考的問題慢慢從模糊到聚焦，靜待時機成熟，而後答案就會出來。讓我們從一種印象派的角度來看這到底是怎麼一回事。

過去十到十五年間，社會史比較有趣的研究主題群如下：

一、人口學與家族研究

二、都市研究，不過僅限於社會史能處理的範圍

三、階級與社會團體

四、「心態」（mentalities）史或集體意識史或人類學意義下的文化史

五、社會的轉變（例如，現代化或工業化）

六、社會運動與社會抗爭的現象

前兩個群組可以先挑出來，因為它們已經自成一個領域，因此，內容的重要與否倒在其次，反正現在它們已經有了自己的組織、方法論以及論文發表的園地。歷史人口學是門發展快速而成果豐碩的領域，它的基礎並不在於提出了什麼重要的問題，而是在於研究方法的創新（家庭的重構），因此，原本已經解讀得差不多的史料如教區登記簿，現在卻也能再度從中挖掘出有趣的內容。可用史料的範圍因此擴大，同時也可以提出新的問題。研究歷史人口學的社會史家，主要的興趣還是放在家庭的結構與行為、不同時期的人口壽命以及世代間的變遷。這些問題都很重要，但也有局限，主要的問題還是資料的性質——雖然研究者熱

切地進行研究工作，但這並不會改變受限的事實，同時也不可能對於已經流失的那一部分未知的歷史作出什麼解釋架構。雖然如此，這個領域的重要性卻不容質疑，因為它鼓勵了在歷史研究上運用量化的技巧。好的影響，或者說是副作用，乃是在歷史學界引起了一股研究家族的興趣，這個領域原本社會史家並不關注，反而是社會人類學家在這方面表現傑出，不容忽視。至於這個領域的本質與展望，則已經有許多學者作過討論，在此就不多作說明。

都市史（urban history）是門有技術要求的領域。每個城市都有地理界線，並且自成一體，有自己的檔案，而其規模足堪負荷博士等級的研究。都市史的出現，反映了都市問題的急迫性，因為都市的發展已經成了現代工業社會中社會計畫與管理的主要問題之一，或者我們也可以說是最生動的一幕。也因為急迫，所以都市史研究的內容可以說是包羅萬象，或甚至說是雜亂無章。只要跟城市有關的就可以列進去。不過至少有一件事很清楚，那就是都市史的問題特別適合於社會史，至少我們可以看到城市不能用經濟大歷史的分析架構來看（因為經濟的分析要更大的系統），而在政治上城市研究也不能當成一個自我封閉的小城邦來看。在本質上，城市就是人類以某種方式聚居在一起的某種組織體，現代社會都市化的過程也塑造了人類聚集在一起的方式。

城市在技術、社會與政治上的種種問題，都來自於一大群人居住得過於緊密而產生的互動關係；這些問題甚至也來自於這樣一種觀念，那就是城市（並不只是彰顯統治者權力與榮譽的舞台）

象徵著人類——從〈啟示錄〉以來——想過社群生活的渴望。除此之外，城市也是最近這幾個世紀以來，人類所創造的各種制度中，產生最多社會變遷問題的一個。社會史家之所以蜂擁而上地研究都市史，就是這個緣故。[11] 有人說，他們早就已經看出，都市史是研究社會變遷的典範。但到目前看來，我並不認同這一點。因為就我看過的許多研究，都還沒有一篇能算得上是研究工業時代大城市的全球性研究。不過，社會史家應該要繼續關心都市史，因為它可以顯示出社會變遷與社會結構的特定面向，這些都是以往社會學家與社會心理學家所特別關心的。

其他的群組則還沒有上軌道，不過其中一兩組已經慢慢發展起來了。階級與社會團體的歷史之所以開始發展，在於大家已經能接受這樣的一個設定，那就是社會的主要構成部分可以在不討論家族的狀況下進行，如此也不妨礙對社會的理解。這個領域的進展極為快速——史家過去對這個領域完全忽略——而且必要。如果要簡單地列出社會史裡面最重要的著作的話，那麼一定要包括史東（Lawrence Stone）研究的伊麗莎白時代的貴族❷、勒華拉

---

[11] 參見，「當前的問題是，從廣義來看都市史的話，要研究社會變遷，就一定要研究在都市化過程中，社會產生了什麼變化。要努力將都市化的內容予以概念化，使其能說明社會的變遷。」蘭巴德（Eric Lampard）的文章，發表於韓德林（Oscar Handlin）與布察德（John Burchard）編輯的《歷史學家與城市》（*The Historians and the City*）（Cambridge, Mass., 1963），頁233。

❷ 譯註：史東（1919-99），英國社會史家，專攻前現代英國史。研究範圍從玫瑰戰爭、都鐸王朝、克倫威爾革命一直到18世紀。此處的伊麗莎白女王於1533至1603年在位。

杜里（E. Le Roy Ladurie）的朗格多（Languedoc）的農民❷❸、湯普森（Edward Thompson）❷❹ 的英國工人階級的形成、都馬德（Adeline Daumard）的巴黎資產階級；但這些主題都只是滄海一粟，還有相當廣大的部分尚待研究。相較之下，研究那些狹隘的社會團體——如職業性的——就比較不重要。

　　階級與社會團體的研究到目前為止最新奇的地方，就在於它的野心。階級，或特定的生產關係，譬如說奴隸制，到了今日已經有系統地從社會整體的角度來加以考察了，有時還從社會整體擴大成為跨社會的比較研究，或者是把階級或生產關係直接當成是某一類型的社會關係。隨著研究開始深化，於是進而從各個面向來關照階級與社會團體的社會存在、關係與行為。這是個全新的領域，雖然才剛開始起步，但成就已經令人咋舌——如果我們除去已經投注相當心力的領域不算的話，譬如，奴隸制的比較研究。不過，有些困難已經浮現，在這裡說明倒還蠻適當的。

　　首先，這方面的資料實在太龐雜了，光憑傳統史家的技藝實在應付不了。他們需要團隊合作，除此之外，還要有現代的研究設備。我猜測，過去那種由一個史家包辦的大部頭歷史作品的時

────────────

❷❸ 譯註：勒華拉杜里（1929-），法國年鑑史家第三代，有「皇太子」的稱號，以其繼承了布勞岱高等研究院第六校校長職位之故。不過，不僅在職務上如此，在學術上，他也賡續布勞岱，繼續研究地中海沿岸的農民。

❷❹ 譯註：湯普森（1924-93），著名的英國馬克思主義史家，與本書作者霍布斯邦齊名。著有《英國工人階級的形成》（ *The Making of the English Working Class* ）。

代已經過去了，接下來的走法應該一方面是團隊合作的計畫，另一方面則可能是每個人負責某個斷代然後再作總合。這種狀況就發生在我最熟悉的領域中：工人階級史。即便是湯普森那部野心勃勃的作品，也不過是個偉大但卻未完之作，而他所處理的斷限甚至不過是很短的一段時間。（庫欽斯基〔Jürgen Kuczynski〕的鉅著《資本主義下的勞工處境史》〔*Geschichte der Lage der Arbeiter unter dem Kapitalismus*〕，書如其名，內容講的的確只是工人階級的某個面向而已。）

　　第二，這個領域充斥著技術上的困難，就連以往概念很清楚的地方也一樣，尤其是關於確切的時間點——例如，某個特定的團體是什麼時候出現，什麼時候消失的，或者是農民田產的變遷。我們還蠻幸運的，因為我們擁有的資料可以導出這樣的變遷（例如，貴族與士紳都保留了系譜），也可以建構分析（例如，運用歷史人口學方法，或使用一些珍貴資料來研究中國的官僚制度）。但是我們要如何處理印度的種姓制度呢？這裡面也包含了跨代的活動，但是目前要作到量的分析似乎是不可能的事情。

　　第三，比較嚴重的是概念的問題，歷史學家一直沒有清楚地處理這個問題——但這並不影響好作品的誕生（不會定義馬的人，不見得不認得馬或不會騎馬），不過這也顯示史家對於社會結構與社會關係及其轉變這類一般性的問題，認識地稍微慢了點。這也造成了一些技術上的問題，例如隨著時光推移，階級內的成員是否有變化，這就需要量的研究。這還牽涉到社會團體具有多重面向的問題。舉例來說，馬克思對於「階級」的定義就有

二元性。一方面，階級是後部落歷史（post-tribal history）中的共通現象，另一方面，它卻又是資產階級社會的產物；一方面，階級是一種人造的概念，用來說明某種難以理解的現象，另一方面，實際上的確有一群人具有團體意識，自認為自己這一群人是一體的。階級意識的問題又緊跟著引發了階級語言的問題——這些當代的階級術語不斷在變動而且彼此重疊，有時還難以理解[12]，我們到現在連量的研究都很少。（在這裡，史家也許應該仔細留意一下社會人類學者的方法及其專注的重點，他們——如吉哈德〔L. Girard〕及索邦團隊〔Sorbonne team〕——正有系統地在量上面進行著社會政治語彙的研究。）[13]

除此之外，階級還有程度的問題。用謝寧（Theodore Shanin）的話說[14]，他認為馬克思霧月十八（18th Brumaire）㉕中有所謂

---

[12] 有關這種現實與分類間的多樣性，可參考有關拉丁美洲殖民地複雜的社會種族階序的討論：摩內（Magnus Mörner）的〈拉丁美洲種族關係史〉（'The History of Race Relations in Latin America'），收入佛內（L. Foner）與日內維斯（E. D. Genovese）所合編的《新世界的奴隸制》（*Slavery in the New World*）（Englewood Cliffs, 1969），頁221。

[13] 見普洛斯特（A. Prost），〈政治家族的語彙及類型學〉（'Vocabulaire et typologie des familles politiques'），《詞彙學手冊》（*Cahiers de lexicologie*），十四期，1969。

[14] 謝寧，〈作為政治要素的農民〉（'The Peasantry as a Political Factor'），《社會學評論》（*Sociological Review*），十四期，1966，頁17。

㉕ 譯註：〈路易拿破崙的霧月十八日〉（'The Eighteenth Brumaire of Louis Napoleon'）為馬克思的作品，於1851年12月到1852年3月間寫成。霧月18日是法國革命曆的說法，相當於1799年11月9日，拿破崙於這一天政變建

「階級性較低的階級」（class of low classness），相對地，馬克思所謂的無產階級（proletariat）則是階級性非常高的階級，也許還是階級性最高的階級。階級內還有同質與異質的問題；除了階級間的區別，還有階級內的分化與層化。說得更廣泛些，對階級的分類也有問題，因為這只是靜態的說法，事實上隱藏在這些分類背後的是繁複而不斷變動的事實。

第四，最困難的則是牽涉到社會史這個整體。階級並不是孤立出來的一群人，而是重重關係所構成的系統，不僅有垂直的面向，也有水平的面向。因此，階級有差異（或類似性）的關係，有距離的關係，並且在社會功能、剝削以及支配／臣屬的關係上有著質的區別。研究階級，必須連同階級以及它與社會其餘部分的互動一起研究。要研究奴隸主，就不得不把奴隸拉進來一起研究，甚至於還得將社會上非奴隸制的部分也納進來。而也有人主張，在研究十九世紀歐洲資產階級時，重點不是在於他們運用了什麼權力來支配他人，而是在於他們有能力運用權力來支配他人（譬如私有財產制、豢養家僕，或甚至透過父權的家庭結構來控制妻子與子女）。因此，研究階級就等於是在分析社會（除非你自拘於一隅，而不願通觀全局）。勒華拉杜里的研究，就完全不受其作品標題的影響，所以讓人印象深刻。

立獨裁政權。此文雖是以拿破崙一世政變日為題，實則評述拿破崙三世的政變，並且說明革命要成功，就必須排除資產階級，與資產階級合作而贏得的革命，只是虛象。

因此，近年來的社會史取向從廣義來說，大概都是研究階級的。這反映了學者們對於後部落社會（post-tribal societies）的觀察，以及親馬克思主義史學的影響，使這一類型的研究逐漸成形。

至於最近才熱門起來的「心態」史，則是社會史方法論上的大問題。這個領域之所以發展，是被傳統上對於社會「一般人」的好奇所引起的。心態史處理個別的、沒有條理的、未被寫成檔案的以及模糊的素材，而且很像是在研究社會運動或社會行為，不過現在也研究那些不參與社會運動的人，如保守人士，以及激進或被動的社會主義工人。

心態史的研究鼓勵了史家開始仔細地研究文化問題，其成果還超越了人類學家的研究，如「窮人的文化」，雖然如此，歷史學家在研究時仍不免受到人類學家傑出的方法與成果的影響。在信仰與觀念的總體研究上，史家的成果比較有限——雖然杜普隆（Alphonse Dupront）[15] 的成就價值非凡——至於在動態觀念上，特別是在社會呈現緊張與危機時的觀念，研究則較突出，如勒費夫賀的《大恐怖》（*Grande Peur*）❷ 就啟發了不少作品。這類研究的資料，無法讓史家只用研究及陳述事實的方式來表現。史家必須從一開始就建立模式，也就是說，要用模式來將片斷而散亂的

---

[15] 杜普隆，〈集體心理史的問題與方法〉（'Problèmes et méthodes d'une histoire de la psychologie collective'），《年鑑》，十六期，（1961年1-2月），頁3-11。

❷ 譯註：此書描寫法國大革命期間，巴黎以外各地的暴動，源自於民眾的恐慌。

史料組織成一個前後一貫的系統，如果不這麼作的話，那麼所寫出來的東西，將會像是部稗官野史。模式的功用就在於，讓所有的環節都能結合成一體，並且能說明特定社會局勢下的集體行動及其限制。[16] 湯普森的前工業時期英國的「道德經濟」（moral economy）概念，就是這種研究的表現；至於我自己對於社會型盜匪（social banditry）的分析則又是一例。

這些由信仰與行動所構築成的系統，形成了一種社會整體的意象（一種恆常的或轉變中的意象），但同時也反映了某種社會真實，我們研究的真正目的大概也就是如此。不過，就算我們對於傳統社會的分析很成功，或者是，對於這類社會在面對社會衝擊時會有何反應也處理得不錯，我們的成就卻還是有限的。因為一個經常處於翻天覆地劇烈震撼的社會，其內容之龐雜實在遠超過個人經驗所及，不是概念所能輕易把抓的，從文化史所提煉出來的模式在此只會偏離事實。也就是說，這些模式很難拿來研究現代社會（它該是什麼樣子呢）。工業革命帶給思想界的衝擊，其實是用不斷往前的「進步觀」來把「恆常秩序」取代掉，而後者才比較有清楚的社會模式可言。以過去的文化來說，可以用這種模式來衡量過去的社會內容；至於現在的文化，要衡量現在的社會只能從「可能如何」來想。總而言之，「心態」史可以引進

16「結合成一體」（fitting together），指的是在同樣徵象（syndrome）下的各部分，原先可能未連結，現在則把它們結合成一個系統。例如，典型的19世紀自由派的資產階級，其信仰可能同時表現在個人自由與父權家庭結構兩個看似不相干的事物上。

像社會人類學這樣的學科，來輔助歷史的研究，而其優點仍有待發掘。

研究社會衝突的很多，從暴亂到革命什麼都有，但其成果如何則有待評估。這些主題為什麼值得我們去研究，我想理由很清楚。社會衝突代表了社會結構中最具戲劇性的部分，無疑地，它們代表社會結構已到了繃緊將近斷裂的關鍵時刻。而也在這個斷裂的時刻，一些隱晦而重要的問題才有可能明顯化而能供研究之用：讓問題的焦點集中、內容豐富，因而使學生獲益，除此之外，還會產生大量的文獻。舉個簡單的例子：有些觀念我們原本一無所知的，因為在平時根本不會有人去說，更別提是寫了，卻會在革命時期突然爆出一堆來：堆積如山的小冊子、書信、文章以及講稿，還有滿桌的警方報告、法庭證言以及目擊者證詞。至於法國大革命的研究會有多豐碩，姑且不論既有的檔案，只要注意一下史學史，就會發現在同樣期間內，從來沒有任何一段歷史能像大革命這樣地充斥著研究文章，而至今還沒有減少的傾向。大革命時代仍然是史家的最完美的實驗室。[17]

這方面的研究也有危險，它容易讓研究者太專注於危機本身，而忘記了危機外緣的整個社會脈絡也正經歷著巨大的變遷。尤其是在作比較研究的時候，危險更大，因為這時我們可能會急著想解決一些社會學或社會史比較不會去處理的問題，像如何讓革命發生，或如何避免革命。至於研究各種暴亂是否有共同的性

---

[17] 我們期望20世紀所發生的俄國大革命，也能提供史家同等的機會。

質（如，暴力），則更是瑣碎。還有人則犯了時代倒錯的毛病，任意地將法律、政治或其他的要素強加於事實之上（歷史系的學生如果研究犯罪現象，應該會學著避免這種狀況），造成了幻象。我說這些並不是要讓人對這方面的研究感到氣餒，事實上，我花了很多時間在這上面。但要研究這個領域，事先一定要有清楚的目標。如果我們將目標放在社會的轉變上的話，我們可能會弔詭地發現，時間花得最多的部分，反而不會是衝突發生的那段短暫時刻。俄國大革命的歷史，有些得從一九一七年的三月到十一月之間或者甚至是革命之後的內戰中搜尋，因為總會有事實是在革命期間內（不管它有多精采或多重要）找不到的。

另一方面，革命以及類似的研究主題（包括社會運動），一般來說是可以併入一個更廣的領域中，不僅對於社會結構與社會動態的比較研究有幫助，甚至也是必要的：人們對於短期社會變遷所產生的種種體驗，可能持續數十年乃至於數代之久。我們不只是要從發展或成長的連續體中切下一個時間區塊來研究，還要處理相對來說較短的歷史期間，一個社會轉變並且重新定位的期間，譬如工業革命。（其中當然也會有政治革命，但我們不能用政治革命的期間作為界定的標準。）這一類粗略的歷史名詞，如「現代化」或「工業化」，已經是普遍流行的詞彙，同時也顯示出大家對於這些現象已經有所知覺。

然而，要研究這些現象卻是相當困難的，之所以如此可能是因為到目前為止，還沒有人對於十八、十九世紀工業革命做過恰當的研究，沒有人以一個國家為單位來研究工業革命是如何對某

個國家的社會進程產生影響，不過，倒是有一兩個不錯的區域性
研究，如布杭（Rudolf Braun）的瑞士鄉村，以及佛斯特（John
Foster）的十九世紀初的歐德漢（Oldham）。[18] 目前比較可行的研
究取向，一方面可採用經濟史的方法（影響了工業革命的研
究），另一方面則可取法政治學。工人這個領域，在殖民地解放
前後的歷史研究中，都必須面對工業革命這個問題，雖然在殖民
地史處理這個問題時要考慮不少政治因素，不過我們可以看到，
非洲研究已經有了豐富的成果，目前則正在將這種研究推廣在印
度研究上面。[19] 結論是，政治學與政治社會學在處理殖民社會的
現代化問題上，可以給我們一些幫助。

　　分析殖民地（我指的是那些被征服了，並且直轄於母國的殖
民地）處境的好處，在於此時所研究的社會是截然與外力分離
的，而其內部的變化，以及在面對不可控制而急速的外力衝擊時
所作的反應，是比較容易觀察與分析的。某些力量在其他社會是

---

[18] 布杭，《工業化與人民的生活》（*Industrialisierung und Volksleben*, Erlenbach and
　　Zurich, 1960）；《十九與二十世紀……鄉村工業所形成的社會與文化的變
　　遷》（*Sozialer und kultureller Wandel in einem ländlichen Industriegebiet……im 19.
　　und 20. Jahrhundert*, Erlenbach and Zurich, 1965）；佛斯特，《階級鬥爭與工
　　業革命》（*Class Struggle and the Industrial Revolution*, London, 1974）。

[19] 史都克（Eric Stokes）正是這方面的研究者，他運用了非洲史的成果：史都
　　克，〈亞非民族主義以及傳統抵抗運動：一八五七印度大叛亂〉
　　（'Traditional Resistance Movements and Afro-Asian Nationalism: The Context of
　　the 1857 Mutiny-Rebellion in India'），《過去與現在》，四十八期，（1970年8
　　月），頁100-117。

屬於內部的，或是漸進而繁複地與社會內在元素互動而產生作用，不過在這裡為了實務上的需要，可以假定在短期中是外生的，這樣也可以有利於分析。（我們不可以忽略殖民社會有扭曲的可能——例如，將其經濟與社會階序打斷——這也是一種殖民過程，不過殖民地情況的好壞，不可以建立在這樣的假設上，意即，殖民地乃是從母國複製過來的。）

也許還有更明確的好處。這個領域的工人，其中心任務就是民族主義及民族建立，而殖民地局勢在這裡更可以提供一般模式。雖然歷史學家還沒有完全抓住這方面的訣竅，但這種複雜的民族主義現象，對於理解工業時代的社會結構與動力是不可或缺的，而一些政治社會學的作品也逐漸認同這一點。洛坎（Stein Rokkan）、阿拉特（Eric Allardt）及其他學者所主持的計畫「中心形成、民族建立與文化多元」，提供了一些有趣的取向。[20]

「民族」，是過去兩百年間出現的歷史發明，時至今日，其重要性已無庸置疑，而在社會的歷史研究上，民族所引起的問題也很多，例如，社會規模的改變，多元的轉變，社會各系統原來是截然劃分的，現在則統合為一體（將先前存在的一些小社會，組織成一個更大的社會體系），有些要素決定了社會體系的邊界（如政治領土），有些要素則不生作用。這些經濟發展要件（它能

---

[20]「中心形成、民族建立與文化多元」（Centre Formation, Nation-Building and Cultural Diversity），是聯合國教科文組織所辦的研討會中提出的報告。這個研討會於1968年8月28日到9月1日間召開。

迫使十九世紀工業經濟類型在特定環境中成為一個極大或極小的
領土國家）在多大的程度上能客觀地劃定這些政治疆界呢？[21] 這
些要件又是如何地削弱及摧毀了早期社會結構，並且造成了簡單
化、標準化與集中化——意即，排除中介，將「中央」與「邊緣」
直接連繫起來？（或者說，將「頂端」與「底部」直接連繫起來）
「民族」又是如何用符號的方式取代了原先存在的社群與社會結
構，而填補了它們的空缺？（「民族國家」的概念結合了客觀與
主觀的發展。）

　　要研究這些複雜的問題，並不是一定要研究殖民地或以前曾
為殖民地等地區的狀況，歐洲的歷史也可以，只是到目前為止，
後者的研究可說是付之闕如。所以研究十九、二十世紀歐洲史的
人（包括馬克思主義者），如果能夠借助亞非研究的成果，也許
會比較便於入手。

❧ V ❧

　　最近的研究對於社會史究竟有什麼貢獻呢？讓我說個明白
吧。我沒有辦法舉出有哪一本書符合我心目中所謂理想的社會
史。布洛克已經給了我們《封建社會》，一本經典，同時也是說
明社會結構（包括了社會類型及其實際與可能的變化類型）的範

---

[21] 雖然資本主義已經發展成一個全球的經濟互動體系，但實際上，它發展的基
　　本單位還是以政治上的領土為基準——英國、法國、德國、美國的經濟——
　　這也許是歷史的偶然，但（這個問題是開放的）也說明了國家在經濟發展中
　　的必要角色，即便是在最純粹的經濟自由主義也是一樣。

例作品，其中所用的比較方法，雖有危險，但畢竟瑕不掩瑜，這裡我就不詳談了。馬克思為我們描繪出，或讓我們也可以為自己描繪出，一個類型學的模式以及社會長期的歷史轉變與演進，它們的力量是非常巨大的，而且歷久彌新；正如卡爾東的《普世史序說》，其模式就建築在不同社會類型的互動上，其意涵是豐富的，尤其是表現在史前史、上古史與東方史上。（我想到已逝的齊爾德〔Gordon Childe〕及拉鐵摩爾〔Owen Lattimore〕。**㉗**）最近，在社會類型的研究上已經有了進展——特別是與美洲奴隸制（上古時期出現的奴隸社會看起來一直在衰退中）以及與廣大農業生產有關的。另一方面，要把包羅萬象的社會史轉換成大眾會有興趣的體材，目前看來要不是不夠成功，就是缺乏吸引力，也就是缺乏架構跟誘因。社會的歷史仍待建構中。本文只想提出一些問題，評估實際成效，有時則從比較進入狀況的研究中提示一些有意義的問題。除此之外，有些領域的成果已相當不錯。現在對社會史家來說正是個好時機。即便不是社會史家，也不會否認這一點。

㉗譯註：齊爾德（1892-1957），生於澳洲，為英國考古學家。長期於希臘、中歐及巴爾幹進行考古工作，為現代考古學立下深厚根基。著有《歐洲文明的黎明》（*The Dawn of European Civilization*）。拉鐵摩爾（1900-），美國著名的亞洲專家，著有《滿洲，衝突的搖籃》（*Manchuria, Cradle of Conflict*）。

7

歷史學家與經濟學家：
第一部分

Historians and Economists: I

　　本章及下一章是修改過的稿子，原本是一九八〇年受邀前往劍橋大學經濟學院馬夏爾講座（Marshall Lecture）的講稿，之前都還沒有印行出版過。雖然從文章寫就至今，經濟學以及經濟史已經有了很大的變化——不只是諾貝爾獎從經濟學家手中落到了經濟史家（本文中將對此有所批判）而已——但是我當初所提出的種種問題仍然沒有解決，所以這些文章看起來還有出版的價值。不過，為了回應讀者的批評，我也修改了一些觀點。後來所添加的部分，我都加上了方括號。

　　雖然拿破崙的士兵每個人的背包裡都帶了指揮官的權杖,但沒有一個士兵會料到自己會有機會用到它。❶ 許多年來,我的地位就彷彿是拿破崙大軍中的一個小兵,我第一次來聆聽馬夏爾講座,是在一九五〇年代,主講人是彌爾德(Gunnar Myrdal)❷,而如今我居然有這份榮幸來擔任主講的角色。當時,我是個跟劍橋大學沒什麼關聯的歷史學家,數年之間有兩個學院一直拒絕我的應徵,後來便在經濟系勉強充當經濟史的指導老師。劍橋大學經濟學院是當時英國甚至是世界上最好的經濟學院。因此,當我接到邀請,心中的驚訝之情是可想而知的,但這全都要感謝學院的盛情。

　　不過,即便我在心情上頗為愉快,但我還是要強調我的演講內容恐怕並不會讓大家滿意。我不是經濟學家,而就經濟學者的眼光來看,我甚至連當經濟史家也不夠格,不過我要說,這樣的條件如果也拿來衡量宋巴特(Sombart)❸、韋伯與陶尼的話,恐怕他們三位也會被排除在外。我不是數學家,也不是哲學家,而經濟學家如果被真實世界逼得走投無路的時候,往往就會變成這

---

❶ 譯註:拿破崙要他的士兵帶著指揮官權杖,好在軍官陣亡時,能隨時找到人頂替軍官的位子。他的用意不僅在於讓部隊的戰力與組織能持續,還在於鼓勵士兵能以當個領導者自任。

❷ 譯註:彌爾德(1898-1987),瑞典經濟學家,也是諾貝爾經濟學獎得主。著有《亞洲的戲劇:對一些國家貧困問題的研究》(*Asian Drama: An Inquiry into the Poverty of Nations*)。

❸ 譯註:宋巴特(1863-1941),德國經濟學家。著有《奢侈與資本主義》(*Lucus und Kapitalismus*)。

兩種人，而發表一些與數學及哲學相關的論點。簡言之，我是以一個學院外的人的立場來說話的。我之所以有勇氣站在這裡演說，並不是藉此我能留名於馬夏爾講座，而是有鑑於經濟學的發展近況，我覺得經濟學家已經到了該聽聽圈外人意見的時候了，因為他們的研究已經越來越與當前的世界境況脫節。他們尤其應該聽聽一個致力於將歷史學與經濟學整合（更確切地說是再整合）的圈外人的聲音。

經濟學（應該說，經濟學自認為能獨占經濟事務的解釋權）一直認為它是歷史的受害者。有一段時間，世界經濟看起來相當地不錯，不管是不是善加管理，經濟總是景氣，歷史在此時讓經濟學頗為自得。恰當的經濟學就擁有舞台，不恰當的就被排除掉，或送入過去的世界中讓它成為歷史，或放在當下讓它成為異端，就如同醫學中的信仰治療與針灸治療一樣。即便像凱因斯（Keynes）❹ 這樣了不起的學者，也沒搞清楚馬克思、何勃森（J. A. Hobson）❺ 及現在已經沒人記得的格瑟爾（Silvio Gesell）❻，

---

❹ 譯註：凱因斯（1883-1946），英國經濟學家。其作品《就業、利息與貨幣的一般理論》（*The General Theory of Employment, Interest and Money*）為經濟學的經典。1930年代經濟大恐慌，古典經濟學派無法解釋這種經濟現象，於是凱因斯因而崛起。他否定了古典充分就業的說法，另闢一條能解釋失業及解決失業的途徑。

❺ 譯註：何勃森（1858-1940），英國人，教授英國經典文學，同時也是左派社團費邊社（Fabian Society）的成員，著有《貧困的問題》（*Problems of Poverty*）。

❻ 譯註：格瑟爾（1862-1930），生於比利時東部，為德裔比人，後遷居阿根廷。曾參與德國巴伐利亞的共黨革命，著有《自然經濟秩序》（*Die Natürliche Wirtschaftsordnung*）。

三者有什麼不同。不過,歷史有時在經濟學揮灑得盡興的時候會
抓住它,給它提出一些警示。一九三〇年代初就是個例子,而我
們現在正經歷另外一段不景氣。至少有一些經濟學家已經開始不
滿經濟學研究的現狀了。歷史學家對此就算不能幫忙修正,至少
還可以作出澄清的工作。

　　我選的這個題目,「歷史學家與經濟學家」,與劍橋大學及
其經濟學院是有關聯的,因為從馬夏爾❼以來,這裡的研究向來
是將經濟學與經濟史連繫在一起。這兩個領域的關係頗為複雜而
且問題很多。一方面,馬夏爾本身的理論架構是靜態的。它很難
跟歷史變遷與演進相適應。他的《經濟學原理》(*Principles of
Economics*)的附錄,本來是篇簡介經濟史的導論,熊彼得讀過之
後,作了相當中肯的評論:「像篇瑣事的總匯。」[1]馬夏爾對經
濟史的確是博學多聞,然而他所貢獻出來的,比較像是充滿裝飾
語的描述,對於理論架構反而著墨不多。不過馬夏爾也了解經濟
學必須植根於歷史,不可能在毫無損失之下棄歷史於不顧。他知
道經濟學需要歷史,但他不知道該如何將歷史放入經濟的領域
中。從這一點來看,他不僅不如馬克思,也比不上亞當‧史密斯
(Adam Smith)❽。到目前為止(一九八〇年),劍橋的教學大

---

❼ 譯註:指阿弗列德‧馬夏爾(Alfred Marshall, 1842-1924),他是政治經濟學
　　教授,1903年於劍橋大學建立政經學院,本文的經濟學院即其中之一。

[1] 熊彼得,《經濟分析史》(*History of Economic Analysis*, New York, 1954),頁
　　836-837。

❽ 譯註:亞當‧史密斯(1723-90),生於蘇格蘭,為古典經濟學代表人物,著

綱，就像其他經濟學院的大綱一樣，它們跟馬夏爾的文章出入不大。無疑地，馬夏爾的風格至今未歇，使得經濟史的作用一直沒有彰顯出來。

另一方面，經濟史家徘徊在兩個學科之間，過著雙重身分的日子。在盎格魯—薩克遜世界，經濟史又分成兩類，「舊的」跟「新的」，也就是歷史學家的經濟史及經濟學家的經濟史。基本上，第二種是往後投射的理論——主要是新古典理論。我會多花點時間在「新」經濟史上，或是所謂的「計量史學」（cliometrics）。這個領域吸引了不少傑出的人才，像得到諾貝爾經濟學獎的佛格爾（Robert Fogel）教授，他們在歷史材料上的探索及運用都相當地聰明，可是他們的成果並不能說具有革命性。佛格爾教授坦言，即便是在計量史學特別專注的美國經濟史，到目前為止也只能說修正，還不能取代傳統的敘述史學，在農業成長、製造業的興起、銀行的演進以及貿易的擴張方面上尤其如此。[2]

舊經濟史家（就算他們精通於經濟學及統計學）一般來說都不相信當前經濟學所說的回溯性的命題證明與否證，並且也不認同新經濟史那種精巧但相對來說卻較為狹隘的研究。即便是劍橋經濟史主席克萊普漢，這位由馬夏爾欽點的經濟學學者，也不認

有《國富論》（*The Wealth of Nations*）。

[2] 佛格爾，〈科學史及傳統史〉（'Scientific History and Traditional History'），收入於佛格爾及艾爾頓（G. R. Elton）《哪條路能通往過去？》（*Which Road to the Past?*, New Haven and London, 1983），頁68。

為經濟史是經濟學的主要科目。經濟史並不排斥理論。如果經濟史對於新古典理論感到疑慮，那是因為它對新古典理論的反歷史以及回溯模式有所保留的緣故。

因此，經濟學家跟歷史學家要共存，並不輕鬆。我覺得這只會讓兩者都很不滿意。

經濟學家希望能再度整合歷史學，但這並不表示他們可以將歷史學改造成一種回溯性的計量經濟學。對於歷史學與經濟學兩者的再整合，經濟學家其實帶有更高的期望，因為經濟學是應用性的學科，就好像醫學是自然科學的應用學科一樣。那些不把治病當成主要職業的生物學家，就不能算是醫生，即便他們是從醫學院畢業的也一樣。經濟學家總是希望能對抗經濟蕭條，要是經濟學家不關心這件事的話，可能就會被歸類為哲學家或是數學家，或甚至成為被世俗社會所遺忘的神學家。在此，我不想說明神恩（Providence）或是市場對人的價值何在。無論如何，經濟學這門學科本來就帶有提供政策（不管是正面或負面）的目的在裡面。如果不是這樣，那麼經濟學就不可能繼續存在。不過，經濟學在專業化及學院化的過程中，也產生了與其他學科同樣的問題：雖然出現了大量的作品，但這些作品卻不是用來解釋世界或改變世界，而只是用來找到工作或擠掉競爭者。關於經濟學在發展中所遭遇的問題，我們暫且在此打住。

歷史學的內容是過去，如果從歷史學不能改變既有的過去來看，那麼歷史學的確不是一門應用學科。我們充其量只能作一些反事實的思考，想想其他一些假設性的狀況。過去、現在與未來

是一個連續體，史家所說的一切也應該具有預測未來的功能。其實我也希望如此。歷史學家的技藝並不是完全不能做到預測。但是，歷史學家卻被排除在決策核心之外，我們所做的事不外乎是不可變的過去而非理論上可變的未來，或者你可以這麼說，我們只是從過去的事實推出一個眾所皆知的現在罷了。

經濟學家真的需要把歷史學再整合進經濟學中嗎？首先，有一些經濟學家明顯需要歷史，「希望『過去』能夠提供答案，而這些答案，『現在』看起來似乎不大願意給。」[3] 有一段時間，馬丁尼（Martini）談話節目的主題一直環繞在英國的經濟困境，將問題的源頭一直延伸到十九世紀，歷史在這時候自然成為診斷病徵及醫治的良方。而最荒謬卻又越來越普遍的是，經濟史已經變成純學院的科目，至於惡名昭彰的偽學科「管理學」反而蒸蒸日上。長期以來──從美國的經濟系來看，它是全球最大的──經濟系對歷史的興趣一直在衰退，即便歷史題材已經廣泛受到重視也一樣。經濟史與經濟思想史方面的博士論文所佔比例，已從本世紀前二十五年的百分之十三，降到一九七〇年代前半的百分之三。相反地，經濟成長在一九四〇年代之前甚至連名字都沒有，現在所佔比例則有百分之十三，其博士論文的數量最龐大。

歷史學與經濟學是一起成長的，因此這種狀況有點奇怪。如

---

[3] 霍普金斯（A. G. Hopkins），他評論賈柏格（T. B. Birnberg）及雷斯尼克（A. Resnick）所寫的《殖民地的發展：計量經濟研究》（*Colonial Development: An Econometric Study*, London, 1976），收入《經濟期刊》（*Economic Journal*）第八十七期（1977年6月），頁351。

果說古典政治經濟學特別與英國有關聯，那並不只是因為英國是
資本主義經濟的先驅。另外像荷蘭，它在十七、十八世紀擁有領
先地位，但卻沒有因此產生出傑出的經濟理論家。蘇格蘭思想家
之所以傑出，在於他們沒有將經濟孤立於社會（人參與其中）的
歷史變遷之外。亞當・史密斯發現到他們蘇格蘭人正從「封建體
制」（也許他們是世界上最早經歷這一階段的人）過渡到另一種
社會。他們想要加快這個過程，避免有害的政治決定讓這個「財
富的自然進展」（Natural Progress of Opulence）停擺，甚至於轉為
「不自然的退化」（unnatural and retrograde order）。[4] 有人可能會
說，如果馬克思主義者認為資本主義發展的結果是弱肉強食的
話，那麼亞當・史密斯則會認為封建制度才會造成弱肉強食。因
此，將古典政治經濟學與歷史社會學分開是一種錯誤，而要理解
亞當・史密斯《國富論》，就不能忽略他的道德哲學。同樣地，
馬克思的研究也整合了歷史與經濟分析，他是古典政治經濟學派
最後一個大家。德國的經濟學在整合的工作上差強人意。讓我們
回顧一下十九世紀末葉，德國可能擁有比英法總和還要多的經濟
學教授。

　　事實上，歷史學與經濟學的分離並沒有讓經濟學完全獨立，
一直要等到經濟學發展出邊際的概念才使其自成一派。一八八〇
年代，德國曾有所謂的「方法論之爭」（Methodenstreit），由門額

---

[4] 見梅迪克（Hans Medick），《資產階級社會的自然狀態與自然史》
（*Naturzustand und Naturgeschichte der bürgerlichen Gesellschaft*, Göttingen, 1973），頁
264。

（Carl Menger）❾ 發其端，攻擊當時德國經濟學界的主流，即所謂的「歷史學派」（historical school）。而在同時，我們也別忘記門額的奧國學派與馬克思的理論是有衝突的。

在方法論之爭中，歷史經濟學派完全挫敗，終於消失無蹤。馬克思勉強存活下來，我們可以在新古典理論中看到對於馬克思的種種批評，至於馬克思本人雖仍被視為是經濟學家，但卻被評價成是個犯了危險錯誤的經濟學家。史摩勒（Schmoller）❿ 及其他歷史學派學者則被歸類成業餘性的經濟學者，或被歸類成「經濟史家」，劍橋的康寧漢（William Cunningham）⓫ 也遭受相同的命運。我想，康寧漢大概就是英國經濟史研究的濫觴吧。英國經濟學家，特別像馬夏爾，不會像奧國學派那樣將歷史與經驗觀察（empirical observation）──不假定其他條件不變──區分地那麼清楚。僅管如此，英國經濟學還是把基礎與視野限縮到一個程度，而導致整合困難，只能作一些瑣碎部分的交流，意即，將時間動態問題如經濟成長與景氣波動，與靜態的總體經濟區別開來。正如希克斯所指出的，馬夏爾對於事實的渴望「實質上是短

---

❾ 譯註：門額（1841-1921），奧國經濟學派創建者，為經濟學邊際革命（marginal revolution）的三大領導人之一，另外二人為耶方斯（Stanley Jevons, 1835-1882）及華拉（Léon Walras, 1834-1910）。

❿ 譯註：史摩勒（1838-1917），德國歷史學派代表人物。著有《德國小手工業史》（*Zur Geschichte der deutschen kleingewerbe*）、《社會政治與國民經濟學派的一些問題》（*Über einige Grundfragen der Sozialpolitik und der Volkswirtschafislehre*）。

⓫ 譯註：康寧漢（1849-1919），英國經濟學家，著有《西方經濟文化史》（*An Essay on Western Civilization in Its Economic Aspects*）。

視的⋯⋯因此他的經濟學最多也只能處理廠商或『產業』；沒有
能力處理整體經濟，甚至也沒有辦法處理國民經濟。」[5]

重啟一八八〇年代的方法論之爭是沒有意義的，當時的方法
論之爭現在已經沒有人感到興趣：它其實就是演繹法與歸納法之
間的爭論。不過，我們可以作出三點評述。第一，在當時，所謂
的勝利並不像我們現在回溯時所說的那樣明確。德國與美國的經
濟學家並沒有因此就完全準備好要追隨維也納、劍橋與洛桑
（Lausanne）[12] 的領導。第二，贏的一方跟現在不同，它不是以經
濟學的實用價值來作為基礎。第三，基於後見之明，我們發現經
濟的成功與否，與經濟理論家的思想是否傑出或有沒有聲望沒什
麼關聯，這一點與新古典學者群的評估有出入。說明白一點，經
濟的命運如何，似乎跟有沒有好經濟學家沒什麼關係──因為在
當時，經濟學家意見的交流，還沒有辦法像今天這樣地容易與跨
國際。德國從屠能（Thünen）[13] 以來就沒有出現過什麼有名的經
濟學家，它的經濟並沒有因此而受害。一九三八年之前的奧國，
有許多優秀而傑出的經濟學家，政府也常向他們諮詢，但奧國的
經濟也不見得比較好，到了一九四五年之後，奧國的經濟學不如

[5] 希克斯（J. R. Hicks）評論維帖克（J. K. Whitaker）所編的《阿弗列德・馬夏
　爾早期的經濟著作》（ *The Early Economic Writings of Alfred Marshall* [1867-
　1890]），收入《經濟期刊》第八十六期（1976年6月），頁368-369。

[12] 譯註：位於瑞士。

[13] 譯註：屠能（Johann Heinrich von Thünen, 1783-1850），日耳曼經濟學家，著
　有《孤立國與農業及國民經濟之關係》（ *Der isolierte Staat in Beziehung auf
　Landwirtschaft und Nationalökonomie* ）。

以往，但它的經濟卻也不見得就比較差。好的經濟理論，實用的價值並不是那麼地明顯。我們無法同意門額的類比（熊彼得晚年也同意他的說法），他認為純粹的經濟理論與應用的經濟理論就好比生化學與生理學之於醫學的外科與療法。然而經濟學家與醫生不同，就算經濟學家對於原則有共識，但在療法上意見卻常南轅北轍。除此之外，如果那些不接受理論的從業人員在實務上仍然能夠成功的話，那麼經濟的理論與實踐，兩者間的關係就值得再商榷。

事實上，我已經提過，反對歷史學派的新古典學派知道他們的理論與實際有落差，而且最弔詭的是，新古典學派雖然反對馬克思，但是他們的理論本身也不必然導向市場價格。純粹理論家無法否認，經驗研究（即研究過去，歷史的研究）可以告訴我們更多經濟的內容，不論它是不是合於理論的命題。（的確，我們今天應該可以確定，從實際經濟運作的內容中，可以看出理論模式的有效性並不比實證的經濟思想高。）而從政治與經濟運作的角度來看，純理論的角色也是次要的。伯姆-巴維克（Böhm-Bawerk）❹ 小心翼翼地將理論排除於方法的爭論之外。他認為，「真正有爭論的是方法」。「在實際的社會政治領域中，由於技術上的理由，歷史─統計方法無疑是比較好的，因此我會不加思索地宣布，在經濟與社會事務上使用純粹的抽象─演繹立法政策，

---

❹ 譯註：伯姆-巴維克（1851-1914），奧國經濟學派學者，著有《資本與資本利息》（*Kapital und Kapitalzins*）。

對我以及他人來說，都是令人厭惡的。」⁶政府都該記得這句話。熊彼得是奧國學派中，最有學者味但卻也最實際的人，他說得更明白。「我們的理論沒有辦法說明經濟生活中最重要的現象。」⁷

我想熊彼得的措詞是激烈了些，乃至於可能動搖了他自己本身的立場。純理論的確有助於發展出實用的面向，只是在一九一四年之前，整個理論的發展卻把這個面向去除掉了。

一八七○年後，經濟理論為什麼走上這條路，我想這個問題已經超出我的範圍，我們只需要知道，這兩派人馬的不同，其實反映了主張經濟自由主義或新自由主義以及主張政府干預的兩種立場。美國的制度主義者（institutionalists）⑮不滿新古典經濟學的原因，在於他們認為應該要對企業進行社會控制，尤其是大企業，因此要求國家介入。德國歷史學派給予美國制度主義不少靈

---

⁶ 伯姆─巴維克，〈政治經濟學上歷史方法與演繹方法的對立〉（'The Historical vs the Deductive Method in Political Economy'），《美國政治與社會科學學會年鑑》（*Annals of the American Academy of Political and Social Science*），第一期（1980），頁 267。

⁷ 熊彼得，《國民經濟理論的本質與主要內容》（*Das Wesen und der Hauptinhalt der theoretischen Nationalökonomie*）（萊比錫，1908），頁 578。另見他所寫的《經濟學說與方法：歷史的概述》（*Economic Doctrine and Method: An Historical Sketch*, London, 1954），頁 189。

⑮ 譯註：制度主義（institutionalism），指的是美國的一個經濟學流派，即制度經濟學（institutional economics）。此學派起於 1890 年代，衰於 1950 年代。強調制度（如社會規範、法律規範、習俗或「思想習慣」）對於經濟行為的影響。

感，他們相信有一隻看得見而不隱藏的手——國家的手。這個意識形態或政治元素，在辯論中顯露無遺。這種想法也引導著經濟學的異端把凱因斯之前的新古典主義當成是自由放任的資本主義鼓吹者，這是個不適當的觀點，即便聽起來不是沒有道理，但對於米塞斯（Mises）及海耶克（Hayek）❶ 的讀者來說卻難以接受。

重點應該是，意識形態在爭論中占了重要的地位，純理論與歷史站在逐漸加寬的鴻溝兩邊彼此敵視，一邊忽略實務，另一邊則忽略理論，但兩方面卻都認為資本主義市場經濟本身有自我調節的功能。兩方（除了馬克思主義者）都認為資本主義市場經濟是普世而穩定的。純理論家可能會認為實際運用是次要的，因為理論的設定就是什麼都不做，如果政府想要有所作為——主要是財政與貨幣政策——那只會干擾市場機制。在一九五○年代之前，他們與企業或政府的關係，比較像影評人或電影理論家與製片人的關係。相對地，企業與政府（在不需要使用財政或貨幣政策的狀況下）也不需要理論，他們只需要常識。

企業與政府需要的，是資訊與技術的專才，純理論家對這方面沒有興趣也沒有辦法提供。德國的管理與行政部門對這方面人才的需要遠超過英國。只要德國社會科學界能夠充分提供這方面

---

❶譯註：米塞斯（Ludwig von Mises, 1881-1973），海耶克（Friedrich August von Hayek, 1899-1992），兩人均為奧國經濟學派學者，但皆居於自由主義的立場批判社會主義與資本主義。

的人才，那麼就算德國沒有馬夏爾、魏克賽爾（Wicksell）❼ 或華拉（Walras）這等大師出現也沒關係。馬克思主義者在當時也許還不用煩心社會主義經濟的問題，或為任何經濟問題負責，因為此際還沒有任何社會主義化的現象。一直要到第一次世界大戰之後，情況才有所改變。

弔詭的是，歷史學派以及制度主義的局限，一直要等到資本主義經濟開始受到公共部門的支配、管理與計畫之後，才開始顯現出來。雖然歷史學派與制度主義是傾向於政府管制的，但是它們的思想工具卻不足以承當這樣的大任。我們看到在世界大戰期間，管制經濟的學說開始出現。一次大戰後，回歸到一九一三年「常態」（normalcy）的呼聲，讓新古典理論暫時不用因應變局，但一九二九年後經濟大恐慌卻使其不得不改弦易轍。新古典理論開始應用到決策上，此時，學者不得不開始試著以數字來表達，並且檢證自己的概念，像計量經濟學這個學科就是在一九三〇年代出現的。同時，重要的操作工具也出現了，有一些是從邊際學派出現前的古典政治經濟學或總體經濟學導出來的，而透過馬克思主義，里昂惕夫（Leontiev）❽ 的投入—產出分析（input-output analysis）等於為一九二五年後蘇聯的經濟計畫作了準備，其他則如數學提供了軍事操作的研究，如線性規劃。雖然新古典

---

❼ 譯註：魏克賽爾（Knut Wicksell,1851-1926），瑞典經濟學家，以長期利率均衡的研究著名於世，著有《利率與價格》（Interest and Prices）。

❽ 譯註：里昂惕夫（Wassily Leontiev, 1906- ），美國經濟學家，著有《投入—產出經濟學》（Input-output Economics）。

經濟理論對社會主義計畫經濟的衝擊因此延遲了（這當中有著歷史與意識形態的因素），不過從第二次世界大戰之後，新古典經濟理論在運用上卻也為非資本主義經濟所接受。

　　純理論在操作上可以這樣子延伸的話，便證明了一九〇八年熊彼得的想法是錯的，純理論其實是可以與實務結合，而不能說與實務無關。然而，用醫學的術語來說——如果這個老式的隱喻能用的話——它所製造的不是生理學家、病理學家或診斷師，而是檢查身體的機器。除非我有重大的誤認，否則經濟理論的作用應該是增加選擇的機會，發展了決定、運用及檢驗政策的技巧，但它本身不會產生積極的決策能力。當然有人會說我的講法了無新意。經濟理論總是能明白地指向某個特定的政策，我們難道不因此而懷疑——除了特殊的例子——答案早就在論證之前就已經決定了？

　　正當新古典理論產生了較其原先所想為佳的政策工具時，它的對手歷史學派及制度主義卻反而被它們原先所自豪的優點所拖累，意即，由國家來作經濟干預。此時，它們那舊式的實證主義以及理論的不足，剛好成為致命傷。這就是為什麼史摩勒與華格納（Wagner）[19] 以及康孟斯（John R. Commons）[20] 雖然非常勤勉，但仍不免只成為歷史的片斷。不過，無論如何，他們的貢獻

[19] 譯註：華格納（Adolph Heinrich Gotthilf Wagner, 1835-1917），德國歷史學派學者，著有《財政學》（*Finanzwissenschaft*）。

[20] 譯註：康孟斯（1862-1945），美國制度經濟學派代表，著有《制度經濟學》（*Institutional Economics*）。

有兩點是不可磨滅的。

首先我們曾經提過，他們要求對經濟及社會事實進行嚴謹而具體的研究，而這正是馬夏爾所關注的。在一九一四年之前，德國人持續而正確地注視著英國人所沒有興趣的部分，即確實的經濟資料，以及零散而片斷的數據。事實上，當英國人與德國人在處理同樣一筆事實資料時，如舒爾策-傑佛尼茲（Schulze-Gaevernitz）❹ 及柴普門（Sydney Chapman）❷ 處理英國棉工業，德國研究的優越是無庸置疑的。有時候，英國本土的研究實在不好，甚至於要引用德國對英國的研究作品。除此之外，一九一四年之前英國的經驗研究多半是由非主流的經濟學者來作的，像牛津大學，但是牛津大學的研究現在早就被人遺忘了，因為他們大部分的學者最後都是從事公職（如屬威廉-史密斯〔Hubert Llewellyn-Smith〕到貿易部，還有貝弗里吉〔Beveridge〕）；或者是由制度主義色彩強烈的費邊成員（Fabians）❷ 來作，他們在方法論之爭中支持歷史學派，而倫敦經濟學院的出現也正作為反馬夏爾的中心基地。一九一四年之前，英國在經濟研究上真正從事

---

❹ 譯註：舒爾策-傑佛尼茲（1864-1943），德國歷史學派學者，著有《英國帝國主義與英國自由貿易》（*Britischer Imperialismus und Englischer Freihandel*）。

❷ 譯註：柴普門（1871-?），英國經濟學者，著有《政治經濟學概論》（*Outline of Political Economy*）。

❷ 譯註：費邊社（Fabian Society），英國的左派學社。1884年由韋布（Sidney Webb）等人在倫敦創立，主張以和平漸進的手段在英國實現社會主義。費邊，乃借用古羅馬將軍費比烏斯（Fabius）之名，以其戰法採持久堅壁清野，來作為學社的精神。

實調查入手的作品，乃是出於參加費邊社的公職人員之手，他們在一九○七年作了英國首次的生產普查（Census of Production）。[8]相反地，德國的社會政治學社（Verein für Sozialpolitik）❷❹在經濟與社會事務上所寫的論著甚多，但卻沒有這一類的作品。美國制度主義者推動成立了美國經濟研究局（National Bureau of Economic Research），但德國社會政治學社在這方面也沒有什麼成就。從二次世界大戰以來，我們在這方面已經改善了不少，但是在戰間期，英國經濟學家所在意的並不是怎麼樣可以獲得更多的實際經濟資料，而是統計學的計算普漢式。簡言之，他們所爭論的並不是可見的經濟資料，而是克萊普漢所列出的各項變數妥不妥，譬如失業。

第二，他們對於純理論的問題特別敏感，而他們對於資本主義經濟的歷史變遷也比較清楚。資本主義經濟在過去兩百年來有兩次轉變。第一次是在十九世紀末，有人給它一些名稱叫「帝國主義」（imperialism）、「金融資本主義」（finance capitalism）、「集體主義」（collectivism）等等。至於是誰發現第一次轉變的，主要還是非主流或後來變成邊緣的經濟學家：德國歷史學派如舒爾策–傑佛尼茲或史摩勒，費邊社的何勃森，當然還包括馬克思

---

[8] 馬克羅斯第（H. W. Macrosty），《英國產業的托拉斯運動》（*The Trust Movement in British Industry*）（倫敦，1907）。

❷❹ 譯註，社會政治學社，由德國歷史學派學者於1872年創立，其用意在於將理論付諸實踐，作為政策推動的工具。

主義者如考茨基、希爾佛定（Hilferding）❷、盧森堡（Luxemburg）❷及列寧。新古典理論在此反而沒有任何建樹。總是明智的熊彼得，於一九〇八年主張，純理論對於帝國主義所能說的不過是陳腔爛調或是不清楚的哲學思考。不過，等到輪到他自己來解釋的時候，他的想法並不恰當，他認為，帝國主義的來源並不是資本主義，而是前資本主義留下來的餘孽。馬夏爾知道，有些人認為經濟的集中化就是資本主義的產物，並且因此憂心托拉斯與獨占。但馬夏爾至死都認為這不過是特例。他堅信自由貿易以及廠商能自由進入產業所帶來的好處，但他也很實際，所以他不相信有所謂的完全競爭市場，不過他也不認為資本主義經濟在當時已與一八七〇年代之前有所差異。當《產業與貿易》（*Industry and Trade*）於一九一九年印行時，從當時的情況盱衡，要否認帝國主義與資本主義的關聯已經不恰當了，德國與美國學界都已承認了，英國能有什麼立場拒絕。不過，新古典理論的調整還是相當緩慢，一直要等到經濟大恐慌，他們才接受「不完全競爭」（imperfect competition）的概念。

第二個轉變發生在二次大戰結束後二十五年。要重回一九二〇年代的經濟局勢是不可能的，而且也沒有人願意，因此正統經

---

❷ 譯註，希爾佛定（Rudolf Hilferding, 1877-1941），奧國人，本為內科醫生，後加入奧國社會民主黨。取得德國籍後，加入德國社民黨。著有《金融資本論》（*Das Finanzkapital*）。

❷ 譯註，盧森堡（Rosa Luxemburg, 1871-1919），生於俄屬波蘭（時波蘭為俄國一部），為推動波蘭及俄國共產革命的重要力量。

濟學家在分析新的經濟局勢時，最好不要還固守著舊觀念。不過，連非主流中最強悍的馬克思主義者，也不願意接受戰後資本主義的欣欣向榮，他們面對這種狀況，心裡鐵定比他們在一八九〇年代及一九〇〇年代的前輩難受多了。馬克思主義的復興因此居然是以發展抽象的理論開始，也許這是為了避免去接觸他們周圍的世界，這種狀況一直持續到一九七〇年代。而馬克思主義仍然處於邊緣的地位。格耳布雷（J. K. Galbraith）❷說明了他所謂的《新工業國家》（The New Industrial State），這種想法也隱含在他早期的作品《美國資本主義》（American Capitalism）及《富裕社會》（Affluent Society）之中，主要是從大企業的跨國經營的角度來看，發現市場機制已經不能局限大企業。格耳布雷的作品廣受大眾好評，但學界卻很少注意。位於聖地牙哥（Santiago）❷的聯合國拉丁美洲經濟委員會（UN Economic Commission for Latin America），其中的經濟學家批評，由於比較成本的問題，使得第三世界國家只能生產初級的財貨，而不能獲得完全的工業化。等到「黃金時代」結束，即一九七〇年代初期，這兩個現象開始湊在一起——新馬克思主義開始注意到跨國企業，認為跨國企業已經取代了以往的民族國家，成為資本主義經濟中真正在累

---

❷譯註，格耳布雷（1908-?），本為加拿大經濟學家，後入美籍，曾任美駐印度大使。

❷譯註：命名為聖地牙哥的城市甚多，這裡是指南美國家智利（Chile）的首都。

積資本的主角。〔到了一九八〇年代、一九九〇年代，這種說法反而變成了新自由主義的論調。這種論調是否低估了國家在經濟上所扮演的角色，不是我們討論的重點。〕

當非主流的經濟學派已經逐步認識到資本主義新紀元的出現時，正統的經濟學派似乎還對此不感到興趣。一九七二年，強森（Harry Johnson）❷——一個思想清楚而有力，但想像力稍缺的學者——預測世界經濟將不斷擴張及保持繁榮，直到二十世紀末為止，除非爆發世界大戰或是美國崩潰。很少有歷史學家會那麼自信。

我的論點是，一旦脫離了歷史，經濟學便成了無舵之舟，沒有歷史，經濟學家不知要往何處去。但是，我並不是在暗示，這些缺點可以單純地用幾張圖表（意即，稍微注意一下具體的經濟事實及歷史經驗）就能解決。事實上，已經有許多經濟學家已經準備好了。問題是，主流傳統的理論與方法並沒有告訴他們要去哪裡找，或是要找什麼。經濟機制的研究，與社會及其他機制的研究相分離，後者為行為者的行為設下了條件，而行為者的行為也包含了社會及其他機制。這是很久以前劍橋的朵布（Maurice Dobb）❸ 所提出的觀點。

---

❷譯註：強森（1923-77），加拿大經濟學家，著有《貨幣、貿易與經濟成長》（*Money, Trade, and Economic Growth*）。

❸譯註：朵布（1900-?），英國經濟學家，從馬克思主義的觀點批判新古典理論，但卻因此引發人們對於古典理論的反省與修正，帶動了古典理論的研究興趣。著有《政治經濟學與資本主義》（*Political Economy and Capitalism*）。

　　我對於主流經濟學有相當的保留。就羅賓斯（Lionel Robbins）[31]所定義的經濟學來看，經濟學所研究的乃是選擇的問題──撒姆耳遜（Samuelson）[32]的教科書，學生的聖經，也如是說──而這種問題與實際的社會生產過程只會有偶然的關係，其實內容相當淺層，就像馬夏爾（他沒有活著看到這個定義）說的，「研究人類一般生活事務」。經濟學只是恰好接觸到生產這個領域，其實它的原理原則還可以適用到別的領域。如果去除了事實，經濟學勢必變成米塞斯所說的「技術學」（praxiology），是一門科學，一門用來作程式設計的技術科學；或者，另外一種選擇，一個形式模型，也就是在給定預算限制的情況下，一個經濟人該如何行為，人在其中沒有自主的空間。

　　第二個選擇與科學無關。它只是讓經濟學家穿起了神學家的衣服。第一個是主要的貢獻，也有實用的價值。但社會科學與自然科學所作的都不只如此。熊彼得不對經濟學下定義，而只是「列舉一下在實際教學上用得著的主要領域」，因為他覺得經濟學「聽起來不像是一門科學，倒像是一堆研究領域不規則的交錯重

---

[31] 譯註：羅賓斯（1898-1984），英國經濟學家。羅賓斯可說是融合眾說的人物，除了心儀奧國、瑞典與洛桑諸學派外，他本身則深受英國古典政治經濟學的薰陶。著有《經濟科學之性質與意義》（*An Essay on the Nature and Significance of Economic Science*）。

[32] 譯註：薩姆爾遜（Paul Anthony Samuelson, 1915-?），美國第一位獲得諾貝爾經濟學獎的經濟學家。他最大的貢獻是經濟學中擴大對數學的運用，讀者可參看其經典作品《經濟分析之基礎》（*Foundations of Economic Analysis*）。

疊。」⁹當佛格爾稱讚經濟學是「經濟模式的大圖書館」，計量經濟學者可以從中提取之時，等於又再度說出經濟學的弱點。¹⁰圖書館沒有原則，只有獨斷的分類。一九七〇年代以來的經濟「帝國主義」，內容涵蓋了犯罪、婚姻、教育、自殺及環境等等，這就顯示經濟學已成了全方位的服務學科（service-discipline），已經不單純是研究人類一般生活事務或是活動的變遷而已了。

　　經濟學家不得不對經驗材料的分析有興趣，不管是過去或現在。但這只是森島（Morishima）❸所說的雙頭馬車方法論的其中一半。另一半則是靜態模型，以一般化及高度簡化的假定為基礎，以數學方式推演。這兩個方式如何才能合在一起呢？有許多經濟學家已經開始從經濟事實來導出模式，也就是從實際的生產投入而非效用（utilities）來推導；或甚至將經濟區分成幾個部門，各部門有其特定的社會與經濟行為模式。

　　身為一個史家，我自然比較欣賞具有歷史性的模式（將經驗事實予以一般化）。一個理論，如果能設定資本主義經濟的中心部門是寡占的，而邊緣部門則是完全競爭的，則這樣的模式當然要比完全以完全競爭為假設的理論好。不過，我也想問我自己，

---

⁹ 熊彼得，《經濟分析史》，頁10。

¹⁰ 佛格爾與艾爾頓，《哪條路能通往過去？》，頁38。

❸ 譯註：森島道雄（Morishima Michio, 1923- ），英國經濟學家。本為新華拉理論（Neo-Walrasian Theory）的信仰者，後來轉而採用馮諾伊曼（John von Neumann, 1903-1957）的經濟擴張模式。著有《均衡，穩定與成長》（*Equilibrium, Stability and Growth*）。

這樣的理論是否能回答未來的問題，一個史家總是關注而經濟學家總是忽略的問題，因為未來的世界從事經濟計畫的機構可能不局限於國家，大企業也有可能。世界要怎麼走？我們的能力如此有限，根本不可能左右經濟的走向，如此一來，經濟的發展將會如何？〔寫這篇文章的時候，全球經濟與跨國經濟還沒有像一九九○年代中期那樣成功，因此，當時仍不認為未來會出現一個全球性的不可控制的自由市場系統。〕

這裡要提一下兩個植根於歷史的經濟發展視野，如馬克思與熊彼得：兩人都集中心力研究資本主義經濟內部的經濟機制，這個機制推動著資本主義也引導著資本主義。我在這裡不討論是否馬克思的想法優於熊彼得，後者認為有兩股力量——創新會讓資本主義前進，而社會上所產生的效應將會終結資本主義——會將資本主義經濟推出資本主義之外。熊彼得眼中的資本主義融合了資本主義與前資本主義的要素，對於十九世紀的史家啟發不少。

這類歷史動態的研究取向，其好處不在於讓我們作預測。人類以及真實世界的複雜，就在於當下，預測不過就是猜中與猜不中的無聊事罷了。馬克思與熊彼得都有偏見，都受了無知、欲望、恐懼以及價值判斷的誤導。但他們的取向的好處在於，他們都不採線型思考。因為即便是一丁點兒的線型思考都會讓我們付出重大代價。馬克思只承認世俗都有一種自由競爭的傾向，但這傾向最終會造成經濟集中，這一點意義深遠。他也察覺全球經濟成長不會是同質的或線性的，而會受比較成本的影響，這一點也發人深省。他也理解長期的經濟週期對應著經濟與社會的結構與

心理變化，就像孔卓提夫波動一樣，就算我們沒有任何資料來解釋這種現象，但這種說法卻也打擊了一九五〇年代及一九六〇年代主流經濟學者的信心。

如果經濟學不想再當歷史的受害者，就該拿起工具來研究過去明顯可見但卻能支配現在的事實（一般來說有時差），且必須要發展或重現歷史的場景。這麼作的意義，不只是為了解決明天的問題好讓我們不陷入泥沼，還在於要建立有關明天的理論。讓我引用一段純理論的說法作總結吧。溫勃格（Steven Weinberg）❸寫道：「當我問，愛因斯坦的曲線時空意義何在時，我想到的不是廣義相對論的應用問題，而是它對於發展新重力理論會有什麼好處。物理學總是認為願景是重要的，要往前看。」我不懂也不會操作物理學家的理論，經濟學理論對我來說猶如物理。不過身為一個史家，我關心的是未來──是否未來將從先前發生的過去演變出來，或者從過去、現在的連續體中演變出來。我不得不感覺到，經濟學家也許該向我們還有物理學家學習。

---

❸譯註：溫勃格（1933-），美國物理學家。諾貝爾物理學獎得主。著有《最初三分鐘》（ *The First Three Minutes : A Modern View of the Origin of the Universe* ）。

8

歷史學家與經濟學家：
第二部分

Historians and Economists: II

　　經濟學家也許會同意歷史學對他們學科的價值，但歷史學家
對於經濟學就不一定這樣認為。有一部分原因是歷史所包含的層
面太廣。正如我們所見，經濟學最明顯的缺點，就是它是一門只
從真實世界挑出某些人類行為面向，然後就將這些面向叫做「經
濟行為」，其他就統統不管的學科。只要經濟學是藉由排除來定
義，那麼經濟學者必定一事無成，不論他們對自己的局限有多自
覺也一樣。如希克斯所言：「當人們能意識到這種連結（經濟史
與一些看似有關、實則無關的事物的連結）之時，就會理解我們
的認知的確不夠。」[1]

　　另一方面，歷史學則不能夠事先決定要把哪些面向剔除掉，
我們只能決定主要要處理哪一部分，而哪一部分要予以忽略。基
於方便以及技術上的限制，歷史學家會傾向於各有專攻。一些人
研究外交，其他人研究教會，還有一些則研究十七世紀的法國。
不過，基本上歷史學家還是希望能做到法國人所說的「整體
史」。這也是社會史的目標，只不過傳統上它總是跟經濟史合在
一起談。與經濟史不同的是，社會史不能夠確定界線來決定什麼
該談、什麼不該談。經濟學家不會接受前倫敦的《泰晤士報》
（*Times*）編輯說的，如果凱因斯有不同的性偏好的話，那他應該
會更像傅利曼（Milton Friedman）❶，這話是說，私人的生活會

---

[1] 希克斯，《經濟史理論》（*A Theory of Economic History*, London, Oxford and New York, 1969），頁167。

❶ 譯註：傅利曼（1912-），美國經濟學家，曾獲諾貝爾經濟學獎，為貨幣學派（Monetarism）的代表人。著有《美國與英國的貨幣潮流：貨幣與收入、價格及利率的關係，一八六七年至一九七五年》（*Monetary Trends in the United*

影響人們對於經濟概念的判斷。相反地，我可以輕易地想像到，一個社會史家或通史家，反而會認為這種想法有啟發性，可以用來思考某個時代的英國社會。

所以，即使像經濟史這樣專門的領域，也還是要比經濟學要寬鬆許多。克萊普漢認為，經濟史的可貴之處，就在於它的領域是可以擴展的。譬如說，經濟史家——我認為同樣的道理也可以用在史家身上——不會不談到目前為止所出現有關人類社會與經濟發展的基本問題；為什麼有些社會看起來停滯了，有些社會卻沒有；為什麼整個世界只有某一個區域真正走到了現代工業社會；這些變遷的過程是內生的還是外生的呢。這一連串的問題都讓歷史學很自然地與社會科學結合了。馬克思就這樣認為，政治經濟學其實是對整個市民社會（civil society）的解剖，絕非制式的經濟學所能囊括。我們可以運用經濟學的技術與論證的方法，但不可受其局限。

歷史學用不上這些模型，除非是為了用來當作頭腦體操，否則我實在看不出這些模型跟歷史學有什麼相干。計量經濟學家在測試理論的有效性時，就算這個理論是有效的，他們所關注的也不在於這個理論是否能用來描述世界的樣態。在現實生活中，我們可能會發現，這些理論是完全用不上的，或者是沒有辦法加以檢證。這些理論的運作方式，不管再怎麼有趣，除非它忽略了經濟事實，或者是硬畫出一道界線，並規定在界線外的就不屬於經

States and the United Kingdom: Their Relation to Income, Prices, and Interest Rates, 1867-1975）。

濟（不管是事實或是想像）的範圍，否則歷史學家並不關心它們的發展如何。

同樣地，要建立一個一般化的模式，並讓它可以適用於全世界，這並不是不可能的事，但卻會冒著陷於瑣碎的風險。從效用最大（以一般的意義來界定）的觀點來看，澳大利亞的原住民其實在追逐效用的表現上，要比現代的生意人理性得多。這種結果既不令人意外，也不有趣。我們接受這樣的作法，那就是把不同類別的成員（從布希曼人〔bushmen〕❷到當代的日本）歸成一個類別，只要他們具有相同的特質的話就行。不過，歷史學家關心的是差異，為什麼有差異，以及這些差異是不是能解釋漁獵採集的族群以及處在複雜經濟體的人們有什麼不同。原住民，或者是對於所有具社會性的哺乳類動物來講，面對並解決了羅賓斯的著名難題，也就是要如何面對稀少的資源而能作最具競爭力的使用；這個結果雖然不是沒有意義，但對史家來說並沒有幫助。

它對於經濟人類學的「石器時代富裕」也沒有幫助。只提醒了我們，即便是最原始的經濟，一般來說也需要剩餘，用以滿足立即的消費以及團體的再生產，但卻不能告訴我們，為什麼有些人是這樣子來分配他們可用的勞動時間與資源，有些人卻不如此。例如，為什麼薩丁尼亞的農村共同體定期將他們的剩餘以慶祝節慶的方式來花費掉，卻不拿來儲蓄或投資？這個選擇當然可以用個體經濟學的方式，從個人的福利偏好來加以分析。但我們

---

❷譯註：南非原住民。

難道不覺得，將剩餘的肉拿給窮人吃，不是比較好嗎？難道一天
的狂歡會比過幾天稍微富厚的日子好？如果我們這樣想的話，就
低估了節慶的社會經濟功能，人類學家與歷史學家就發現，藉由
散布與重分配那些累積的財富，有助於降低村落中經濟地位的過
度不平等。這是一個用來讓各個個體能夠維持交換系統的方法，
保障了共同體的團結。經濟學的理性個人選擇，無法解釋這種消
費模式及薩丁尼亞島上的這種富裕消費社會。

　　簡言之，歷史學家應該從馬克思的觀察出發，他認為，每個
經濟體在歷史上都是獨特的，生產總是「在特定歷史階段的社會
發展中，由特定的社會個人所生產的」。即便如此，馬克思其實
也同意高度一般化的抽象說法——例如「一般的生產」
（production in general）。只不過他認為這種說法即便很精巧，也
沒有辦法充分地捕捉任何真實歷史階段的生產或生產轉變的本質
——包括我們自己的。

　　講得概括一點，歷史學家需要的不只是解釋，還有分析。經
濟學家也許是出於合理的小心謹慎，比較偏向於後者。我們想知
道的是，為什麼甲狀況之後會是乙狀況而不會是其他狀況。作為
歷史學家，我們知道總會有一個結果而且是唯一的結果，不過我
們也知道考慮另一種可能的結果也很重要，特別是當這種結果的
不存在特別讓人驚訝的時候。例如，為什麼工業資本主義是在歐
洲發展起來的，而不是在中國？即使這個結果並不讓人驚訝，但
作一點假設性的思考也不等於浪費時間。不過，對史家來說，最
重要的還是要問為什麼要建鐵路，而不是問如果在十九世紀建了

鐵路會如何。

在這裡，新古典經濟學的精心抽象化、一般化又再次限制了它對經濟史的接受度。讓我們思考一下最近受到熱烈討論的奴隸問題。有人認為，十九世紀美國購買奴隸，等於是一種投資，而不是一種生產過程；奴隸制度盛行於一八六〇年，之所以沒有很快廢除是因為經濟因素；奴隸制農業與自由農農業相比，效率不會比較差；以及奴隸制度與現代工業並不會不相容。我並不想介入與這些命題相關的激烈爭論，不過，如果這些觀點的支持者是對的；[2] 如果他們的論據可以用在十九世紀所有的奴隸經濟上；如果這一類型的成本—效益分析足夠用來分析奴隸經濟；那麼，奴隸制度為什麼會消失，就絕對不是經濟史所處理的問題。不過，就算真是如此，我們還是應該要解釋為什麼奴隸制度在十九世紀時完全從西方世界消失了。除此之外，就算假定奴隸制度的廢除完全是出於外力，像美國南方各州一樣，我們仍然得解釋，為什麼沒有具有相同功能的制度出現，來取代奴隸制度廢除後的空缺。事實上，在許多地方的確存在替代品，它的形式是大量進口契約勞工（indentured labour），主要是印度人與中國人，但他們的地位並不比奴隸高多少。不過，契約勞工也註定從世界上消失。難道經濟學仍然與這些問題無關嗎？更有甚者，以美國來說，計量史家證明了奴隸經濟的效率與進步，但卻無法說明美國

---

[2] 詳見佛格爾與恩格曼所著《歷史的交叉點》（*Time on the Cross*, London, 1974）。

經濟史上的異常現象，意即，在一九五〇年之前，南方各州地區平均個人所得不像北方那樣接近全國平均所得，這是北方勝利所造成的效應，是個不可忽略的現象。[3] 簡言之，現代經濟學對於過去的分析，無助於解決史家的問題。因此，也就沒有理由說不可以有另一種類型的經濟分析存在——例如，跟個人或廠商的理性選擇比較沒有關係。

這讓我想到計量史學的問題，也就是那個將經濟史變成回溯性計量經濟學的學派。認為統計與數學還有其他工具無助於歷史研究是不智的。不懂得處理數字的，就不懂得處理歷史。十八世紀哥廷根的大學者施洛策（August Ludwig von Schlözer）曾說：統計學是靜態的歷史，歷史是動態的統計學。人們應該對於計量史家在衡量歷史的貢獻上表示歡迎，像佛格爾就是個顯例，他們在材料的搜尋與數學技術的使用上表現了過人的天份與原創性。不過，他們的特出之處其實並不在此，而是對於經濟理論（尤其是新古典的）命題的檢驗。

他們的貢獻很有價值，但是到目前為止仍停留在教學階段。正如莫奇爾（Mokyr）指出的：「正是這種新方法的明確性，造成它在解決問題上的狹隘。」[4] 計量史學家對於十八世紀以來的

---

[3] 列維-勒伯瓦耶（M. Lévy-Leboyer），〈新經濟史〉（'La "New Economic History"'），《年鑑：經濟、社會、文明》，第二十四期（1969），頁1062。

[4] 莫奇爾，〈工業革命與新經濟史〉（'The Industrial Revolution and the New Economic History'），見莫奇爾所編的《工業革命經濟學》（*The Economics of the Industrial Revolution*, London, 1985），頁2。

經濟史問題，作了不少修正性的解釋。不過，也有人認為他們的主要貢獻其實比這還大。我們看到傳統經濟史家在運用經濟學命題時，總是在表達上犯了混淆不清的毛病，計量史家則嘗試將這些命題清晰化（他們能嚴謹而有意願地陳述），並且用統計數據來加以印證。第一個作法絕不是多餘的。無論如何，許多經濟學文獻仍然進行著這樣的工作。第二個作法則令人讚賞，可以廣泛地印證既有歷史研究的錯誤。有時還可以從數據上證明既有理論的錯誤。不過，統計學並不適於明確地解決論證上的問題。因此，當「新經濟史已經達成〔英國〕在滑鐵盧之後生活水準上升的共識之時」，我們卻還沒有可靠的平均每人消費數字（茶、糖、煙草），來證實在一八四〇年代中期之前的確有上升，所以「疑雲仍籠罩」在這場爭論之中。[5] 無論如何，就計量史學強迫歷史學家要思路清楚來看，它的功能是必要而正面的。

我跟其他史家有所不同，我已經準備好要接受具有想像力及虛構性的「反事實」歷史研究，理由有幾點。所有的歷史不論隱約或明示，都具有反事實的特質。從對另一種結果的猜想，如巴斯卡（Pascal）❸ 談克麗奧佩特拉（Cleopatra）的鼻子，一直到

---

[5] 同前引書，頁39-40。這個問題在〈編者導論：新經濟史與工業革命〉（'Editor's Introduction: The New Economic History and the Industrial Revolution'）中討論得比較完整，見莫奇爾編《英國工業革命：一個經濟視野》（*The British Industrial Revolution: An Economic Perspective*, Boulder, Sand Francisco and Oxford, 1993），頁118-130，尤其是頁126-128。

❸ 譯註：巴斯卡（Blaise Pascal, 1623-62），法國數學家、物理學家與哲學家。他曾說，如果克麗奧佩特拉的鼻子長了點，那麼世界的面貌恐怕就要改變

「如果某事發生的話」：如果列寧一九一七年時人還在蘇黎世，
會有什麼結果？如果張伯倫（Neville Chamberlain）❹ 在一九三八
年時，能呼應那群想對希特勒發動政變的德軍將領的主張，拒絕
希特勒的要求的話，會有什麼結果？這些想法有可能造成另一種
結果，假定不作甲行為而作了乙行為，則事件的發展將會完全不
同。關於這類「真實的」反事實討論，已經由艾斯特（Jon Elster）
連同計量史學一起討論了。[6] 有趣的是，傳統經濟史對於這種研
究的接受度反而比老式的政治史差。因為經濟史與經濟學所關注
的，主要不是暫時性的現象，因此較不在意這一類的研究模式，
它們是要求通則化的學科。

反事實在計量史學所扮演的角色，並不是建立一種回溯的或
然率，不過其從業人員對此的認知如何，我還不是相當確定。以
「史家有史以來所作過最具野心的反事實研究」來看，[7] 佛格爾的
《鐵路與美國經濟成長》（ *Railroads and American Economic
Growth* ），[8] 是接受美國鐵路已經鋪設的事實，他並不是說如果如
何則鐵路不會被鋪設。他的目的是要揭露以往的說法有多不精

了。意思是說，如果埃及豔后沒有那麼美的話，也就不會造成凱撒與安東尼
對她的迷戀，也許世界的歷史將會有所不同。

❹ 譯註：張伯倫（1869-1940），於1937至1939任英國首相，與希特勒簽訂慕
尼黑協定，以出賣捷克利益來換取和平，史稱「綏靖政策」。

[6] 艾斯特，《邏輯與社會：矛盾與可能的世界》（ *Logic and Society: Contradictions
and Possible Worlds*, Chichester and New York, 1978），頁 175-221。

[7] 同前引書，頁 204。

[8] 佛格爾，《鐵路與美國經濟成長》（Baltimore, 1964）。

確，亦即鐵路是美國經濟成長的主因，他的方法是先將鐵路去除掉，再來估算有什麼方法能夠完全滿足鐵路所能帶來的經濟效益——例如運河。這種程序仍然是一種教學上的程序。這種作法在邏輯上、在方法論上，甚至在證據方法上都是為了要證明——回到傳統反事實方法——如果克麗奧佩特拉的鼻子長了一寸，那麼世界是不是會有所不同？（其實，我非常早就開始用這種思考法。）或者是，自由貿易對於十九世紀的世界經濟到底是好（還是不好）？歷史學家在這種方法的運用上，不及經濟學家那麼頻繁。

另一方面，計量史學的限制也很明顯，有位諾貝爾獎得主對於完全量化的經濟史就有所保留，也就是說：「當我們研究過去時，我們應該會發現，生命當中的經濟面向，只是諸多面向之一，而且從今天的角度來看，它還是比較單純的一面。」[9] 這當中有四個弱點。第一，就它從非歷史的角度來研究過去來看，它完全沒有觸及到歷史發展的大問題。經濟史家，甚至於計量史家，都抱怨「經濟學家沒有辦法建立一個能解釋像工業革命這等大事的模型。」[10] 這也就是為什麼經濟史家不願意加入計量史家的行列的主要原因。歷史學家在處理經濟問題時，大部分的時間都不是在研究均衡（equilibrium），相反地，經濟學家無論如何都要設法在市場系統遭受衝擊後，找到新的均衡點。歷史的變遷與

---

[9] 希克斯，《經濟史理論》，頁1。

[10] 莫奇爾，《工業革命經濟學》，頁7。

轉變，跟尋找均衡點其實是沒什麼關聯的。至於經濟理論則也不在意歷史的變遷與轉變。因此，如果我們要用均衡分析的方法來研究歷史學家眼中的大問題，顯然是行不通的。

第二，我們可以舉出一個計量史學可以適用的經濟事實，就能夠用來否證計量史學所建構出來的圖像。我們沒有辦法從理性選擇理論的角度來算出，是否建造意利大教堂（Ely Cathedral）❺或國王學院的禮拜堂（King's College Chapel）是一個合理的投資行為，因為俗世的回饋顯然不是這種行為的主要目的。我們最多只能做到（此點重要）的是，這種社會資源的使用方式，其客觀上所造成的影響是什麼（讓我們謹慎地使用這個可能有點時代倒錯的詞吧——「提供排遣之用的社會資源」〔diversion of social resources〕）。凱因斯認為這是一種能創造就業的公共開支；羅培茲（Robert S. Lopez）❻則認為，只要城市裡的教堂越大，它的貿易量就越小。也許是吧。建築教堂所造成的經濟的效果，當然要用現有的經濟理論來估計。計量史學在處理建築教堂這個問題時，它會從福利經濟學的角度來估計，一個捐贈者如果想要獲得救贖，他是該捐個教堂，還是組織個十字軍，還是說只要做一點精神上的活動，這裡頭是有著經濟成本的思考。我們大概沒有人會覺得這種作法會有多高明。然而在十四世紀，一個人要把遺產

---

❺ 譯註：意利（Ely），乃位於英格蘭東部 the Isle of Ely 郡的一個城市。

❻ 譯註：羅培茲（1910-?），英國經濟史家，著有《中古時代的商業革命：950-1350》（*The Commercial Revolution of the Middle Ages: 950-1350*）。

捐給修院的時候，尤其是對商人而言，他們會作理性的估算，就好像在思索著要怎樣把家產分給諸子一樣。

這種理性的選擇其實不難在日常的問題中見到。十九世紀在教育上所作的社會投資，其實就是一種社會與個人的支出問題，其內容完全是經濟上的，也就是說，把資源投入到義務教育之後，它所能帶來的經濟成長到底有多少。讓我們暫且不考慮計量史學背後的獨斷預設（詳見後文）。實施國民義務教育的確要花費不少社會資源，它會花費掉經濟成本及機會成本，但對於個人與社會來說，它所產生的經濟效益也很大。這種現象很自然地可以用計量史學來加以分析。不過，歷史學家並不這麼想，因為對於十九世紀歐洲來說，對於當初實施義務教育的當局來說，它們的目的絕不是經濟性的，義務教育的意義不是技術上的。它的意義其實是意識形態的，以及政治的：對窮人灌輸宗教、道德與服從的價值，教導他們接受既有的社會狀態，並讓他們的孩子也如此，將鄉下的農民教導成能理解國家政令及認同國家的國民。計量史家也許真能算出義務教育的成本，也許真能尋找出是否有其他的方法可以達成義務教育所要達成的目的，但卻又可以省下更多的資源。但我們說過了，義務教育的主要意義其實不是為了在經濟上造成更高的生產力。它比較像是維持一支軍隊所需要的成本。因此，就計量史學的估計（實質或設算）來說，它其實把義務教育與其他教育如技職教育兩者相混，以致於把社會資源使用的方式混為一談，而全然以經濟的生產力來加以衡量。簡單地說，計量史學在這一方面可說是冒了違反歷史事實的風險。

　　計量史學第三個弱點是它不只要仰賴確實的資料（經常不完整且不可靠），而且更大部分是要創造及假設資料。在我們這個數據管理堪稱完善的時代，經濟學家面對黑市或地下經濟的存在，都還要藉助猜測，更何況歷史學家面對的是過去，想要抓到龐大的數據更是不容易。因此，大部分的歷史作品在數據的處理上，還是處於空白與猜測的階段。

　　計量史家因此就致力於要填補這種空白和猜測，他們從資料中隱約推敲出歷史景象的大概，並試圖去作可能的排列，並從這些排列中所產生的空隙，來推敲可能的歷史內容。計量史家與傳統史家不同的地方在於，他們不能只是求得一個一般的印象，而是要有一個明確的衡量，因此就必須在沒有資料的地方創造出資料來。這些資料有的根本是虛構的，就好像反事實的研究一般。即便是在有資料的地方，計量史學也有可能基於研究目的而排除一些既有的資料，其邏輯是源於理論模型的考量——基於複雜而連鎖的論理與假設來將不充分的資料串成一個模型。

　　對歷史學家來說，假設必須要實際，否則跟垃圾也沒什麼兩樣。如果我們使用完全預期（perfect foresight）假設來組織資料，那麼這種假設是否具備經驗上的有效性就至關重要。只要假設一改變，不管對模式或資料來說，都會造成資料與答案的歧異。舉例來說，假定我們採取經濟史家的意見，認為根本沒有英國「工業革命」這個概念存在；原因是，英國在一七六○到一八二○年間，總體的成長率並不是很高，也就是說，英國在這段時間的成長率，跟一個傳統的經濟活動組織所會產生的成長率沒什

麼差異。從這一點來說，要從數學上來解釋「整體」的經濟有什麼大改變是不可能的。[11]（這裡有一個有趣的問題：我們要如何證明這段期間確實存在著重大的經濟成長呢？我們是不是可以在國民生產毛額中，除了既有的商品與勞務的市場價值外，還再加進沒有經過市場交易因而未被計數的商品與勞務，譬如婦女與兒童在家庭中的貢獻。）簡言之，「顧志耐（Kuznets）❼ 傳統用來衡量總體成長率的作法，似乎不是用來理解工業革命的最好策略，雖然它的確優點很多。」[12] 同樣地，如果在衡量鐵路的經濟效果上，我們改變了假設（因此而改變了設算的方式），就有可能得出建造鐵路對於國民生產毛額一點貢獻都沒有的結論。

程序上的瑕疵，構成了計量史學的第四個弱點。它的流程是從模式到資料，造成資料本身失去了獨立性。因此，它無法脫離理論來說話，而它的理論又不具歷史性。除此之外，如果不是跟主題相關的話，那麼它的模式將會是難以理解的。如果照計量史學的作法，給定其他條件相同，而英國大企業主的行為又都是高度理性的話，那麼我們當然不會發現（其他歷史學家也嘗試要找出來），到底英國的經濟在十九世紀晚期發生了什麼問題。用這種方法，我們最多只能證明有一個解釋英國經濟為什麼衰退的答案是無效的，那就是英國的大企業主是無能的生意人。簡單地

---

[11] 莫奇爾，《英國工業革命》，頁11。

❼ 譯註：顧志耐（Simon S. Kuznets, 1901-1985），美國經濟學家，諾貝爾經濟學獎得主，為國民所得會計之父。

[12] 莫奇爾，《工業革命經濟學》，頁6。

說，計量史學可以批評或修改用其他方法所作的歷史研究，但它本身卻無法提供任何答案。它在歷史的水牛市場的功能，比較像是體重計與度量衡的檢驗人員，而不是飼養種牛的農人。

那麼，歷史學家究竟要怎樣來運用經濟理論呢？他們可以理所當然地把經濟理論當成是一個觀念的產生者，或者說，這個過程比較像是到摩洛哥旅行看到柏柏人服裝時，引發靈感，而設計出流行服飾。這種啟發性的效果，很難定義，但卻又不可忽視，因為我們從自然科學上可以得知，學科內有很多的成果都是從學科之外類比及借用而產生的。例如，我們為什麼不根據氣體動力理論來研究原始社會的人口散布現象呢？它可能（而我知道實際上也已經產生了）會產生有趣的結果。我們可以在可能的範圍內，適切地運用經濟理論。但這也不能解決問題。

如果要讓理論對於歷史學家（還有社會實踐上）產生重要性，那麼理論至少要能做到貼近社會事實這件事。即便在模型中，也不能不顧實際生活的複雜，而說換就換。以農業為例，這個例子一直讓許多經濟成長的支持者感到訝異，我們知道一個農業結構以及生產組織不可能在政策的要求下，就能在同一期替換完成，不論這樣作是不是在經濟上來說比較有生產力。經濟發展的世界分成兩種，一種國家是能夠以有效率而具高度生產力的農業來支持工業化與都市化，另一種國家則不行。成敗之間所造成的經濟效果相當的顯著：整體來說，具有高比例農業人口的國家很難餵飽自己的人民，也很難提高國內非農業人口的比例，至於食物過剩的區域則主要是那些人口較少的先進國。但是教科書對

這方面的討論——我想到薩姆爾遜的教科書——卻對這個問題於事無補，正如貝侯赫（Paul Bairoch）❽ 所說，這是因為「農業生產力所仰賴的是結構因素而不是工業生產力」，「不了解⋯⋯這一層歷史差異就會造成嚴重的後果。」[13] 真正的問題其實不是出在要如何進行「農業革命」、綠色革命或其他革命。而是如密爾瓦德（Milward）❾ 所說，改革必須就各個地區農業的特定條件來進行。[14]

換句話說，討論德國當初在十九世紀時採用哪一種模式會讓農業發展更好是沒有意義的，譬如說，是用梅克倫堡（Mecklenburg）的模式，有百分之三十六的農民擁有土地，還是用巴伐利亞（Bavaria）的模式，有百分之九十三以上的農民擁有土地。分析必須以兩者同時存在為前提，而不能假設一個存在一個不存在。我們也不能用後見之明的方式來進行因果解釋。

從長期來看，經濟的選擇總是受到制度以及歷史的限制。假

---

❽ 譯註：貝侯赫（1930-），生於比利時，瑞士經濟學家，專門研究低度開發國家，著有《一九〇〇年以來第三世界的經濟發展》（*The Economic Development of the Third World since 1900*）。

[13] 貝侯赫，《一九〇〇年以來第三世界的經濟發展》（倫敦，1975），頁196。

❾ 譯註：密爾瓦德（Alan Milward, 1935-），英國人，原為人類學家，後轉而成為經濟史家。

[14] 密爾瓦德，〈農業發展的策略：十九世紀的歐洲經驗〉（'Strategies for Development in Agriculture: The Nineteenth-Century European Experience'），見斯穆特（T. C. Smout）所編的《追尋財富與穩定：獻給菲林的經濟與社會史論文集》（*The Search for Wealth and Stability: Essays in Economic and Social History Presented to M. W. Flinn*），London, 1979）。

定我們廢除了傳統農業形式（由生產有剩餘的家庭生計單位所組成），並且同意這是達成農業革命的最好方式，而為了論證的方便，讓我們更進一步地假定，這麼作最適合於建立商品化農業，其上的工作者則為僱傭的勞工。實際的確有這樣的例子。[15] 不過，我想到至少有一個拉丁美洲地區，理性的商品化農業主曾嘗試過這樣的計畫但卻失敗了，因為他們沒有辦法解決當地農業人口稠密的問題。他們必須屈就社會現實，而採取半封建的方式，但他們知道這樣並不是最適（optimal）。而且，馬克思所說的農業人口大量減少的現象，在二十世紀之前還很少發生，不過，這種歷史力量仍然不可低估。一般而言，在分析農業變遷與經濟成長時，尤其在短期，絕對不可以將非經濟因素與經濟因素區隔開來。這麼做等於是放棄了對經濟的歷史分析，也就是動態分析。

正如朵布多年以前所說：

要解決經濟發展的問題，很明顯地，我們要擺脫傳統經濟分析的限制，它讓我們為了找出通則而犧牲了現實，我們也要將既有存在於「經濟因素」與「社會因素」之間的界線抹掉。[16]

---

[15] 見霍布斯邦，〈資本主義與農業：十八世紀蘇格蘭改革者〉（'Capitalisme et agriculture: les réformateurs Ecossais au XVIIIe siècle'），《年鑑：經濟、社會、文明》第三十三期（1978年5月至6月），頁580-601。

[16] 朵布，《資本主義發展研究》（*Studies in the Development of Capitalism*, London, 1946），頁32。

我的意思不是說，考量所謂的「非經濟因素」就一定會與嚴謹的理論分析或計量經濟的檢證產生衝突。我們沒有必要掉入那些可敬的德國歷史學派經濟學家所曾經陷入的經驗泥沼中。但是，如果我們確實需要理論模型，而這些模型必須抽象化及簡單化的話，那麼至少它們的效果應該受限在特定的歷史架構中。

到目前為止，歷史學家只從兩個地方找到了理論援手。第一類是對經濟變遷的歷史過程有興趣的理論家，他們認為經濟變遷的原因有一部分是內生的。不管我們認為經濟變遷的因素是經濟的、社會的還是政治的──這些區別都很獨斷──這些因素都是系統發展時自然會產生的現象（馬克思、熊彼得如此認為），進而對未來的發展產生影響。另外一種研究「經濟史理論」的取向也提出了類似的問題，正如希克斯就承認（「我的『歷史理論』……在很多地方與馬克思的嘗試很像」）。[17]另外一個讓歷史學家解渴的來源，則是經濟學家發現他們的模型需要具體的事實來加以調整以符合他們的目的。第三世界的角色在這裡就變得非常重要，因為它在一個歷史學家及經濟學家都熟悉的脈絡中，連結了理論與具體事實。

對我來說比較重要的是，在成長理論兩個主要的分枝中，史家對於哈羅─杜馬模型（Harrod-Domar model）❿接觸不多，但

---

[17] 希克斯，《經濟史理論》，頁2。

❿ 譯註：哈羅─杜馬模型發展於1930年代，認為儲蓄可以作為投資，促使經濟成長。因此，經濟成長的條件有二：儲蓄水準及投資生產力（資本產出率）。

這個模型卻受到經濟學家的喜愛。歷史學家與經濟學家的領域越來越重合，從新古典到政治經濟學及馬克思，不斷地尋找能解釋特殊例子的理論，有人從分離的經濟模式著手，如劉易斯（Arthur Lewis）❶ 的二元模式（dualist model）成於一九五〇年代，或敏特（Hla Myint）❷ 對於第三世界貿易的嘗試。就像研究工業革命前歐洲商業的史家一樣，敏特的結論是，貿易「比較成本」模式跟雙部門交易（two-sector transaction）比較沒有關聯，而與亞當‧史密斯的「排出剩餘」（vent for surplus）模型或所謂的貿易「生產力理論」（productivity theory）比較有關。[18] 這一類型的取向為國家的發展政策提供了現實基礎，那些以普世市場或資本主義市場為基礎的理論則太高遠了。薩姆爾遜正確地找出了這類取向的源頭直至馬克思與李嘉圖，不過他所貢獻的不過是一個附註的篇幅而已。這種發展經濟學跟史家所用的語言是完全相同的。

這些模型想把那些不能與純粹資本主義或市場類型相容的可觀察社會事實予以簡單化。如此便引起了歷史學家的興趣，這種

---

❶ 譯註：劉易斯（1915-1991），諾貝爾經濟學獎得主，著有《經濟成長理論》（*The Theory of Economic Growth*）。

❷ 譯註：敏特（1920-），緬甸經濟學家，任教於英國倫敦經濟學院，著有《發展中國家經濟學》（*The Economics of Developing Countries*）。

[18] 敏特，〈排出剩餘〉，收入於伊特威爾（John Eatwell）、米爾蓋特（Murray Milgate）及紐曼（Peter Newman）編的《新帕爾葛雷夫：經濟辭典》（*The New Palgrave: A Dictionary of Economics*, London, 1987），第四冊，頁802-804。

模型遂成了結合的（combined）經濟學模型，它是由好幾種遊戲的互動所構成，而各個遊戲又各有其規則，不過我們也可以把這個模型看成是一種單一的超級遊戲，包含了各式各樣的規則。其他的模型，如庫拉（Witold Kula）❸ 那本具有馬克思主義色彩的《封建系統的經濟理論》（*Théorie économique du système féodal*），[19] 就假定企業單位會在兩個部門中同時營運，如果它們做得到的話，它們還會同時遵守兩套規則。庫拉用這種方式來分析波蘭封建大地產的動態變化，不過大部分前資本主義社會的市場可交易剩餘都是從農民那兒來的，所以這種方法應該也可以用來分析農民。事實上，研究農民的專家們，對於農民經濟中非市場部分以及商品生產部分之間的關係如何，早就有了熱烈的討論了。

歷史學家熟知這種情況，因為社會經濟組成的轉變——譬如從封建到資本主義社會——在階段的交替中，一定會帶有某種程度的混合。〔如果沒有認識到這一點，就會像前蘇聯一樣，在一聲巨響之後從共產主義改成資本主義，其後果只是在地球上帶來另一種社會災難。〕我們當然有權力選擇用抽象的方式，排除各組成部分的獨特性，來建構一套理論，不過這樣就會造成事實的扭曲以及對問題的迴避，什麼樣的問題呢？就是舊經濟是如何轉變成十九、二十世紀永久高成長的經濟模式。計量史家已經處理

---

❸ 譯註：庫拉，波蘭經濟史家。

[19] 庫拉，《封建系統的經濟理論：十六到十八世紀波蘭的經濟模型》（*Théorie économique du système féodal: pour un modèle de l'économie polonaise 16e-18e siècles*, Paris and the Hague, 1970）。

過這個問題了。我們也可以另外從社會面與制度面來建立各種不同的經濟模式，例如從博蘭尼（Karl Polanyi）⓮或恰亞諾夫（Chayanov）⓯的「農民經濟學」所導出的經濟人類學。不過，在還沒討論這個程序的有效性以及必要性的狀況下，還能讓歷史學家以及經濟發展的支持者產生興趣的，就是結合（combination）了。資本主義發展的特點，不在於哈德遜灣公司（Hudson's Bay Company）一個世紀以來一直以一定的價格向印第安人購買毛皮，因為印弟安人有貿易的概念但卻沒有市場的概念；也不在於毛皮被銷往位於倫敦的新古典市場，而是在於兩者結合起來的效果。[20] 至於要如何結合（譬如說，兩個經濟系統的混合，或者是一個單一而繁複的經濟系統），則都不妨礙我們的目的。

對歷史學家來說，這種分析有趣的地方在於它將經濟轉變的

⓮ 譯註：博蘭尼（1886-1964），生於維也納，成長於布達佩斯，曾加入盧卡奇（Lukacs）與曼海姆（Mannheim）的討論圈。他於1933年移民英國，1944年後移居美國，寫成《鉅變》（The Great Transformation）。博蘭尼是社會學家也是經濟史家，他的中心思想是，工業革命乃是人類史上的鉅變，在此之前，人類的經濟生活是奠定在社會關係之上，在此之後，反過來，人類的社會關係反而是被經濟生活所決定。

⓯ 譯註：恰亞諾夫（1888-1939），俄國經濟學家。他反對布爾什維克的說法，不認為俄國農民是不可靠的革命伴侶。恰亞諾夫主張，資本主義並沒有在俄國萌芽，而俄國的社會主義應該奠基在小農而非工人身上。著有《農民經濟學理論》（The Theory of Peasant Economy）。

[20] 羅斯坦（Abraham Rotstein），〈博蘭尼的無市場貿易概念〉（'Karl Polanyi's Concept of Non-Market Trade'），《經濟史月刊》（Journal of Economic History），第三十期（1970年），頁123。

機制放在一個特定的環境來考量，從這個特定的環境中來看事物的成敗，這是一種歷史的思維。工業革命之前的一段漫長歷史，對於經濟學家來說並不重要，甚至於發展經濟學也不關心這段期間發生了什麼事。不過，對史家來講，重要的其實也是某段特定時期——歷史學家還在爭論轉捩點的確切時點——也就是，全球各種經濟體在某個時點之後，紛紛被征服、滲透、帶進、修正、調整或最終被同化成資本主義發源地的樣子。〔在社會主義經濟倒台的此時，更戲劇化地證明了，俄國革命之後的數十年，原本號稱要走一條不同於資本主義的路的想法還是沒能實現。〕這種明顯的同質化過程，讓社會科學家與意識形態宣傳者把歷史化約成大步走上「現代化」的模型，而經濟發展簡單地說就是「成長」。幾乎沒有史家屈服於這種誘惑。我們知道，全球經濟的發展（更不用說只是某個特定地區的發展了），並不只是「成長」條件的聚集，然後滿足了這些條件就能一飛衝天，就像羅斯托式❶的馬拉松一樣，所有人都在同樣的跑道上競賽，有相同的終點線，只是起跑的時間與跑步的速度不同罷了。它也不只是依賴「正確的經濟政策而已」，意即，能正確適用不受時間限制而「正確的」經濟理論，不過，其實對經濟學家來說，並沒有真正取得共識的理論存在。

　　這種將經濟史化約為單一面向的作法，完全掩蓋了資本主義發展過程中的非線性層面——或者說，其中質的不同以及內部結

---

❶譯註：羅斯托，見第六章譯註❶。

合方式的變化。發展的過程不應該被化約為成長率的曲線。觀察者固然可以從曲線圖中看到系統的階段發展，也可以發現在方法上已經較先前的研究者更為進步；另外也可以發現到在過去發展中有哪些時點是歷史的轉振點，如一八四八年之後，一八七三年之後〔以及從現在可以明顯看出的，一九七〇年代初期〕。而對經濟學家、政治人物及商人來說，這些資料的確重要，但它卻很難避免掉一個缺點，那就是它只能看到過去，不能看未來。

如果我們想知道將來會怎麼發展，那麼對於資本主義，我們就應該進行真正的歷史分析，而不是用羅斯托那一套只是把「階段」列出來的方法。在這裡，我們少不了馬克思與熊彼得，他們發現到資本主義的發展具有歷史的方向。而即便如商人，也需要了解未來將會如何。

歷史學家為了要研究資本主義的發展，於是開始向經濟學家求助，希望能得到對資本主義的歷史動態分析，但是所得到的卻是通則性的理性選擇理論，至於歷史學家真的想要的，就只能從經濟學的非主流中求得。我不認為歷史學家所需要的理論必須要是可以用數學或數量來表達的式子。而就算我們真的開始要求所謂的恆等式，那也只不過是對於各種觀念及其之間關係的一種近似值的表述而已。對於理論，我們只要求它要能對它所宣稱的解釋範圍內提供一套連貫的解釋，以及確實的證明。我們非常樂意接受經濟學家在處理社會經濟轉變的問題上所作出的貢獻。我們得到很多幫助，但還不夠。這也許是因為如今經濟學反而更強烈地感覺到歷史能給它的貢獻，這剛好與這個講座剛成立時的狀況

有所不同，那時經濟學廣泛地運用在歷史研究上，如今則不然。
如果經濟學家要重新涉入歷史，那麼我希望他們能學習馬克思、
熊彼得及希克斯的精神，而不是走上計量史學的路子。

9

黨派意識

Partisanship

這篇討論政治與意識形態偏見的論文，收入《文化、科學及發展：莫哈哲紀念論文集》（*Culture, science et développement: Mélanges en l'honneur de Charles Morazé*, Toulouse, 1979），頁267-279。

✌ I ✌

社會科學已經對於客觀性進行了很多討論，但對於「黨派意識」（partisanship）的問題著墨不多，歷史學對此也注意甚少。「黨派意識」就像「暴力」、「民族」這些詞彙一樣，所包含的意義甚多，但一般人卻只從表面上賦予其一個單一而同質的內容。「黨派意識」這個詞，大家所關心的似乎不在於它的正式定義，反而是對它的評價，不管是負面的或正面的（這種狀況很少），[1] 然而即便是定義，其內容也有出於主觀的，也有出於抽象的。這個詞實際上一般人在使用的時候，隱藏了非常多的意義，可以從非常負面的狹義解釋，一直延伸到近乎老生常譚的最廣義解釋。

若是採取最廣義的解釋，其意義等於是放棄了科學的客觀性與價值中立性，我這種說法相信歷史學家、社會科學家及哲學家都不會反對。至於最狹義的解釋，就等於是將研究的過程完全屈從於研究者個人的意識形態與政治立場，或是屈從於意識形態與政治上的權威，而不在乎這當中造成了多少扭曲。以上兩種都太極端了，比較常見的應該是同時具有這兩種狀況，而這一點代表了科學的特質，意即（因為「黨派意識」暗示著敵對）「正確」的科學對抗「錯誤」的科學——女性史對抗男性沙文主義史，無產階級科學對抗資產階級科學。

---

[1] 例如，克勞斯（G. Klaus）與布爾（M. Buhr）的〈黨派意識〉（'Parteilichkeit'），收入《哲學字典》（*Philosophisches Wörterbuch*, Leipzig, 1964）。

　　事實上，在研究過程中，人們會發現到在客觀政治與意識形態立場上，以及史家個人主觀行為上的些微不同，會形同兩種彼此交錯的光譜。簡單地說，一個是對事實所產生的黨派意識，一個是對人所產生的黨派意識。

　　在第一個光譜的一端，是迄今無爭議的一般性命題，意即，並沒有真正客觀而價值中立的科學存在；而在另一端，則是另一種命題，認為科學從程序到資料乃至於理論，都帶有特定的政治（或者說是意識形態）功能或目的，而與特定的社會或政治群體或組織有關。因此，十六到十七世紀天文學的太陽中心說的重要性，並不在於它比地球中心說「更真實」，而是它提供了絕對王權的合法來源（太陽王〔le roi soleil〕）。這種說法乍聽之下似乎是在吹毛求疵。但我們別忘了，我們有時候也會在討論遺傳學與種族學時採取一個相當極端的態度，只因為這兩門學問是納粹所喜歡的。這兩個領域所提出的假說，所帶有的真實性如何，早就不為人們所關心，大家所關心的是希特勒利用了這兩個領域進行了慘無人道的暴行。一直到現在，人們還一直反對這些學科研究出來有關人種差異的成果，他們也反對成果中所顯示的因種族不同所形成的不平等，以及諸如此類的問題。

　　第二個光譜的變化範圍也相當大。一端是毫無爭議的命題，認為科學家反映了他／她所身處環境的意識形態與先入之見，以及歷史或社會經驗與利益。在另一端則是要求我們不只是要在心態上支持將科學臣屬於組織或權威，還要在行動上也作到這一點。如果我們完全從心理層面來推論的話，那麼光譜二可以導源

於光譜一；也就是說，人們對於科學，是有著黨派意識的，而且也應該如此，因為科學研究本身就具有這樣的特質。因此，光譜二上的某個位置都與光譜一上的某個位置相對應，我們可以說，光譜二是從光譜一推導出來的。在往後的討論中，基於這樣的假設，可以方便我們集中心力於把「黨派意識」當成是史家的一種主觀的態度或者是一種不得不如此的訓令。

我們現在要先作出一個關於「客觀」的黨派意識的命題。科學（這裡用的科學，是採用德文Wissenschaft的意涵❶）中的黨派意識，並不是建立在已被證明為真的事實上，而是建立在事實的選取與結合，以及基於此事實所作的推論上。[2] 在證據的證明與否證上，以及在論證上，兩方面的程序都要沒有爭議，這是理所當然的。霍布斯（Thomas Hobbes）的觀察也許有一點真實性，他認為，如果幾何理論與統治階級的政治利益衝突的話，那麼幾何理論必然會受到壓制與挑戰，不過這種類型的黨派意識在科學中並不存在。[3] 如果有人想論證地球是平的或聖經的創世紀是真

❶ 譯註：德文的科學（Wissenschaft），原意不過是有組織的知識系統。在這個意義下，人文學科、社會科學也取得了與自然科學同等的知識強度，也就是它們都是「科學」的一環。但在英美，「科學」（science）一詞則局限在自然科學，或至多是擁有與自然科學類似的論理模式的學科，如社會科學。

[2] 不須進行哲學論證，歷史學家就可以知道關於過去的陳述為「真」或「假」，譬如「拿破崙生於一七六九年」或「法軍贏了滑鐵盧之役」。

[3] 《利維坦》（Leviathan），第十一章：「我並不懷疑『三角形的內角和等於兩直角和』這個說法，但是如果這個定理違逆了任何擁有統治權的人或違逆了這等人的利益時，那麼只要這些人有能力，就會對這個定理予以壓制，必要時燒光所有的幾何學書籍。」

的，那麼他們就應該不會去當天文學家、地理學家或古生物學家。相反地，那些反對將聖經創世紀的敘述以「可能的假說」[4]名義放入加州學校教科書的人，他們之所以如此，並不是因為他們具有黨派意識（也許可能），而是因為他們與科學家具有相同的共識，他們認為聖經的觀點不僅在事實上錯誤，在論證上也不具備科學的地位。它根本不是「可能的科學假說」。對於這些反對地球是平的、上帝花了七天創造世界等說法的人，如果有人對他們提出挑戰，我們可以說，他們就是在挑戰理性與科學。這些人會用明示或暗示的方式來表達他們的看法。而如果他們能夠證明他們是對的（這幾乎是不可能的），那我們這些歷史學家、社會科學家以及其他科學家也就不用幹了。

這並沒有真正減少科學上意見不同的狀況，而黨派意識因此就有了介入的空間。關於事實是什麼，以及如何確認事實的存在（特別是發生在歷史學），一直都有著許多論點，而且論點的數量還在增加。另外還有專門針對這些論點的研究。不管共識有多普遍，對於該如何證明或否證事實以及數學—邏輯的命題，偏偏就是存在著許多不同的假說與理論。每個人都可以發展出一套與事實一貫的理論，但他的理論並不是解釋事實的唯一一套理論。即便人們對於演化的事實沒有爭論，但對於達爾文或其他人對於這些事實的解讀方式，大家卻不是沒有意見。「事實」本身是瑣碎

---

[4] 摩爾（J. A. Moore），〈加州的創造論〉（'Creationism in California'），收入《狄得勒斯》（*Daedalus*）（1974年夏），頁173-190。

的，當我們把事實移出問題的脈絡，而用理論把事實與其他的事實連結在一起時，這仍然是一種黨派意識的表現。數學命題也是一樣，只有當我們把它跟其他思想界的東西連結在一起時，它才會變得重要及「有趣」。

我要冒著被指責為實證主義者的風險，說明一下某些在性質上是無可爭議的陳述，並且說明一下那些用來建立這些陳述的方式或工具，也同樣是沒有爭議的。在合理的狀況下，有些命題的「真」或「假」是不容懷疑的，不過，什麼叫合理的懷疑與不合理的懷疑，如果從黨派意識的角度出發，其界線又難以確定。因此，最傳統的科學家也許會要求比較堅強而嚴謹篩選過的證據，來證明各種超感官現象的存在，而不是先驗地就抗拒這些現象。相反地，如皮爾丹贗品（Piltdown forgeries）❷ 及其他例子所顯示的，一個科學家要是在先驗上太容易就接受假說的證明，可能會讓科學家心中用來證明有效性的判準過度放鬆了。但是，這並不會嚴重減損有效性的判準必須客觀的這個看法。

讓我把這個想法轉換成與歷史家相關的詞彙。在過去兩百年來，世界上「先進」國家的人民，平均而言，在物質條件上是大大改善了，這一點應該沒有人會懷疑。雖然對於這個改善起於何時，成長率、景氣波動以及發展時的分歧，人們都有不同的看法，但至少大家都不會懷疑這個事實的存在。雖說事實本身是中

---

❷ 譯註：皮爾丹人，1912年在英國莎賽斯（Sussex）郡的皮爾丹發現的頭蓋骨，曾被認為是洪積世時的古人類，1953年經鑑定為贗品。

立的，但怎麼看事實卻常帶有意識形態及政治的意涵，至於有些
理論假定這些事實從未發生過，則這些理論完全是錯的。如果馬
克思相信資本主義具有一種將無產階級予以貧窮化的傾向的話，
那麼對我這個馬克思主義者而言，我還有許多事可做。我可以合
法地排除馬克思在他的成熟期所提出的論點，我將他理論中的絕
對貧窮化或遲滯加以剔除，就好比把某個元素拿掉，然後再放入
另一種元素，而其產生的效果仍然跟先前一樣（譬如，我可以放
入「非世俗」的要素，或心理健康，或環境破壞）。在這裡，可
能會有兩種關於黨派意識的論證：一個是把絕對貧窮化的概念作
這種方式的延伸合不合理，一個是對於不同指數（如權數與加總）
的實際衡量問題。最後，我還可以再用一個老式的論證，試著去
建立這樣的觀點，那就是我們這兩百年所看到的改善只是在一個
往下的趨勢線上的一個短期或長期的波動而已。在這個問題裡，
我可以有兩種作法，一個是乾脆把整個命題從否證的領域整個移
走，把它弄成像千禧年教派在預測世界末日那樣；另一個則是把
命題開放給學界進行否證。如果我認為改善只是個地區性的現
象，那麼同樣的思考方式還是有適用的空間，我可以說，其他未
改善的地區把改善的成果給抵銷掉了。我唯一不能做的就是否認
證據的存在。而身為一個歷史學家，無論我的看法是基於過去、
現在或未來的證據，我都不能拒絕接受否證的判準。

　　簡言之，對於從事於科學論述的人來說，任何陳述都必須屈
從於由方法與判準所建構的有效性上，而這些方法與判準在原則
上絕不能屈從於黨派意識，也就是說，不能屈從於意識形態。另

外有一些陳述是不能用有效性來判斷的，它們是不同種類的論述。它們會提出極為有趣而困難的哲學難題，特別是當它們使用敘事體時（例如具有代表性的藝術，或者對於具有創造性的作品與作者進行評論），尤其困難，不過這種類型並不是我們這裡所要處理的。我們在此也不考慮邏輯—數學類型的陳述（例如理論物理），因為它們也不能用證據來判斷有效性。

❧ II ❧

讓我們回來討論主觀的黨派意識的問題，不過，我要省略對個人情感的討論，雖然這關係著學者個人心理問題，但是為了簡單起見，不得不如此處理。所以，我們將不會去關注某某教授為什麼對於某種理論難以割捨，不管是出於這個理論是不是他／她發現的，也不管這個理論合不合乎他／她的希望，同時也不管他／她從這個理論爭議中得到多少名聲。我們也不會去在意某某教授是不是只是個鑽營之輩或不學無術之徒。我們所關心的是，某某教授是不是受了意識形態與政治觀點的左右，並且受到旁人的影響，將這些立場帶入了研究中；更甚者，某某教授是不是也明瞭他自己的立場，而且明知且有意地將立場帶入研究，並以此自詡。

在開始之前，我們還要先剔除掉極端的黨派立場（如史達林時代的蘇聯以及其他各處——不必然只局限於馬克思主義者），如此可以不用再對以往錯誤百出的《大蘇百科全書》（*Great Soviet Encyclopedia*）一提再提。這種極端的黨派意識，其意義在於㈠政

治與科學陳述總是完全一致，因此㈡政治與科學的陳述是可以彼此代換的，[5] 這種狀況之所以會出現，是因為㈢並沒有專業的公眾來針對專業的領域來進行專業的論述。實際上，這其實就是㈣政治權威（被當成是科學產生的來源）完全凌駕於科學陳述之上。有人認為，這種極端的形式，與其他的黨派意識形式不一樣，其他的黨派意識也帶有訓令的意味——道德上的或政治上的——因而凌駕於科學陳述，如天主教會以自以為是的真理強加於世俗科學之上，不過，這後面其實展示的還是政治的力量。

理論上，科學與政治的結合是個蠻一般的命題，至少對於那些相信政治應該以科學為基礎的人來說確是如此（例如，「科學社會主義」）。有不少人認為，科學跟社會其他部分是不可分的，包括那些不從事科學的大眾。不過在實際上，分工是必要的，各職所司，科學與政治不大可能會完全一致。政治的訓令，不論在制定上有多少程度是建立在科學分析之上，它都不等同於科學陳述，所謂政治從科學導源出來，不過是個理想的說法。政治本身的自主性（包括在便宜行事、決策與意圖上）已經把這種一致給排除了，甚至於政治與科學連類似性也不具備。因此，無論是誰，凡是主張黨派意識的形式是來自於政治的需要與科學是一致的這種說法，在理論上都說不通。而實際上，我們可以看到，一個權威在主張其政治分析是有科學的根據時，它經常是變相地下

---

[5] 參見，朱達諾夫（Zhdanov）晚期反對專業期刊上對於技術與專業問題的討論，而反倒支持布爾什維克期刊上的討論。朱達諾夫，《論文學、哲學與音樂》（*Sur la littérature, la philosophie et la musique*, Paris, 1950），頁 57-58。

訓令給科學人員來製造出它想要的論述，這便造成一個問題：如何決定兩個敵對的科學論述的對錯。[6] 黨派意識對於這種問題，可說是無能為力，它只能提供一種主觀的信仰罷了。

朱達諾夫（Zhdanov）屈服於自己的黨派意識，因而所作的一些方便之舉，所造成的兩難，可以用非馬克思主義的例子來說明：製圖學。製圖者認為地圖是針對地球表面作事實的描述（各地的畫法不同，但觀念一致），但是對政府及某些政治活動而言，地圖卻是一種政策的陳述，有政治的意涵。無疑地，我們是有政治的地圖，而不可否認地，政治上的爭端往往就來自於地圖上的疆界要畫在哪裡的問題。因此，宣稱福克蘭群島是英國的領土，不只是排除了阿根廷的統治權而已，還會成為學院裡頭討論的主題。❸ 而承認德意志聯邦共和國（German Federal Republic）的東邊有一個德意志民主共和國（German Democratic Republic），代表對於一九四五年後，在往日德國的境內存有兩個國家的現狀予以承認。❹ 不管製圖家對於阿根廷或西方國家的冷

---

[6] 尤其當正統的「科學政治」分裂成數個異端時，問題會變得格外棘手，如著名的托洛斯基運動（Trotskyist movement）。（譯註：托洛斯基運動是個反史達林獨裁的運動，其立場是自由主義左派。）

❸ 譯註：1982年4月2日，阿根廷軍隊入侵英國位於南大西洋的領土福克蘭群島，而後英國派遣軍隊，於5月21日登陸，6月14日阿軍投降。

❹ 譯註：德意志聯邦共和國（即前西德）、德意志民主共和國（即前東德）。德國於一九四五年後被分區占領，英美法占領區於1949年9月成立西德，而蘇聯占領區也於1949年10月成立東德。一直到1990年10月3日午夜12時，兩德才宣告統一。

戰態度有多麼支持，他都不能隱匿真實的狀況。明明有個國家在那兒，偏把它塗掉，就跟歷史上明明有這麼一個人而偏把他略去一樣，都是一種愚行。德意志民主共和國不會因為你蓄意地用另一種名稱來說它（譬如蘇聯占領區或中部德國），也就是用政策來影響事實，它的性質與內容就會完全改變。如果一個製圖家在地圖上把福克蘭群島劃歸阿根廷，或是把德意志民主共和國標成「中部德國」（Central Germany），那麼他就不是個製圖家，而是政客。他可能會為此辯護，宣稱他是為了哲學的理由或科學的根據，但總之他絕不是出於地理的專業。如果我們不能對此作出區別，那麼思想的溝通就會崩潰，而製圖學將從描述事實的學問變成一種實用主義式的陳述，如此即造成製圖學的毀滅。

　　幸運的是，由於我們現在要處理的範圍，已經讓空想的理論攪擾過一陣了，所以實用主義式的思考恐怕不容易影響我們的研究，充其量只是在邊緣地帶作一些教育與宣傳的活動罷了。總之，如果我們叫機師把飛機降落在卡里寧格勒（Kaliningrad）❺就以為進入德國境內了，這將是愚蠢的想法；或者是在一九八九年以前，我們降落在宣能費爾德（Schoenefeld）或特戈爾（Tegel）機場❻，行政的程序都將大不相同。

---

❺ 譯註：卡里寧格勒，原名科尼斯堡（Königsberg），為康德故鄉。原屬德國東普魯士，現為俄羅斯領土。

❻ 譯註：宣能費爾德與特戈爾是德國柏林四座機場中的兩座，在1989年前，這兩座分屬東西德，因此才說行政程序上大不相同。

史達林式的黨派意識[7]（這種方式當然不局限於史達林主義者或馬克思主義者）應該完全排除於科學論述之外。如果學者及科學家覺得他們的政治立場很堅定，他們的研究必須按照他們的立場來進行的話，這也無妨，但是要有一定的限制，而且他們還要坦誠地說明自己的立場才行，至少要對自己的研究忠實。對於科學研究，以及基於科學研究所形成的政治分析來說，要在這當中隱瞞事實或虛偽陳述並不容易，因此危險性也遠比那些只單純用信仰來決定的人來得低。同樣地，如果政治的立場促使一個人或一群人一起放棄學術的活動，這也無不可，只是他們應該要理解自己在幹什麼。歷史學家一旦成了某個黨機關報的主編，負責撰寫社論時，就算他的見解仍透露著歷史的專業，但他的身分已不是歷史學家，而是政治性的主編。而這個身分並不影響他用歷史的眼光來看事情。喬黑（Jaurès）❼ 在擔任法國社會主義黨黨魁時，仍然寫出了相當不錯的（黨派意識）歷史；但是當他在黨大會中擔任協調角色時就不是如此。

學者的陳述與政治人物的陳述，之間的差異仍存有一塊灰色地帶，這對歷史學家來說尤其如此，因為歷史學家經常會以歷史

---

[7] 這就是：「把科學化約為意識形態，再把意識形態化約成宣傳技倆，政治決定完全不用任何合理的解釋。政策上的劇烈更動，都有著偽理論來加以支持，並且一切都要與正統馬克思主義相符合。」廷帕拉諾（S. Timparano），〈對唯物論的思考〉（'Considerations on Materialism'），《新左評論》，第八十五期（1974年5-6月），頁6。

❼ 譯註：喬黑（Jean Jaurès,1859-1914），法國人，曾介入德雷福（Dreyfus）一案，後來成功整合法國兩大社會主義政黨，並擔任黨魁。

來替政治人物背書（如政治傳承與領土範圍的問題）。而這塊灰
色地帶也成了政治角力場。期望學者沒有政治立場是不切實際
的，學者進行研究之所以帶有立場如愛國主義，並不只是因為意
識形態的問題，有時還因為他們真的認為他們的研究具有有效
性。保加利亞、南斯拉夫及希臘的教授們，不需要政府、黨派及
教會的驅策，就會拼了老命為馬其頓問題辯護。也有例子是史家
將黨派意識視為自己的責任，而為自己的政府背書，主張本國對
有爭議的領土擁有主權，或是寫一篇關於昔爾達維亞（Syldavia）
與魯里坦尼亞（Ruritania）❽ 傳統友誼的文章，說明兩國人民都
致力於改善外交關係。然而，雖然學院仍會有其立場，而在論辯
中立場又不可免（不管其中黨派意識的狀況有多嚴重），但至少
我們要能認清楚這種帶有立場的看法與科學的論述中間的差別在
哪。

　　簡單地說，律師打訴訟，重點不在於決定他的客戶有罪無
罪，而是要達成他原先所希望的刑度或無罪開釋；廣告商的重點
不在於商品是不是值得買，而是商品能不能賣得出去。也就是
說，這些人並不像科學家，科學家無論如何都不會如此目的導
向。科學研究的精密程度，跟科學家本身的立場，其實沒有太大
的關聯性。而就算我們認為這兩種狀況沒什麼不同，也不計較表
現立場的方式，但區別還是很清楚：赫胥黎（Huxley）不是達爾

---

❽ 譯註：這兩個國家都是虛構出來的王國。昔爾達維亞位於今斯洛文尼亞的中
　部，而魯里坦尼亞位於今捷克西北部。兩個國家都是未曾受過歐洲文明沾染
　的浪漫國度。

文,而是達爾文的牛頭犬。❾ 無論實際上與理論上有多麼不甘願,每個參與科學論辯的人都要讓自己的看法接受公評,接受相反的論證與證據的挑戰。如此一來,能夠通過考驗的就能證明,即便他有立場存在,但他的論證還是可貴的,同時也可以刷洗掉那些完全只有黨派意識的人。在自由主義的、議會政治的社會裡,如果能讓「獨立科學家」存在,同時要求所有真理的產生都要經由激烈地論辯之後才能出現,那麼那些不具合法性的黨派意識出現的可能性將少之又少。最近英美對於貧窮與教育問題的辯論,就能讓人看出這一點。

❧ III ❧

在建立了能用來篩選黨派意識的科學合法性之後,讓我來說明一下合法性的黨派意識為何,這可以從科學或學術的層面來談,也可以從學者本身的立場來談。

對後者的說明要比前者來得困難一點,因為後者指的是,學者以其作為一個學者的身分,藉由學者本身該作的工作,來進行立場的鋪陳與推動。不過,事情也不總是如此。譬如基督教的信仰,不僅不需要科學的證明或學術的支持,甚至還反對有人對它

---

❾ 譯註:赫胥黎(Thomas Henry Huxley, 1825-95),英國生物學家,其孫即著有《美麗新世界》(*Brave New World*)的作家赫胥黎(Aldous Huxley, 1894-1963)。達爾文(Charles Darwin, 1809-82),英國人,倡導演化論,著有《物種源始》(*The Origin of Species*)。赫胥黎之所以被稱呼為達爾文的牛頭犬,在於他對於達爾文演化論的支持已近乎頑固,有如牛頭犬。

的信仰與教條進行研究，因而兩個層次都用不上。（通常會採用這種態度，都是為了要對抗世俗力量的入侵。）這不是要否認基督教的價值，相反地，基督教也產生了學術研究的動力，如考證學與考古學。不過，我們也會懷疑，這些學問是否能使基督教鞏固成一個社會力量。我們最多只能主張，這些學問是為了提供教會內部的服務而存在的，譬如透過對神聖經文的翻譯，來彰顯神，而其意義遠超過科學的目的，或者是這些學問所提供的乃是宣傳之用，或者是產生一種讓社會崇敬的聲望。同樣地，這些學問對教會事務的判斷也同樣是主觀的。無疑地，對摩門教而言，收集龐大的祖先系譜資料有著相當重大的意義，因為這個過程可以讓後人更接近真理與信仰。對於非摩門教徒而言，這些資料之所以引起他們的興趣並產生價值，乃是因為它無意中提供了歷史人口學最佳的研究史料。

雖然已經有不少偽科學與偽學術在為政治與意識形態服務，但是光從真正的科學與學術研究中，政治與意識形態就已經能夠獲得使用的素材。我們都不能否認，民族主義運動是經由學者努力探索民族的過去而獲得加強的，哪怕是幻想或贗品（這就跟學者無關了），都有助於運動的推展——甚至於比那些學術研究還有用。[8] 除此之外，有一些運動——馬克思主義是其中最突出的

---

[8] 偽學術中最有名的例子就是捷克人所相信的王庭手稿（Königinhof manuscripts）其實是假的，而威爾斯人所相信的古代英雄奧湘（Ossian）及杜魯依德教傳說也是捏造出來的。這些東西都產生於現代學術之前，用來召喚愛國主義。然而，捷克人整體來說，並不感激瑪里克揭穿這個騙局。

——認為自己乃是理性主義與科學分析的產物，運動的結果應該與科學研究的成果平起平坐，也應該有所謂的進步可言，或至少不該是與科學衝突的，不過這一切都必須要在學術研究與政治權宜不衝突下才成立。每一個國家研究科學都帶有某種目的。政府需要真正的經濟學（而不是什麼護教學或宣傳），來解決經濟問題。政府抱怨的並不是經濟學者不對它盡心盡力，而是經濟學者沒有辦法解決它想解決的問題。因此，對於一個有立場的學者來說，問題已經不在於立場而已，而是能力上根本不足以憾動現狀，這也就是有立場的學者在追求他的目標時，仍可以擔任學者的緣故。

但是立場到底可以展現到什麼程度呢？難道一個經濟學者在解決經濟問題時，其立場是保守是革命，真的跟政府毫無關係嗎？難道前蘇聯從一個比李森科（Lysenkoites）❿ 更懂生物學但只是反史達林的生物學家中，得不到任何好處嗎？（援引一下中國共產黨領導人的話：「管他黑貓白貓，能抓到老鼠的就是好貓！」）或是換個角度來說，一個篤信馬克思主義的專家，難道他的研究所得對於他所反對的人來說一點幫助也沒有嗎？

最後一個問題的答案很清楚：從某個程度來說，有的。但是，學者個人的黨派意識還是有影響的，因為他可能會因為立場不同而無法援用其他學者的作品，這一點尤其以社會科學為最。一九一四年之前，德國社會民主黨幾乎無法從當時清一色支持德

---

❿ 譯註：李森科（1898-1976），前蘇聯生物與農業學家。

意志帝國的學界中得到幫助、同情，乃至於中立也不可得。它必須依賴「自己的」知識分子。更有甚者，支持社民黨的知識分子才會去研究社民黨所關心的問題與主題（由於意識形態的關係），至於不支持社民黨的人當然不會這麼作。英國工人運動史，直到二十世紀末為止，都一直是由同情工人運動的人來研究——從韋布夫婦（Sydney and Beatrice Webb）以降——因為直到二次世界大戰結束為止，正統史家對這方面毫不關心。

具有黨派意識的學者或科學家願意開創新局，這使我們可以來談第二個論點：對於一個學者來說，黨派意識到底在科學與學術紀律上有無正面的價值。在自然科學方面，這一點無庸置疑，就算是黨派意識非常濃厚的學者（尤其是在生物學上）也能作出許多貢獻。但我們不能說哪一種黨派意識貢獻較大。譬如現代遺傳學就分成兩派，一派強調先天遺傳的影響，另一派則強調後天環境的影響，兩者激烈競爭，充分顯露出這門學科所特有的菁英而反民主的意識形態——從蓋爾頓（Francis Galton）到皮爾遜（Karl Pearson）以降。[9] 不過這並沒有讓遺傳學成為一門反動的學科，或是淪為意識形態操作的工具，儘管我們知道晚期一些優秀的遺傳學家（如哈登〔J. B. S. Haldane〕）全都是共產黨員。其實，在當代遺傳與環境兩派的論戰中（可以溯源自一次世界大

---

[9] 參見，帕斯特（N. Pastore），《本性—培養論戰》（*The Nature-Nurture Controversy*, New York, 1949）。順帶一提，皮爾遜早期顯露了對馬克思主義的興趣，因此可以肯定他在政治上的立場為何。

戰），遺傳學者都傾向於「左」派，至於「右」派的支持者則主
要是心理學家。[10] 無論如何，我們發現到有這麼一個自然科學領
域，它的進步反而是藉由從業人員在政治立場上所產生的黨派意
識所造成的。

　　不管在自然科學中的例子是如何（其實我也沒有能力進行討
論），這個論證在社會科學當中是沒有解答的。我們很難舉出有
哪個有名的經濟學家是沒有涉入政治的，基於同樣的理由，我們
也很難想出有哪個偉大的醫學家從來沒有致力於解決人類疾病問
題。社會科學本質上就是設計來「應用的」（用馬克思的話來
說），用來改變世界而不是解釋世界（或是解釋為什麼世界不需
要改變）。更有甚者，時至今日至少在英美來說，經濟理論家比
較不認為自己是「知識」的生產者，生產出知識為人所用（如反
法西斯的科學家在二次大戰時說服自己的政府，核武是可行
的），相反地，他們以十字軍自任——如凱因斯與傅利曼——或
至少在公共政策的辯論上表現得相當活躍並主動參與。凱因斯並
不是從他的《一般理論》中導出政策：他之所以寫《一般理論》
是為了要替他的政策提供一個更完整的基礎（或者說是一種強有
力的宣傳）。相對來說，社會學大師與政策的連繫比較少，這可
能是因為他們的主題以及論述的方式比較難以清楚地轉換成政府

---

[10] 參見，布拉克（N. J. Block）與德沃京（Gerald Dworkin）編的《智商論戰》
（*The IQ Controversy*, New York, 1976），以及梅達瓦（P. B. Medawar）在《紐約
書評》上對這本書的評論。

的政策——但是卻可以當成宣傳（或教育）的工具。實際上，社會學的幾個創建者，他們的政治立場相當鮮明，而且社會學在一開始作為一門學科而存在時，其從業人員早就充滿了黨同伐異的氣氛。說明至此，我想應該不用再從社會科學中再舉例了吧，這其中當然也包括歷史學。

這些學科的發展無疑與黨派意識脫不了關係——其實，沒有黨派意識就沒有學科的發展。不過，有些人卻認為學者只是一個單純的真理追求者，但真理並不是每個人都有興趣知道。這種想法之所以會為人所接受，可能是因為他們只從數字的成長來看科學，並且將科學跟社會區別開來，而只把學術當成職業；另一方面也有可能是因為學術總是在回應某種特殊的社會現象；最後也有可能是因為他們把學術看得很神秘。在一個不存在專業經濟學家的時代，沒有人會去爭論奎奈（Quesnay，醫生）❶、高里雅尼（Galiani，官員）❷、亞當・史密斯（大學教授），李嘉圖（金融家）或馬爾薩斯（教士）是不是帶有政治意圖。專業受薪知識分子作為一種社會階層，發展越來越多元，日久便造成知識分子間的鴻溝，因此經濟與政治的決策者就有充足的理由認為自己是獨立的「專家」階級。

除此之外，如果某個居於主導地位的社會科學流派，其所呈

---

❶ 譯註：奎奈（François Quesnay, 1694-1774），法國人，是醫生，也是重農主義者（Physiocrats）。

❷ 譯註：高里亞尼（Ferdinando Galiani, 1728-1787），那不勒斯人，為修道院院長也曾擔任駐法大使，他反對重農主義而主張功利主義。

現的方式，並不是基於政治導向，而是為真理而真理，不受階級影響，並以制度來保障研究的無私與權威的話，那麼「現狀」（status quo）就會更加地鞏固。德國在帝國時期所培養出來的教授，是黨派意識相當重的團體，他們並不涉足政治，但是經由在大學教席的崇高地位，他們所發表的看法是「不可挑戰的」。知識分子作為職業團體、社會階層以及俗世神學家的一員，有充分的理由說自己是超然的（其實不然）。然而，就目前的討論來說，要對這一個問題作更深入的討論，不僅沒必要也不可能。

在過去，科學（特別是社會科學）與黨派意識分不開，但這並不表示黨派意識對科學有利，它只是不可避免。黨派意識有沒有貢獻，完全要看它能不能推著科學往前走。黨派意識可以做到這一點，也已經做到了，它從科學的論辯之外提供了不同的思考方式、新的問題與新的解答模式（用孔恩的話來說，就是「典範」）。大家都同意，來自於專業研究領域之外的刺激與挑戰可以豐富科學的論辯，因而能大大有益於科學的進步。現在，這種來自於外在的刺激已經被視為是一種來自其他學科的啟發，因此，「科際」（interdisciplinary）的接觸受到廣泛地認同。[11]「外在」（outside）在社會科學，甚至在所有的科學中，都含有一種與人類社會有關的意義（也許不只是技術上的意義而已），「外在」

---

[11]「科際」不過是創造新專業領域並爭取補助的方便法門，但它的重要性也不容否認。要用什麼方式來使科際活動成為促使各學科快速發展的推手，這一點還不清楚。不過可以確定的是，在社會科學中，科際活動仍舊很難跟非學院的意識形態以及政治立場分離：參見，目前正快速發展的社會生物學。

大體來說、基本上來說是科學家身為一個人、一個公民、一個受時代影響的個體，所產生的經驗、觀念與活動。而帶有黨派意識的科學家，乃是最有可能運用那些「外在」於他們學院工作的經驗的人。

這不必然牽扯到政治或意識形態的問題，不過在十九世紀甚至時至今日，「純」自然科學仍然對於傳統宗教充滿了強烈的恨意。這在「非政治」領域如宇宙起源及分子生物學扮演著特定的角色，有些人的態度相當激烈，並且認為宗教是不可知的，因此力主要對宗教進行革命——例如何伊（Hoyle）與克利克（Francis Crick）。[12] 達爾文縱然不願在公眾面前表達他對宗教的立場，但是他的研究或多或少還是透露了一點訊息。意識形態與政治立場有時也會強烈到能影響自然科學的理論發展。以左派來說，華萊士（A. R. Wallace）就是個例子，獨立於達爾文而發現了天擇：他一生在政治上都是激進派，組織了另類的歐文式的「科學館」（Owenite 'Halls of Science'）及憲章運動式的「技職學院」（Chartist 'Mechanics Institutes'）❸，而他所寫的「自然史」理所當

---

[12] 關於克利克，見奧比（R. Olby），〈法蘭西斯‧克利克，去氧核糖核酸及中心教條〉（'Francis Crick, D. N. A., and the Central Dogma'），收入《狄得勒斯》（1970年秋），頁940、943。何伊的「持續創造」理論，其動機是反宗教的，現在已經沒有人接受了，但是這無損於它在宇宙起源問題上的重要性。本文的目的並不在討論科學上的黨派意識能不能提供正確的答案。我舉出例子只是要說明，黨派意識是否能推動科學前進。

❸ 譯註：這兩個機構都是科學教育機構，只不過其所提供的學習機會是給勞工階級而非資產階級。

然吸引了具有雅各賓（Jacobin）精神的人。至於右派的例子則是
海森堡（Werner Heisenberg）。**⓮**

有許多例子可以說明政治動機是如何影響著社會科學與歷史
學，舉一個例子就已足夠。奴隸問題在最近變成了歷史分析與爭
論的主要領域。這是一個很能引起情緒的主題，因此歷史的黨派
意識就很容易產生，而它在其中扮演著什麼樣的角色也受到注
目。自一九四○年以來，《國際社會科學百科全書》
（*International Encyclopedia of the Social Sciences*, 1968）關於「奴隸制
度」所收錄的文章目錄有三十三條，其中有十二條的作者有馬克
思主義的背景（不過有很多人現在已經不是馬克思主義者了）。
一九七四年以來，美國對於奴隸制度的熱烈爭論，其中至少有兩
位領導人物（佛格爾與傑諾維斯〔Genovese〕**⓯**）在一九五○年
代曾是美國共產黨成員。我們幾乎可以說，關於這個當代的歷史
論戰，一開始完全是馬克思主義內部的論戰。

這並不表示所有的政治立場都能有創新科學與學術的效果。
絕大部分具有黨派意識的學術都是瑣碎而無意義的（依附在正統
教義之下），或者致力於證明教義中的獨斷真理。它們會問一種
具有神學氣味的假問題，然後再試圖去解答問題，根本不願意在
教義中考慮任何真實的事物。然而，這種作法其實也不局限於那

⓮ 譯註：海森堡（1901-1976），德國物理學家，獲諾貝爾物理學獎，發表量子
論。二次大戰期間曾為納粹研發核武，並未成功。

⓯ 譯註：傑諾維斯（Eugene D. Genovese, 1930-），美國史家，少年時期即加入
共產黨，一直到1996年成為天主教徒，才放棄共產黨身分。

些黨同伐異的學者。除此之外，政治立場與意識形態也會讓學者做出在科學上完全不合理的研究。柏特（Cyril Burt）⑯教授晚年的例子，就證明了這種危險的存在。這位傑出的心理學家，相信環境對於人類智力的形成毫無關係，但他居然因此而假造數據來說服別人。[13] 因此，黨派意識對學術所造成的危險與不利相當地明顯；至於其所帶來的利益則相對較不清楚。

今日，黨派意識的問題需要特別強調，因為學院職位史無前例地擴張與分化，形成學科之外還有次學科，並造成了學院的思考逐步向內。之所以如此，是有社會學上的原因，也跟學科本身的發展有關。而這兩個因素讓大部分的學院人士自足於自己的小領域中當專家，至於那些敢超越自己領域發聲的大概只有兩種人，一種是鹵莽的，一種是心有定見的。隨著時光流逝，各領域的人都不再有自信超越自己的領域來說話——因為他們只熟悉自己的工作——其他的領域自有其他的專家來照管，他們將知識與技術弄得深奧無比，讓一般外行人無法接近。專業期刊、通訊與會議越來越多，每個領域中的論辯讓非此領域的人望之卻步，沒有長時間的準備與閱讀，根本不可能擁有足夠的專業知識來進行

---

⑯ 譯註：柏特（1883-1971），英國心理學家。專攻教育心理學，對於智商與群體的問題多所著墨，然而其缺點為缺乏證據。

[13] 關於早期對柏特研究的懷疑——在提哲（J. Tizard）教授證明柏特作假之前——見卡敏（L. J. Kamin），〈遺傳、智力、政治與心理學〉（'Heredity, Intelligence, Politics and Psychology'），收入布拉克與德沃京編的《智商論戰》，頁242-250。最近有人想要平反，這裡恕不能一一舉出。

討論。令人疲乏的「文獻」書目，只有正在寫論文的人才會去接觸，這更助長了學院的封閉性。一九七五年，有超過三百八十篇的論文標題與「集體行為」（Collective Behaviour）有關，漸漸地一般人對於「社會運動、暴亂與抗議」等現象也就不敢貿然地發表看法，而這個領域現在也逐漸變成了社會學中的一個分枝的專業「領域」。[14]

但是，如果在專業上與技術上都不夠格的入侵者被排除在外，那麼學院內部的人反而會無法充分把握研究內容的真正意涵。麻省理工學院的梭羅（Lester Thurow）[17] 曾舉出一個計量經濟學（經濟學中的發展數學模型）的好例子。這些模型本來是要用來檢驗，一個定義清楚的理論能不能用統計學來加以證明，但是理論與資料之間卻出現有趣（這實在相當罕見）的反轉：

> 計量經濟學從檢驗理論的工具，變成了展示理論的工具。它變成了敘述性的語言……好的經濟理論要強過資料——至少經濟學家是這麼想的——因此，理論必須要加諸於資料之上。本來是用來加重與理論有關的資料的重要性的技術，如

---

[14] 參見，馬克思（G. T. Marx）及伍德（J. L. Wood），〈集體行為之理論與研究的各要素〉（'Strands of Theory and Research in Collective Behaviour'），《社會學年度評論》（*Annual Review of Sociology*），第一期（1975），頁 363-428。

[17] 譯註：梭羅（1938-），美國管理學與經濟學家。著有《知識經濟時代》（*Building Wealth: the New Rules for Individuals, Companies and Nation in a Knowledge-Based Economy*）。

今卻得到反效果。

　　所以他認為，計量經濟學的恆等式不可能在投資以及利率的移動中找到任何古典經濟理論所主張的關係，也就是說，計量經濟學無法證明古典經濟理論是對的。於是，計量經濟學轉而尋找另一種比較合理的作法，也就是從數學上強行把利率導出關係來。「恆等式無法測試理論，它們只描述在假設理論正確的狀況下，世界該是如何。」簡言之，計量經濟學冒著使經濟理論發展遲滯的風險，逐漸地將自己孤立於真實世界的衝擊之外。對理論進行反省（與繁複地發展理論不同）的動機因此越來越弱。[15] 這種孤立並不引人注目，或者說是可被容忍的，因為有一群專家欣賞──事實上也這麼做──這種越來越深奧的智性運作，而他們的同事也越來越多，這方面的研究文獻也越堆越高，特別是從一九六〇年之後尤其如此。就像大飯店中的貴賓一樣，這個領域的專家可以一直待在研究大樓裡研究；或者說，他們接觸外在世界的方式是透過飯店。總而言之，如今在波士頓及其鄰近地區工作的經濟學家，其總數可能超過了英國從亞當・史密斯《國富論》到凱因斯《一般理論》兩本書出版之間的經濟學家的總和：他們整天都忙著讀書以及批評彼此的作品。至於比較中庸，發展也沒那麼迅速的領域，經濟史與社會史：英國皇家經濟史學會的成

---

[15] 梭羅，〈經濟學一九七七〉（'Economics 1977'），《狄得勒斯》（1977年秋），頁83-85。

員，於一九六〇至一九七五年間增加了三倍。從一九二五年這個學會創立以來，有百分之二十五的論文集中出現於一九六九到一九七四年間；百分之六十五出現在一九六〇至一九七四年間。[16] 以一九六八年為基準，到當年為止共有四十三萬篇數學論文，五十二萬二千篇物理論文，[17] 至於經濟與社會史只有兩萬篇文章，這當然不能算多。每個工作者都知道，這些文章中有許多並不是為了解決當前的問題而出現，而只是純粹從另一本書中衍生出來的；他們也知道，經濟史家一輩子大概要花多少時間待在這個設備、方法不斷擴大、更新的大飯店裡。

在這種狀況下，政治上的黨派意識反而可以制衡這種往內看的趨勢，或者是更正一些更極端的例子，譬如以擔任註釋者為滿足，或以展現自己的才智為目的，或完全與外界孤立。但黨派意識也有可能造成災難，譬如一個夠大但又孤立於外界的領域，領域之內的人完全充滿了黨派意識。哲學與社會學這兩個領域中的

---

[16] 巴克（T. C. Barker），〈經濟史學會的源起〉（'The Beginnings of the Economic History Society'），《經濟史評論》（*Economic History Review*），第三十期第一份（1977），頁2；哈特（N. B. Harte），〈大不列顛與北愛爾蘭的經濟與社會史出版趨勢，一九二五年至一九七四年〉（'Trends in Publications on the Economic and Social History of Great Britain and Ireland 1925-1974'），《狄得勒斯》（1977年秋），頁24。

[17] 梅伊（K. O. May），〈數學文獻的成長與品質〉（'Growth and Quality of the Mathematical Literature'），《埃西斯》（*Isis*）第五十九期（1969），頁363；安東尼（Anthony），伊斯特（East），斯雷特（Slater），〈物理文獻的成長〉（'The Growth of the Literature of Physics'），《物理進展報告》（*Reports on Progress in Physics*）第三十二期（1969），頁764-765。

馬克思主義者，已經呈現出一種過度的新煩瑣哲學，這等於是對我們的一種有益的警告。我們現在最需要的是一個能夠由外而內，為科學注入新觀念、新問題與新挑戰的機制。而黨派意識正可擔當一個有力的機制，而且可能是目前最有力的一個。沒有了黨派意識，則科學的發展將會有風險。

10

馬克思給了歷史學家什麼?

What Do Historians Owe to Karl Marx?

接下來的三章（這會牽涉到一些歷史論戰），處理的主要是馬克思主義與歷史學的關係。前兩章前後相隔十五年，內容在於評估馬克思對歷史學家的衝擊。本章是為了參加一九六八年五月於巴黎舉行的「馬克思在當代科學思想發展中所扮演的角色」（'The Role of Karl Marx in the Development of Contemporary Scientific Thought'）研討會而寫的，並且得到了聯合國教科文組織的贊助。後來付梓於國際社會科學會議的書上，《馬克思與當代科學思想》（*Marx and Contemporary Scientific Thought/Marx et la pensée scientifique contemporaine*, The Hague and Paris, 1969），頁197-211。同時也收入於《戴奧真尼斯》第六十四期，頁37-56，及其他期刊。

十九世紀，也是資產階級文明的世紀，思想界出現了幾個重要的成就，但歷史學不在其中。除了研究技術的進步之外，最重要的是，人們不再理會那些不實的文件、玄想，以及空泛的文章，而開始思索他們所看到的各方面都處於革命的時代（法國大革命與工業革命），並試著要掌握人類社會改變的過程。學院內的歷史研究，由蘭克所激勵，在十九世紀末開始在專業期刊上發表文章，反對由不充分、不可靠的事實所建立的通則。另一方面，歷史學集中心力於建立「事實」的任務上，反而對歷史沒有貢獻，它只是弄出一套經濟範疇用來評估文獻證據的價值（例如，與有影響力的人的決策有關的手稿），並且運用能滿足這個目的的輔助學科。

歷史學很少去想它所處理的文件還有處理的程序可不可行，它只是不加思索地就認為某個歷史問題是值得研究的，某個則不行。所以，歷史學雖然沒有將自己定位成專研「事件史」——在某些國家的確認為研究這個很重要——但它的方法論卻不得不形成一種編年史的敘述形式。歷史學並沒有要求一定要研究政治史、戰爭史與外交史（簡單地說，學校老師教的是國王、戰役與條約），但它的確傾向於把這些問題當成是歷史學家的主要任務。這是一種單一的歷史。如果資料充分且方法適當的話，那麼各種主題無不可以成為歷史（如立憲史、經濟史、教會史、文化史、藝術史、科學史或郵政史等等）。然而這些主題都被忽略了，當時的史家只在乎那些與模糊而玄想的「時代精神」（Zeitgeist）有關的歷史主題。

　　從哲學與方法論的角度來看，學院的史家似乎都顯示出了一種驚人的天真。之所以會有這種天真，乃是呼應了當時的自然科學潮流，我們稱之為實證主義，只是，我們懷疑這些史家（除了拉丁語系的國家之外）是否知道自己是實證主義者。這些史家認為某些既定的主題（如政治—軍事—外交史）與既定的地區（如西歐與中歐）是重要的，但是這些史家之所以如此也不過是反映了當時慣行的觀念（idées reçues），例如從「事實」建立假說，從因果關係建立解釋，或者是決定論與進化論等等。史學界認為可以取法科學的作法，建立起確定的文本，並且不斷地累積文獻，形成一種知識累積的表象，藉以彰顯歷史事實已經確立。艾克頓爵士所編的《劍橋近代史》就是這類信仰的明證。

　　歷史學如果跟十九世紀時發展得並不快速的社會科學相比，則仍然顯得極度落後。歷史學幾乎無助於理解人類社會（過去與現在）。然而，要了解社會卻又必須先了解歷史，因此，歷史學遲早都必須要趕快找到好方法來研究過去。本文的目的，就在於說明馬克思主義正可以提供歷史學這樣的一個方法。

　　在蘭克之後一百年，莫米葛里安諾（Arnaldo Momigliano）❶總結史學史的發展，列出了四點：

　　1. 政治史與宗教史急速地衰微，「國家的歷史不再流行」。

---

❶譯註：莫米葛里安諾（1908-1987），義大利古典學者、歷史學家。著有《現代史學史的古典基礎》（*The Classical Foundations of Modern Historiography*）。

反之，社會經濟史則正處於興盛期。

2. 用「觀念」（idea）來解釋歷史已經不容易了，而且也不可行。

3. 比較普遍的解釋方式是從「社會力量」（social forces）的角度來看，這與蘭克從個人行動來看歷史事件，兩者是個明顯的對比。

4. 現在（一九五四年）很難說歷史有一個發展的方向，呈現出進步與意義。[1]

莫米葛里安諾所說的第四點（我們可以把他的說法當成是史學史的一個例子，而不是把他當成是個分析者），這種看法大概只有在一九五〇年代那樣的情境下才會產生，早一點或晚一點就不一定會這樣想，至於前三點則反映了史學界長久以來的反蘭克潮流。從一九一〇年就可以看到，[2] 十九世紀中葉之後陸續有人要有系統地以唯物主義來取代唯心主義的架構，因此造成了政治史的衰弱，以及「經濟與社會」史的抬頭；而這無疑地也與當時「社會問題」的急迫性有關，這個問題深深「支配了十九世紀後半的史學史」。[3] 不過實際上，大學裡的位子以及檔案館的真正易

---

[1] 莫米葛里安諾，〈蘭克之後百年〉（'One Hundred Years after Ranke'），收入《史學史研究》（*Studies in Historiography*, London, 1966）。

[2]《大英百科全書》，第十一版（London, 1910），「歷史」條。

[3]《大義百科全書》（*Enciclopedia Italiana*）（Rome, 1936），「史學史」（Storiografia）條。

手，所花的時間要比百科全書的編纂者所想像的長得多。一九一四年，攻擊的一方只不過才能拿下邊緣的「經濟史」，或是歷史導向的社會學，反抗的勢力一直要到第二次大戰之後才全面撤守。[4]雖然如此，反蘭克運動一般說來已經獲得了勝利。

眼前的問題是，這個新取向在多大程度上受惠於馬克思主義的影響。第二個問題則是，馬克思主義是以什麼方式來產生影響並作出貢獻。

無疑地，馬克思主義的影響力從一開始就相當巨大。粗略來說，除了馬克思主義，十九世紀就屬實證主義（positivism）對歷史學的影響最大（開頭第一個英文字母大小寫都無妨）。實證主義是十八世紀啟蒙運動所留下來的子嗣，早已過時，實在很難讓十九世紀的人毫無保留地接受。其對歷史學的主要貢獻，在於引進了自然科學的概念、方法與模式來進行社會研究，而這個過程看起來似乎還切合實用。這個貢獻雖說不可忽視，但也有局限，將自然科學的模式套用在歷史變遷上，譬如說以生物學或地質學為基礎的進化論，及一八五九年以後的達爾文主義，是一種粗疏的作法，對歷史學造成誤導。受孔德或斯賓塞（Spencer）❷啟發

---

[4] 事實上，1950年之後，防守方得冷戰之助，得以暫時保住學院中的教席，而有一部分也是因為攻擊方似乎還忙於鞏固其意外得到的大學教席。

❷ 譯註：斯賓塞（Herbert Spencer, 1820-1903），英國哲學及社會學家。他將進化論運用在哲學、心理學與社會學上，遂形成了他所謂的「綜合哲學」（synthetic philosophy）。

的史家少之又少，如巴寇（Buckle）❸ 及更有名的坦因（Taine）❹
或蘭普勒希特，而其影響力也局限於當時。即便孔德認為社會學
是當時最高明的學科，但實證主義確有其限制，他只能從非社會
要素以及自然科學的面向來談社會，因而無法具體地刻劃出社會
現象的真正內容。實證主義對於歷史中人類性格的掌握，就算不
是形上學層次的，也完全是一種玄想。

　　歷史學轉變的主要推力，是來自於那些具有歷史眼光的社會
科學（例如德國經濟學的「歷史學派」），尤其是源於馬克思，他
的影響力無庸置疑，儘管他自己並不知道他居然有這等成就。歷
史唯物論在習慣上都被稱為——有時甚至馬克思主義者也這樣用
——「經濟決定論」（economic determinism）。馬克思除了會否認
這個詞之外，應該會表示他並不主張歷史發展須從其經濟基礎來
觀察，同時也會否認他將人類歷史視為社會—經濟系統的接續。
他也一定會否認他將階級概念與階級鬥爭帶入歷史研究中，不過
這都是徒勞的。《大義百科全書》（Enciclopedia Italiana）中寫
道，「馬克思將階級概念引進到史學史中。」（Marx ha introdotto

---

❸ 譯註：巴寇（Henry Thomas Buckle, 1821-1862），英國史家及社會學家。以
　 實證主義的取向寫成了《英國文明史》（History of the Civilization in
　 England），他攻擊神學取向的歷史解釋，態度之激進，甚至比達爾文（當時
　 的教士稱其為英國最危險的人）樹立了更多的敵人。

❹ 譯註：坦因（Hippolyte Taine, 1828-1893），法國思想家，跟隨孔德以實證主
　 義來研究藝術。他認為藝術家的創造活動包含四個要素：種族、環境、時間
　 以及個別性。

nella storiografia il concetto di classe.）

　　本文並不打算細究馬克思是在哪一方面的成就影響了現代史學的轉變。很明顯地，每個國家所受到的影響都不盡相同。就法國來說，影響就相當小，至少要等到二次大戰之後才見端倪，這是因為馬克思主義的觀念很晚才影響法國的思想界。[5] 雖然馬克思主義的影響力早從一九二〇年代就滲透進入了法國史學界高度政治性的領域：「法國大革命」——但是，如同喬黑與勒費夫賀的作品再加上法國本身的思想傳統所顯示的——法國史學家研究方向的再定位，主要還是由年鑑學派來領導，因而不需要馬克思來提醒他們注意歷史中的社會與經濟面向。（然而，大眾普遍對馬克思有強烈的興趣，以致於近來《文海拾遺》〔*Times Literary Supplement*〕[6] 甚至說布勞岱也受馬克思的影響。）相反地，亞洲與拉丁美洲國家的史學變革則幾乎完全等同於馬克思主義的引進。就全球來看，馬克思主義影響之大已經是確定的事實，因此我們不需要在此多費唇舌。

　　馬克思主義對於史學的現代化扮演著極重要的角色，這一點無庸置疑，至於要精確地衡量貢獻何在，就不是那麼一件容易的事。就我們所見的狀況來判斷，史家之間所謂受到馬克思主義的影響，通常只是很單純的觀念援引，若是以此就與馬克思聯結在

---

[5] 參見，利希特海姆（George Lichtheim），《現代法國的馬克思主義》（*Marxism in Modern France*, London, 1966）。

[6] 《文海拾遺》，1968 年 2 月 15 日。

一起，或說自己的行動是受馬克思的啟發，未免過於托大；其實
這些想法不必非來自於馬克思主義不可，即便是，很多也都不能
代表馬克思成熟時期的思想。我們應該把這一類的影響稱為「庸
俗的馬克思主義」（vulgar-Marxism），並且要把問題重心放在如何
區別庸俗的馬克思主義者與真正的馬克思主義者上面。

舉例來說，庸俗的馬克思主義似乎很明顯地具有下列特質：

1.「歷史的經濟解釋」，也就是主張「經濟要素是最基礎
的，而其他要素則依從於其上」（用史丹勒〔R. Stammler〕❺
的話說）；而最特別的是，就連以往不認為與經濟有關的要
素也被視為與經濟有關。這便形成了

2.「下層與上層建築」（basis and superstructure）的模式
（廣泛地運用在觀念史的解釋上）。雖然馬克思與恩格斯對這
種說法不滿，而早期的馬克思主義者如拉布里歐拉
（Labriola）也提出縝密的觀察，不過這個簡化的模式還是被
解釋成了支配與被支配的關係，或者是

3.「階級利益與階級鬥爭」。大家會有個印象，覺得有些
庸俗的馬克思主義者好像只有讀了《共產黨宣言》
（*Communist Manifesto*）的第一頁而已，並且只讀了一句「至
今所有一切社會的歷史都是階級鬥爭的歷史」。

---

❺ 譯註：史丹勒（Rudolf Stammler, 1856-1938），德國學者。著有《唯物史觀批
判》（*Die Materialistische Geschichtsauffassung*）。

4.「歷史法則與歷史必然性」。一般咸信，馬克思的確主張人類社會的歷史發展具有系統性與必然性，並且從長期著眼來追尋通則，因而排除了偶然性。這使得早期的馬克思主義者一直貶低個人以及偶然性在歷史所扮演的角色，同時使其歷史解釋的方式逐漸傾向於以嚴謹的規律形式加諸於資料之上，因而形成一種社會經濟的接續模型，甚至造成機械性的決定論，讓歷史完全變成一灘死水。

5. 歷史的主題受到馬克思的影響，幾乎完全專注於資本主義的發展以及工業化，至於其他的主題則總是浮光掠影。

6. 有些主題的出現，不一定與馬克思有關，倒是與為了貫徹馬克思理論而形成的運動有關，譬如被壓迫階級（農民、工人）的起義或革命。

7. 從第二點，大家開始攻擊傳統史學的方法與局限，因為傳統的史學一直認為史家的動機與方法是完全客觀的，為了真理而真理，並如實地（wie es eigentlich gewesen）呈現歷史。

從這些陳述中可以發現，其內容不僅帶有一部分的馬克思歷史觀，但糟糕的是（如考茨基），其中也吸收了不少非馬克思的思想——如進化論與實證主義。我們也可以明顯地看出，其中有些觀點完全不是來自於馬克思，而僅僅是一些關心人民、工人階級以及革命運動的歷史家，基於其個人的立場所發展出來的想法，其實根本不用馬克思，他們也可以從社會鬥爭以及社會主義意識形態中推導出這樣的結論。因此，就考茨基早期討論摩爾

（Thomas Moore）的文章中可以看到，在主題的選擇上並不一定
必然受馬克思主義的影響，但其處理的方法卻純然是庸俗的馬克
思主義。

　　不過，這些從馬克思主義中所汲取（或連結）的要素並不完
全是獨斷的。第一到四項，以及第七項，所作對庸俗的馬克思主
義的簡短說明，代表了思想界的震憾，它摧毀了傳統史學的堡
壘，其效果還遠大於真正的歷史唯物論（繁複而沒有那麼化
約），並且也將以往歷史學家所忽略的黑暗角落重新照亮了，讓
歷史學振奮了好一段時間。想一想，十九世紀末時，那些社會學
家與知識分子在受到馬克思主義歷史觀的衝擊時，該會有多麼驚
訝：「宗教改革真正的原因來自於經濟，三十年戰爭之所以會那
麼長也是因為經濟，十字軍的形成是因為土地不足，家庭的演變
是因為經濟，笛卡兒把動物看成機器是受了製造業系統的影
響。」[7] 至於我們這一代的人，一旦回想當初第一次接觸歷史唯
物論的心情，也是充滿了強烈的解放感。

　　如果馬克思主義對世界所造成的衝擊，註定是要用這種化約
的方式來展現的話，那麼我們也只能說，這種對馬克思主義所作
的化約選取，乃是一種歷史的選擇。馬克思在《資本論》中對於
新教與資本主義的關係所作的簡短評述，造成了廣大的影響，這
可能是因為其中所涉及的意識形態之社會基礎，以及宗教正統的

---

[7] 波納（J. Bonar），《哲學與政治經濟學》（*Philosophy and Political Economy*, London, 1893），頁367。

內容，在當時是個受人關注的問題。[8] 至於馬克思針對史學本身所作的討論，譬如《霧月十八》，反而在當時沒人注意，一直到今天才有人提起，這可能是因為文中所提的階級意識與農民問題，並不是當時學者的興趣所在。

　　以上就是一般人一直認為的，歷史學受馬克思主義影響的部分，然而實質上卻是受庸俗的馬克思主義影響。這個影響直到二次世界大戰之後，還在少數國家盛行（一直到現在的西德與美國），並且還有市場，其史學完全著重在經濟與社會面的討論。我們必須再強調一次，這個思想潮流雖然的確是受到馬克思主義的影響，但其實跟馬克思一點關係也沒有。

　　馬克思本人的思想在歷史學與社會科學所造成的衝擊，還是在於其「下層與上層建築」的理論，也就是說，社會由不同的「層次」所組成，各層彼此互動。至於馬克思本人對於各層階序（hierarchy）的排定以及各層如何互動的看法（就他自己所提供的來看）[9]，則不一定可採。不過，他的說法卻還是廣受非馬克思主義者的採納。馬克思本人對歷史發展的看法——包括對階級衝突的角色，社會經濟模型上的接續性，以及各期在轉折時所形成的機制——即便是在馬克思主義者當中也惹起不少爭議。爭論是

---

[8] 就是這段評述，讓馬克思主義對於正統史學產生了巨大的影響，這方面的主題後來由宋巴特、韋伯與托洛爾契加以引申發揚。而這個主題至今仍頗有討論的價值。

[9] 我們必須同意阿圖塞（L. Althusser）的看法，他認為馬克思對於上層建築的說明太簡略，遠不如他對下層建築的討論詳密。

有必要的，適時的引進證明的方法也是對的。馬克思有一些想法的確是錯的，因為他所用的證據是錯的而且不充分，譬如說東方社會這個研究領域，馬克思對此雖然很有洞察力，可惜作了錯誤的假定，提出了內在穩定性之類的錯誤觀念。不過，本文的重點還是要強調馬克思對於歷史學的價值何在，而不是對於整個社會的貢獻何在。

馬克思主義（以及庸俗的馬克思主義）的影響，特別表現在將歷史學成功轉型為社會科學上面，雖然其間所遭遇的抵抗不小，但到了二十世紀，歷史學歸屬於社會科學終成定局。馬克思主義在這個過程的貢獻，主要表現在對實證主義的批判上。實證主義是一種將自然科學的研究模式帶入社會科學的嘗試，它試圖將人的因素去除，務使其成為非人（non-human）的研究。這意味著把社會當作人際關係的系統，而對馬克思來說，這個系統存在的主要目的就是為了生產與再生產。這也意味著要把這個系統當成一個能自我維持的個體，並且研究這個個體與外在環境的關係──非人與人──以及個體的內部關係。馬克思主義是第一個但並不是唯一一個對社會進行結構─功能分析的理論，它在很多方面與其它的理論不同。首先，馬克思主義堅持社會現象有階序性（如「下層」與「上層」），其次，認為任何社會內部都存有緊張（「矛盾」），讓系統自我維持的功能遭到破壞。[10]

---

[10]「下層」指的不只是技術或是經濟而已，而是「諸種生產關係的整體」。粗略說來，它指的是一個個能達成某種水準的物質生產力的社會組織。

　　馬克思主義的特質能夠彰顯的領域還是在歷史學，只有歷史學才給予它這樣一個空間來解釋——不像其他的社會結構—功能模式——社會為什麼以及如何轉變：換句話說，就是社會進化的事實。[11] 馬克思的優點，就在於他同時考量了社會結構的存在以及歷史性，或者換句話說，就是內在的動態變化。在今日，社會系統的靜態分析已經廣泛地使用了，但是一直缺乏歷史的動態分析，馬克思對於歷史的強調，在此時剛好可以補其不足。

　　如此便形成對今日社會科學的批判，以下分兩點說明。

　　首先是對於支配當今社會科學（尤其是在美國）的機制提出批判，這個機械性的模式從科學的進展以及研究社會變遷的方法論中獲取力量，然而，它卻缺乏社會革命的可能。有人可能會說，在一個資金與技術不虞匱乏的研究環境，這種研究方式可說是相當適當，所以富國可以大量使用這種「社會工程」（social engineering）的理論與研究法。這種理論在本質上是在「解決問題」。理論上，它們相當地原始，也許比十九世紀的理論還要粗糙。因此，許多社會科學家，要不是心理這樣想，不然就是實際上已經不將歷史進程看成單一的變化，也就是從「傳統」到「現代」或「工業」社會；「現在」是以先進工業國（或甚至是二十世紀中葉的美國）為標準來判定的，至於「傳統」就是缺乏「現代性」。在操作的時候，會把大步進展區分為幾個小步，比如說羅斯托的幾個經濟成長分期就是一例。這些模型把歷史的複雜性

---

[11] 用進化這個詞，並不是說社會的進化與生物的進化有任何類似之處。

給剔除掉了，只選出它所認為重要的小時段，而就算如此，它所
分出來的小時段裡頭的歷史內容也是極度化約的。社會科學的勢
力與聲望，迫使著歷史學家開始運用這些模式來訂定歷史研究計
畫。很明顯地，這些模型並不能恰當地表述歷史變遷，而此時用
馬克思主義的取向來提醒自己的確有其必要。

其次是對結構—功能理論的批判，這種理論相當地複雜，而
它所產生的惰性也更強，更不容易接受歷史的思考方式。這種批
判在馬克思主義所影響的範圍內蔓延，馬克思主義提供了從十九
世紀進化論（馬克思主義經常與其結合）中解放的方法，不過這
同時也會將馬克思所帶有的「進步觀」從馬克思主義中剔除。如
此，我們為什麼還要進行批判？[12] 馬克思本人當然不會這樣作：
他把《資本論》第二冊獻給達爾文，也應該不會反對恩格斯為他
寫的墓誌銘，恩格斯在文中讚揚馬克思找到了人類歷史進化的法
則，正如同達爾文在有機體中找到了進化的法則一樣。（馬克思
絕不會想把進步與進化分離，也絕不會責怪達爾文將這兩者合併
在一起因而造成的反效果。）[13]

歷史的基本問題，乃在於要去發現各種人類社會群體分化的
機制，以及為什麼社會會轉變成另一種社會，或是想轉變卻無法
成功。從某個方面來看，馬克思主義或者一般人都會這樣想，人

---

[12] 之所以要清除馬克思主義中的「進化」觀點，這有著歷史因素，如反對考茨
　　基的教條（這也是一種政治考量），不過這不在本文討論之列。

[13] 馬克思於 1866 年 8 月 7 日寫給恩格斯的信。馬克思與恩格斯，《全集》
　　（*Collected Works*），第四十二冊（London, 1987），頁 304。

控制自然的過程，本來就是一種單一方向的改變，或者說就是一種進步，至少從長期來看是如此。只要我們不要把這種社會發展的機制與生物進化的過程視為相同或看成類似的話，那麼使用「進化」這個詞似乎也沒什麼不好。

這個論證當然不只是字面上的而已。它隱藏了兩種反對意見：對於不同社會所作的價值判斷，或者換句話說，把各種社會排出階序是否有其可能，另外則是與變遷的機制有關。結構—功能論不敢明目張膽地為各種社會排出「高」與「低」的階序，一方面是因為他們反對社會人類學在社會進化論的設定下所主張的，「文明的」統治「野蠻的」的說法，另一方面也是因為從功能論的角度來看，根本不存在這樣的階序。愛斯基摩人為了解決問題所組成的社會團體，[14] 其運作之成功不亞於阿拉斯加的白人居民，甚至還更好。從某些條件與設定來看，巫術的思考方式在處理問題上與科學思考方式一樣邏輯。

這些觀察是有效的，雖然說結果不一定對歷史學家或社會科學家有所幫助，因為他們想要解釋的不是系統的特定內容，而是整個結構的問題。[15] 而且它也與進化的問題沒有關係。人類社會

---

[14] 李維史陀曾提過「宗族系統」（或其他的社會機制）是一個「協同合作的整體，其功能在於確保社會團體能夠永久維繫」：收於塔克斯（Sol Tax）編，《今日的人類學》（*Anthropology Today*）（1962），頁 343。

[15] 「雖然功能分析有時也能作出相當活潑的研究，但是局限還是在，這是因為它沒有辦法去解釋原本存在於甲系統的要素，為什麼也能存在於乙系統。」：韓培爾（Carl Hempel），收入葛羅斯（L. Gross）編，《社會理論研討會》（*Symposium on Social Theory*, 1959）。

如果要永續長存，就必須要能成功經營，功能要能適當發揮，如若不然，就有滅絕的可能，如謝可斯（Shakers）所說的，系統本身不能創生而又不能從外在引進新事物。如果我們比較兩個系統時，只從其內在組成來看，並沒有什麼意義，重點是要看它們與外在的關係如何，如此才能比較。

第二個反對意見比較基本。大部分結構—功能分析都是同時性的，而且分析越是精巧則其靜態性就越強，我們應該引入一點動態分析才對。[16] 這個想法在結構主義者當中引發了論戰。大家都同意，一個分析模式，恐怕是不能同時兼具靜態與動態兩種模式，但這並不是說，兼具兩種模式是不對的，像馬克思本人在延伸的再生產的分析上就做到這一點，而歷史研究也的確特別有助於這兩種模式的合併進行。有些結構主義者乾脆不談變遷的問題，而直接把這個問題丟給歷史學者，或者如英國的社會人類學家，他們根本就覺得這個問題與其無關。不過，變遷既然是事實，那麼結構主義者就不能不管它。

為了要回應這些問題，人們可能走上馬克思主義，或者是走上反對進化式變遷的道路。我認為，李維史陀（或阿圖塞

---

[16] 李維史陀在研究宗族模式的時候曾說：「如果沒有外在的因素影響機制，那麼這個機制就會無限地運作下去，社會結構也會呈現出靜態。不過天底下沒有這種事，所以應該建立一種理論模式來說明新因素的引進所帶來對結構所產生的貫時性改變。」收於塔克斯編，《社會人類學》（*Social Anthropology*），頁343。

〔Althusser〕）❻ 似乎是屬於後者。對他而言，歷史變遷似乎只是排列組合而已（用李維史陀的話來說，就像遺傳學中的基因組合一樣），如果時間夠長的話，所有的組合應該都至少會出現一次。[17] 歷史過程就好像下棋一樣，從開始到最後有著不同的組合。但是，排序的不同是不是就會讓過程有所不同呢？這個理論對此並沒有提出解釋。

而這個問題卻是歷史進化需要討論的部分。馬克思的確預見到阿圖塞所強調的「形式」組合、再組合的過程，而阿圖塞也因為這種觀點，而成為一個未定型（avant la lettre）的結構主義者；或者說，成為一個可以讓李維史陀（他自己也承認）借用概念的人。[18] 馬克思的這個面向相當的重要，我們要牢牢記住，但是早期的馬克思主義者卻完全忽略了這個部分，除了極少數的例

---

❻ 譯註：阿圖塞（Louis Althusser, 1918-1990），法國結構主義馬克思主義者，青年時期為活躍的天主教徒，二次大戰期間為德軍俘虜，送入集中營。於1948年加入共產黨，著有《讀資本論》（*Reading Capital*）。

[17] 「但是，很清楚，這個『結合』概念的理論性質可以證明……馬克思主義『不是歷史主義』：因為馬克思主義的歷史概念是以這種「結合」原則推演變化而來的。」（'Il est clair, toutefois, que c'est la nature de ce concept de "combinaison" qui fonde l'affirmation...que le marxisme *n'est pas un historicisme*: puisque le concept marxiste de l'histoire repose sur le principe de la variation des formes de cette "combinaison".'）參見阿圖塞，《讀資本論》（*Lire le Capital*）第二冊（Paris, 1965），頁153。

[18] 巴斯蒂德（R. Bastide）編，《社會與人文科學中結構一詞的意義與用法》（*Sens et usage du terme structure dans les sciences sociales et humaines*）（Paris, 1962），頁143。

外（有趣的是，這些例外集中在史達林時代的蘇維埃馬克思主義者身上，但他們完全不知道自己作的事情有如此重大的意義）。更重要的是，我們也要知道，針對這些要素及其彼此間如何結合來進行分析，可以讓我們（像遺傳學那樣）對進化理論作恰當的運用，讓我們搞清楚什麼樣的狀況在理論上是可能發生的，什麼是不可能發生的。同時，阿圖塞認為，這種分析——這個問題可以再討論——也可以對社會「層次」（下層與上層建築）及其之間的互動作更明確的界定。[19] 這種分析不能做的，是它無法解釋為什麼二十世紀的英國與新石器時代的英國是如此地不同，或者是社會經濟各種組成形式間的接續過程，或者各形式轉變的機制，或著是馬克思為什麼畢生致力於回答這些問題。

---

[19] 「由此我們可以看到，某些生產關係是以法律—政治以及意識形態的『上層建築』的存在作為自身存在的前提。我們也可以看到，這種上層建築為什麼必然是『特殊的』……我們也可以看到，另一些生產關係並不要求政治的上層建築而只要求意識形態的上層建築（無階級社會）。最後，我們可以看到，我們所考察的生產關係的性質不僅要求或不要求某種形式的上層建築，而且還決定著社會整體的某一層次的『作用程度』。」（'On voit par là que certains rapports de production supposent comme condition de leur propre existence, l'existence d'une *superstructure* juridico-politique et idéologique, et pourquoi cette superstructure est nécessairement *spécifique*... On voit aussi que certains autres rapports de production n'appellent pas de superstructure politique, mais seulement une superstructure idéologique (les sociétés sans classes). On voit enfin que la nature des rapports de production considérés, non seulement appelle ou n'appelle pas telle ou telle forme de superstructure, mais fixe également de *degré d'efficace délégué* à tel ou tel niveau de la totalité sociale'），阿圖塞，《讀資本論》，頁153。

　　如果我們要回答這些問題，就有必要區別馬克思主義與結構─功能分析的不同：在層次模型中，社會的生產關係是主要成分，系統之中存在著內在矛盾，因此會產生階級衝突。

　　要解釋為什麼歷史有方向，就一定要提層次的階序。整個歷史（雖然不是每個地區或每個時代）之所以是「有方向且不可逆的」（再引用李維史陀的話），是因為人類不斷地從自然中解放出來，同時又不斷加強了對自然的控制。如果層次的階序不是起源自社會生產關係的話，人類歷史就不會有這種特質。除此之外，由於人類控制自然的過程與進展與生產力（例如新的技術）與生產關係的變遷有關，那麼社會經濟系統的接續必定是秩序井然的。（這並不是說，存在著一張如《政治經濟學的批判》〔 Critique of Political Economy 〕導言所說的順序表，有著編年史般整齊的順序，馬克思對此是全然不信。同樣地，也不是說人類歷史有一個單一的普世的線型進化。不過，某些社會現象的確具有順序，譬如一個具有城市─鄉村二元對立的經濟體，其存在必以城市、鄉村已經發展出來為前提。）同樣的道理，系統的接續，不能光看一個面向，如光看技術面（低度科技必在高度科技之前）或光看經濟面（貨幣經濟〔 Geldwirtschaft 〕必在自然經濟〔 Naturalwirtschaft 〕之後），而須觀照整個社會系統。[20] 因為馬克思歷史思想的核心，就在於要將「社會的」與「經濟的」要素同時處理。社會的生產與再生產的關係（粗略地講，就是社會組

─────────

[20] 我們可以說，這是一種由各種元素作不同組合所構成的不同整體。

織），以及物質的生產力，兩者不可分割。

給定了歷史發展的「方向」，社會經濟系統的內在矛盾就給予了變遷的動力，於是造成了發展。（若沒有內在矛盾，則只能產生循環的波動，一個不斷不穩定與再穩定的過程；而變遷當然有可能由外而生，譬如藉由與其他社會接觸來產生衝突。）這個內在衝突的說法，不應該被視為是「功能失常」（dysfunctional），除非我們認為穩定與恆常是常態，而變遷則是例外；但是如果因此就認為變遷是常態（如一些庸俗的社會科學），則又太天真了些。[21] 社會人類學家現在已經比較能接受這樣的想法，那就是一個只能分析靜態系統的結構模型並不恰當。一個模型應該同時反映穩定的與斷裂的要素。而這正是馬克思模式的立基點，而不是庸俗的馬克思主義者的。

這種雙元（辯證）模式很難建立並且運用，因為在實際上，很多人會由於立場或條件的影響，而採取不同的操作方式，要不是變成穩定功能論的模型，就是成為革命變遷式的模型，然而其實兩者是應該合一的。內在緊張有時也會被重新加以界定，變成一種自我穩定的模型，內在緊張能化解就穩定，不能化解就產生衝突與矛盾。階級衝突可以藉由安全瓣來加以調節，如同前工業時代都市無產階級的暴亂一樣，這種狀況會定期發生，變成一種

---

[21] 有人認為，這裡所說的變遷指的是不是就是「衝突」，若就我們所關注的人際關係所形成的社會系統來看，則人與人之間，團體與團體之間在價值系統、角色及其他方面，有衝突的形式的確是常態。

「反叛儀式」（rituals of rebellion）（葛魯克曼〔Max Gluckman〕❼
所創的頗具啟發性的詞）；但有時則無法如此。國家會在制度與
價值所構成的穩定架構內（存在於社會本身之上或之外，如國王
作為一種「正義的泉源」），對階級衝突予以控制，使之返回正
軌，否則社會可能被內在緊張撕裂成兩半。馬克思曾在《家庭的
源起》（*Origin of the Family*）中詳細闡述國家的起源與功能。[22] 有
時候，國家也會失去功能——只要臣民開始不信任——以及合法
性，而變成「富人謀求自身利益的把戲」——用摩爾的說法——
貧民困苦的來源。

　　有些說法會將這種模型的矛盾本質加以誤導來模糊話題，將
社會現象區分成受到調節的穩定現象，以及顛覆現象：把能夠整
合進封建社會的，稱為「商業資本」，不能夠整合的，稱為「工
業資產階級」；把社會運動區分成「改革派」與「革命派」。雖
然存在著這種區分的現象，但仍無法掩飾社會發展中所產生的內
在矛盾（對馬克思而言，並不排除內在矛盾可能是一種階級衝突
的可能），[23] 而隨著狀況的不同，相同的現象可能會產生不同的
功能——本來想恢復舊日的階級秩序（譬如農民運動），卻變成

---

❼ 譯註：葛魯克曼（1911-1975），英國社會人類學家，著有《部落社會中的政
　　治、法律與儀式》（*Politics, Law and Ritual in Tribal Society*）。

[22] 國家是不是唯一一種能控制內在緊張的機構，不得而知。馬克思主義者如葛
　　蘭西（Gramsci）對此討論甚多，本文在此不詳細說明。

[23] 利希特海姆（《馬克思主義》[*Marxism*], London, 1961，頁152）正確指出了
　　馬克思在分析古羅馬社會的崩解時，其實是把階級的對立放在次要的位置。
　　至於那些認為「奴隸起義」乃是主要原因的說法，並不合於馬克思的原意。

社會革命;本來想革命,卻反過來維持現狀。[24]

　　雖然很困難,不過社會科學家們(包括動物生態學家,特別是人口動態學以及動物社會行為學的學生)已經開始建構一個以緊張或衝突為基礎的均衡模型,而這麼做的結果,使他們較以往更接近馬克思主義,並且遠離了把秩序置於變遷之前而且強調社會生活中的整合與規範要素的舊社會學模型。同時,我們也必須承認,馬克思文章中的模型並不清晰,需要再加以加工與發展,而其中所殘留的十九世紀實證主義的痕跡(恩格斯在這方面的色彩比馬克思還濃)也必須清除乾淨。

　　我們還沒有解決各個時代所特有的社會經濟模型,其本質以及接續為何的問題,以及這些模型內部發展以及互動的機制為何的問題。這些問題都是從馬克思[25]以來就熱烈討論的領域,而不僅是從過去這幾十年來才開始的,從某些方面來看,我們已較馬克思當時大有斬獲。[26]最近的研究也肯定了馬克思通論性的研究

---

[24] 如渥斯禮(Worsley)所言:「系統內部的變化,要不是累積起來造成結構性的改變,就是痛痛快快地一次搞定。」收錄於〈現代英國社會人類學中有關暴動與革命的分析〉('The Analysis of Rebellion and Revolution in Modern British Social Anthropology'),《科學與社會》(Science and Society),二十五期第一份(1961),頁37。社會關係中的儀式現象,是紓解緊張的一種符號,如果不如此,必會造成暴亂。

[25] 參見有關東方研究的各種討論文章,起初馬克思對此不過是寥寥數語,而其中最重要的幾句話——在《概論》(Grundrisse)中——一直要到十五年前才公諸於世。

[26] 例如在史前史,齊爾德晚期的作品也許是英語世界裡,運用馬克思主義於歷史研究中最富原創性的一人。

與視野所顯現的聰敏與淵博，不過另一方面也指出了他的疏失，尤其是在前資本主義時代。不過，這些主題即便是用最粗糙的形式也無法簡單說明，除非是用具體的歷史知識來看才行，因此在現在這個座談會中是無法討論了。儘管無法討論，我只能說我相信馬克思的取向仍是唯一能讓我們解釋整個人類歷史的方法，也是討論現代的一個最好起點。

雖然馬克思對於歷史所呈現最成熟的思考成果——也就是著名的《概論》（Grundrisse），完成於一八五七到一八五八年間——一直到一九五〇年代才公開，但馬克思的成就並沒有因此而有所改變。此外，隨著庸俗的馬克思主義模式運用的式微，也使得馬克思主義史學步上正軌。[27] 其實，當代西方馬克思主義史學的特點之一，就在於批判單一而機械的經濟決定論架構。

不過，不管馬克思主義史家是否已經超越了馬克思，他們的貢獻如今已有了新的意義，因為社會科學現在已經有了改變。在恩格斯死後五十年，歷史唯物論的主要功能是把歷史學往社會科學方向推（但不是走向實證主義的過度化約），而現在反過來，社會科學正在快速地歷史化。由於缺乏學院派史學的協助，社會科學逐漸在自我拼湊——使用它們自己特有的程序來研究過去，而帶有一種技術上的繁瑣，而其所依據的歷史變遷模型則在某種

---

[27] 例如，比較威廉（Eric Williams）博士的《資本主義與奴隸制度》（*Capitalism and Slavery*, London, 1964）及傑諾維斯教授的作品。前者是價值非凡的先驅，後者則處理美國奴隸社會與奴隸制度廢除的問題。

程度上比十九世紀所建立的模型還粗糙。[28] 在此，馬克思歷史唯物論就顯得特別有價值，不過具有歷史眼光的社會科學顯然已經不會如二十世紀初的歷史學家那樣，認為馬克思的堅持（須兼顧歷史中的經濟與社會要素）很重要；相反地，社會科學家看重馬克思的部分，對於那些馬克思之後的史家來說，並沒有那麼大的衝擊力。

　　以上是否已經解釋了在今日某些具有歷史傾向的社會科學領域中，馬克思觀念所具有的崇高地位，這是另外一個問題。[29] 馬克思主義史家，或者是受馬克思主義學派訓練出來的史家，他們目前所擁有不尋常的崇高地位，有絕大部分是因為過去十年來知識分子與學生的激進化、第三世界的革命、已經偏離正軌的馬克思主義教條的崩潰，以及很簡單的理由，世代交替。那些在一九五〇年代出版大量書籍以及在大學裡擔任教職的馬克思主義者，他們在一九三〇與四〇年代還是相當激進的學生，而此時已達到他們事業的巔峰。當我們慶祝馬克思誕生一百五十週年以及《資本論》百週年之時，我們不得不注意到——我們得為自己身為馬克思主義者為榮——馬克思主義在史學界的重大影響力，以及有許多史學家受到馬克思的啟發而在他們的作品中顯現了馬克思主義的訓練成果。

---

[28] 尤其在研究某個社會的經濟成長，以及政治學與社會學在研究「現代化」理論時，特別會有這種狀況。

[29] 關於前工業社會中，資本主義發展的政治衝擊的討論，以及在現代社會運動與革命發生之前的歷史，都是好例子。

11

馬克思與歷史學

Marx and History

本篇講稿發表於一九八三年由聖馬利諾共和國（Republic of San Marino）舉辦的馬克思百年研討會，後發表於《新左評論》第一四三期（1984年2月），頁39-50。

　　我們在這裡是為了要討論馬克思死後百年，馬克思的歷史概念所產生的主題與問題。這不只是一個儀式性的百年慶典而已，而是另一個起點，提醒我們馬克思在歷史學中所扮演的獨特角色。對此，我將分三點說明。第一點是自傳性質的。一九三〇年代，我還在劍橋念書，當時最傑出的青年男女有許多都入了共產黨。那時也是劍橋最輝煌的時代，學生都俯仰於大師的腳下。在年輕的共產黨員中，流傳著這麼一個笑話：共產主義的哲學家是維根斯坦學派的，❶ 共產主義經濟學家是凱因斯學派的，共產主義的文學家則是李維斯（F. R. Leavis）❷ 的門徒。史學家呢？他們完全是馬克思主義者，因為劍橋或其他大學並沒有什麼有名的史學家──而我們的確聽過一些大師的名字如布洛克──他是唯一能跟馬克思並駕齊驅的人，是巨擘也是靈感的來源。第二點說明也有點類似。三十年後，在一九六九年，諾貝爾獎得主希克斯爵士出版了他的《經濟史理論》（*Theory of Economic History*）。其中寫道：「大部分想要寫通史的人還是會選擇馬克思的理論，或是一些調整的版本，因為目前還沒有更好的方式可供運用。《資本論》在百年之後的今天，仍然不失為一傑出的理論。」[1] 第三

---

❶ 譯註：維根斯坦（Ludwig Wittgenstein, 1889-1951），奧國人。原攻讀數學與工程，後受羅素（Russel）影響，轉而研究數理邏輯。著有《邏輯哲學論》（*Tractatus Logico-philasophicus*）。

❷ 譯註：李維斯（Frank Raymond Leavis, 1895-1978），英國文學批評家。著有《大傳統》（*The Great Tradition*）。

[1] 希克斯，《經濟史理論》（London, Oxford and New York, 1969），頁3。

個說明出自布勞岱的大作《資本主義與物質生活》(*Capitalism and Material Life*)——書名本身與馬克思產生聯繫。在這本書中,馬克思的名字屢次被提及,次數遠高於其他法國學者。在法國這樣自信的國家裡,能如此讚許馬克思的確是令人印象深刻。

馬克思對歷史寫作的影響,並非是一種不言自明的發展。雖然歷史唯物論是馬克思主義的核心,而馬克思所寫的一切也都與歷史分不開,但馬克思卻從未以歷史學家的角度來寫歷史。而從這個地方來看,恩格斯反而比較像歷史學家,他所寫的許多作品,很多都能稱得上是我們圖書館裡收藏的「歷史」。馬克思當然也研讀歷史,甚至還很博學。他只有一本著作標題是帶有「歷史」的,這本書是反沙皇文章的結集,書名為《十八世紀秘密外交史》(*The Secret Diplomatic History of the Eighteenth Century*),而這本書卻是他所有作品中最沒價值的一本。我們所謂馬克思的歷史作品,其內容不外乎是對時政的分析以及新聞評論,再結合一點歷史背景。他對時政的分析,如《法國的階級鬥爭》(*Class Struggles in France*)及《路易‧波拿巴的霧月十八》(*The Eighteenth Brumaire of Louis Bonaparte*),都是非凡之作。他有許多新聞評論(雖然水準參差不齊),其中不乏珍貴的分析——人們會想到評論印度的文章——這些都是馬克思將他的方法運用在具體歷史以及當時具體情境(現在也已成為歷史)的最好例證。不過馬克思從未像現在的歷史學家一樣,把過去當成一個主題在研究。馬克思對資本主義的研究包含了大量的歷史資料、歷史解釋以及與史家有關的問題。

　　馬克思的歷史作品因此被歸入了他的理論及政治作品當中。
其內容所涵蓋的歷史發展是長期的，往往包括了人類整個發展過
程。這些作品因此應該要同時與馬克思其他針對短期及特殊議題
或具體歷史事實的作品一起對讀。儘管如此，馬克思還是沒有完
整地說明他對人類歷史發展的看法：而《資本論》更不可以被視
為是「一八六七年後資本主義的歷史」。

　　馬克思之所以如此，以及馬克思主義史家之所以不僅止於評
論馬克思，還做馬克思本人不做的事情，其原因有三，兩個是次
要的，一個是主要的。首先，眾所皆知，馬克思要將他的計畫完
成是有困難的。第二，馬克思一直到他死前，思想都還一直在發
展，但是他的架構卻是在一八四〇年代中期就發展出來了。第
三，也是最重要的，馬克思在他最成熟的作品中，是以次序顛倒
的方式來研究歷史的，他把資本主義當成起始點。如同要解剖
「猿猴」就先要處理「人類」一樣。這個程序當然不是反歷史。
馬克思的意思是指不能光從過去來看過去：這不只是因為過去是
歷史過程的一部分，也是因為歷史過程可以讓我們分析並理解過
去。

　　以勞動（labour）這個概念為例，它是歷史唯物論的核心。
在資本主義出現以前——或者如馬克思所說，在亞當・史密斯之
前——還沒有勞動這個概念（只能比較質的不同而無法作量的比
較）。而如果我們要從全球的、長期的角度，把人類歷史看成是
人類越來越能有效利用自然的過程的話，那麼社會勞動的概念是
絕對必要的。馬克思的取向可以再討論，因為照他的方法來分析

未來的發展，我們可能會面臨一個窘境，那就是至今還沒有出現另外一種方式來與馬克思的勞動概念作比較，如此將造成只存在一種角度來闡釋人類歷史的局面。雖然我們預期在未來的研究中，我們還是不會放棄馬克思的概念，但這種現象的確是一個隱憂。我的重點不在質疑馬克思，而是指馬克思的方法很容易因為具有強烈的目的性，而不知不覺地排除了許多史家有興趣的主題，例如，封建主義是如何轉變成資本主義的。這個問題丟給了後來的馬克思主義者，不過恩格斯倒是挺關心「到底發生了什麼事」，因此他對於這一類的問題多所著墨。

馬克思對於歷史學家（不僅僅是馬克思主義史家）的影響，其基礎主要來自於兩方面，一個是他的理論（歷史唯物論），認為人類歷史發展是從原始共同體到資本主義，另一個則是他的具體觀察，針對過去的問題所提出的特定看法。雖然後者有很大的影響力，並且極富啟發性，不過我在此不打算討論這一部分。《資本論》的第一冊只有三、四處提到新教，但是往後整個對於宗教（特別是新教）與資本主義之間關係的討論卻都導源於此。同樣地，《資本論》只在一個註釋裡提到笛卡兒的說法（動物是一種機器，真實與玄思對立，哲學是一種主宰自然並讓人類生活盡善盡美的工具）順利讓他的觀點與「製造的時代」連結在一起，並因此產生了一連串的問題，如為什麼經濟學家特別偏愛霍布斯、培根（Bacon）以及後來的洛克（Locke）。（基於馬克思的論點，諾斯〔Dudley North〕也認為笛卡兒的方法「讓政治經濟學從舊迷信中解放」。）[2] 在一八九〇年代，這條註釋已經讓非

馬克思主義者肯定這是馬克思的一個非凡創見，而到了今天，光是為了討論這條註釋就至少可以在研究所開一堂半年的課。不過，我們不需要因此就必須對馬克思的知識及興趣之廣感到信服，而倒是應該欣賞馬克思從他的歷史知識中看出了過去的特殊面向。

我們需要更多的篇幅來討論歷史唯物論，因為現在它不僅受到了非馬克思主義者及反馬克思主義的批評與非難，就連馬克思主義者對它也不是沒有意見。長久以來，歷史唯物論是馬克思主義中最沒有爭議的一部分，也是其核心。它是從馬克思與恩格斯在批判日耳曼哲學與意識形態的過程中發展起來的，因此它主要是用來反對這樣一種信仰，那就是「觀念、思想、概念可以產生、決定並支配人類的物質條件及生活。」[3] 從一八四六年以來，這個概念就沒有變動過。它可以以一句話表示，但可能說法不只一個：「不是意識決定生活，而是生活決定意識。」（It is not consciousness that determines life, but life that determines consciousness.）[4]《德意志意識形態》（*The German Ideology*）中有更清楚的敘述：

---

[2] 引自馬克思，《資本論》（哈蒙沃斯〔Harmondsworth〕，一九七六），第一冊，頁五一三。

[3] 馬克思與恩格斯，《德意志意識形態》（*The German Ideology*），《全集》（*Collected Works*）（London, 1976），頁24（翻譯修訂版）。

[4] 同前引書，頁37。

　　歷史觀的內涵就在於詳細說明真正的生產過程——從生活本身的物質生產開始——並且要掌握由這種生產模式所產生的以及與這種生產模式有關的各種互動形式，意即，處於不同階段的市民社會是所有歷史的基礎；要描述市民社會作為國家時所採取的行動，也要解釋從這個基礎上所產生的所有不同的理論產物及意識、宗教、哲學、道德等等形式；如此，所有的事物都可以從整體的角度來描述（也可以從它們彼此的互動中來描述）。[5]

我們應該順便提一下，對馬克思及恩格斯來說，「真正的生產過程」並不單單只是「生活本身的物質生產」而已，而有更廣的意義。沃爾夫的說法相當公允，它是「自然、工作、社會勞動及社會組織所形成的一套複雜而彼此依存的關係。」[6]我們也應該這樣說，人類的生產不僅用了雙手，還用了腦袋。[7]

　　這個概念不是歷史，而是歷史的指引，是一個研究計畫。讓我們再引用一下《德意志意識形態》的話：

　　空想結束的時候，現實的生活開始的時候，才會有真正的、實證的科學，來說明人類發展的實際活動與實際過程⋯

---

[5] 同前引書，頁53。

[6] 沃爾夫，《歐洲以及沒有歷史的人》（*Europe and the People without History*, Berkeley, 1983），頁74。

[7] 同前引書，頁75。

…一旦能描述這些事實，則那些自以為是的哲學都將失去存在的價值。至於原來哲學所占有的空間，則頂多只能讓那些由觀察人類歷史發展之後所作的抽象而概括的總結來填補。這些抽象的說法本身要是與歷史分離了，就沒有任何價值。它們只能用來幫忙編排歷史資料，並指出各層次的前後次序。但它們絕對不提供方法或架構來整齊地切出各歷史分期，就如同哲學那樣。[8]

　　完整的說明要看一八五九年《政治經濟學批判》（*A Contribution to the Critique of Political Economy*）的序言。我們要問的是，如果我們反對這種說法，我們還算不算是馬克思主義者。不過，很明顯地，這裡的說明太簡略，還需要更多的解釋：馬克思所用的詞彙太過於含糊，人們不斷地爭吵著到底「力量」（forces）及生產的「社會關係」（social relations）是什麼意思，而到底是什麼構成了「經濟下層」（economic base）及「上層建築」等等。另一個明顯的事實是，從一開始，馬克思就認定歷史唯物論是歷史解釋的基礎（因為人是有意識的），而不是歷史解釋本身。歷史學並不像生態學：人類決定並思考什麼可以發生。允許我們從一般的歷史變遷中去找出必然性，這並不一定就是決定論的表現。歷史必然性的問題只有從回溯的角度來看才能獲得解決，甚至還是多餘的：已經發生的事就是必然的事，因為已經發

---

[8] 馬克思與恩格斯，《德意志意識形態》，頁37。

生了；去想如果是別的事情發生了，是一種學院的想法。

　　馬克思想要證明先驗，也就是某些歷史結果（如共產主義）乃是歷史發展的必然結果。但是這很難從科學的歷史分析中顯現出來。但明顯的是，歷史唯物論從一開始就不是經濟決定論：並不是所有歷史上的非經濟現象都是導源於特定的經濟現象，特殊的事件與日期也不是以此決定的。即便是最死硬的歷史唯物論擁護者也花費了大量的心神在研究歷史上偶然與個別現象所扮演的角色（普列漢諾夫〔Plekhanov〕）❸，而不管哲學界怎麼批評，恩格斯也把這樣的想法清楚地藉由信件傳遞給了布洛克、史密特（Schmidt）、史達根柏格（Starkenburg）及其他人。馬克思自己則在《霧月十八》以及一八五〇年代的新聞評論中，明確地表示出他的觀點也是如此。

　　其實，歷史唯物論上真正重要的論爭，與社會存有（social being）與意識（consciousness）兩者間所存在的基礎關係有關。而其所牽涉的主要不是哲學上的考量（如「唯心論」與「唯物論」的對立）或甚至道德哲學的問題（「『自由意志』與人類有意識的行動，其角色如何？」「如果局勢還沒成熟，我們如何行動？」），而是比較史學及社會人類學的經驗問題。典型的論證會這麼說，我們不可能將社會生產關係與觀念和概念區別開來（它是上層建築的基礎），一部分原因是因為這個區別不過是一種後

---

❸譯註：普列漢諾夫（Georgii Valentinovich Plekhanov, 1856-1918），俄國馬克思主義者，為列寧的老師，也是首位對於辯證唯物論作深入研究的學者。

見之明，另一方面則是因為社會生產關係也是由文化與概念建構出來的，不能說一切都仰賴社會生產關係。另外一種反對意見則主張，一個生產模式往往可以容納不同的概念，這種現象就很難只從「下層建築」來解釋了。因此，我看到有些社會有相同的物質基礎，但社會關係、意識形態及其它上層建築的特徵卻大不相同。從某種程度來看，人類對於世界的看法決定了其社會存在的形式，至少與後者影響前者的力道相若。至於是什麼東西決定人類對世界的看法，說法莫衷一是：像李維史陀就認為是由一些數量有限的思想概念作不同組合所構成的。

　　讓我們把馬克思是否不考慮文化面這個問題放在一旁。（我自己的看法是，在馬克思的歷史著作裡，他非常反對經濟化約論。）基本的事實是，馬克思認為要分析任何時期的社會都要從分析生產模式入手：也就是說，㈠人類與自然之間技術──經濟的「新陳代謝」形式（馬克思），人類藉由勞動來適應並轉變自然；以及㈡藉由社會安排來動員、部署及配置勞動。

　　這種方法完全可以用在今日。如果我們想了解二十世紀晚期的英國或義大利，很明顯地我們必須從一九五○到六○年代生產模式所發生的巨幅轉變談起。在最原始的社會的例子裡，宗族組織及觀念系統（宗教組織也是其中的一個面向）的形式要看其經濟模式是糧食採集式的還是糧食生產式的來判斷。例如，沃爾夫指出，[9] 在糧食採集經濟中，資源的取得比較容易，只要想拿就

---

[9] 沃爾夫，《歐洲以及沒有歷史的人》，頁91-92。

應該能拿得到，但是在糧食生產經濟裡（農業或放牧），這些資源的取得就有限制。這種狀況一直是如此。

　　雖然下層與上層建築的概念在決定分析順序上頗為重要，但歷史唯物論仍面臨著另外一種嚴厲的批評。馬克思除了主張生產模式是基本，因此上層建築必須與「人類間的本質關係」（也就是社會生產關係）相一致，還認為社會物質生產力有一種必然的進化趨勢，因此會與既有的生產關係及無彈性的上層建築產生矛盾，而生產關係與上層建築必須讓步。柯亨（G. A. Cohen）❹ 認為，馬克思所說的進化過程指的是技術上的。

　　問題不在於這種趨勢為什麼該存在，從整個世界史的發展來看，這種趨勢確實存在到今日。應該想的是，這種趨勢其實並不是普世性的。我們可以找出許多並沒有這種趨勢的社會，它們可能是停滯不前的，但這樣還不夠。從糧食採集到糧食生產，的確是符合這種趨勢（從生態學來看，這個過程是理所當然的），但它卻不能適用在現代的科技發展與工業化上，因為這種現象是先由某個區域所獨有，才進而推展到世界其他地區。

　　這似乎是一種進退兩難的局面。一方面，如果社會物質生產力沒有一般化的發展趨勢，或是超越某一點的發展趨勢的話，那麼西方資本主義的發展就不能以這種趨勢為根據，歷史唯物論的

---

❹ 譯註：柯亨（1941-），分析馬克思主義學派的領導人，主張用英美分析哲學來研究並重估馬克思主義的傳統教條。著有《馬克思的歷史理論》（*Karl Marx's Theory of History: A Defence*）。

解釋就只能用在特例。（順帶一提，如果我們不認為人類是持續地在增加他們對自然的控制的話，那麼這不僅僅是違背現實，還會把歷史搞得更複雜。）另一方面，如果真有這樣一個一般化的歷史趨勢的話，那麼我們必須要解釋為什麼這個趨勢並不能用在每個地方，及每個事例上（如中國），這明顯與一般化矛盾。這樣看來，社會結構的力量與惰性，以及凌駕於下層建築之上的上層建築，是具有阻撓物質基礎運動的能力的。

就我來看，這對於用來解釋世界的歷史唯物論來說，並不是一個無法解開的難題。馬克思本人並不主張線型史觀，他對於某些社會為什麼能從上古時代演進到封建時代乃至於資本主義，而其他社會（他把這些社會概括地稱為亞細亞生產模式〔the Asiatic mode of production〕）卻不能，提出了一個解釋。然而，這的確使得用來改變世界的歷史唯物論面臨到一個非常困難的問題。在這一方面，馬克思論證的核心，在於當生產力與生產關係的「資本主義外衣」（capitalist integument）格格不入的時候，革命就會發生。不過，若如一八五九年的序言所論，如果其他社會並沒有顯示任何物質力量成長的趨勢的話，或者是有成長但卻已受到社會組織與上層建築的控制與拖延而無法產生革命，如此，為什麼資產階級社會會產生革命呢？用比較不極端的歷史例證來說明資本主義進展到社會主義的必然性，這是作得到的，甚至相對來說是比較容易的。但我們會因此錯失兩件對馬克思及其追隨者（包括我自己）來說相當重要的事：㈠社會主義的勝利，是所有歷史進化的邏輯結果；㈡它標示著「史前時期」（prehistory）的結

束,因為社會主義社會不能也不會是一個「對抗」(antagonistic)的社會。

這並不影響「生產模式」(序言將其定義為,生產關係的總合所構成一個社會的經濟結構,以及形成此社會存在所仰賴的物質條件的生產模式)概念的價值。不管社會的生產關係為何,不管這些關係在社會的功能怎樣,生產模式所構成的結構,決定了生產力成長的形式以及剩餘將如何分配,社會將如何能或不能改變它自身的結構,以及在適當的時機生產模式的轉變將怎樣發生。生產模式也決定了上層建築的範圍。簡言之,生產模式是我們藉以理解不同人類社會及其互動以及歷史動態的基礎。

生產模式並不完全等同於社會:「社會」是人際關係的系統,或說得更精確些,人類團體之間的關係所構成的系統。「生產模式」可以顯示出讓這些團體關係之所以不同的力量所在——社會不同,團體的關係在某種程度上也就不同。生產模式本身是否依照時間順序而形成一連串的進化過程呢?無疑地,馬克思本人的確是這樣想,並且認為這種過程讓人類逐漸從自然解放並控制自然,也因此影響了生產力與生產關係。根據這樣的想法,生產模式並呈現出一種上升的走勢。不過,就算生產模式之間的確產生了一種明確的時間順序(如,由蒸汽機所構成的商品經濟絕對發生於沒有蒸汽機的商品經濟之後),馬克思還是沒有建立線型史觀的意思。事實上,從歷史上可以輕易發現除了人類最早期的發展外,在其他時期,各種生產模式都有共存與互動的現象。

生產模式具體顯示了特定的生產計畫(基於特定的技術及生

產勞動分工所作的生產）以及在某個發展階段中，由「特定的、受時空所規限的社會關係來部署勞動，而勞動則藉由工具、技術、組織及知識來從自然取得能量」，然後社會所製造出來的剩餘則經由流通、分配，最後用來積累以滿足其他目的。馬克思主義史學必須同時考慮到這兩件事。

　　這裡要提一下人類學家沃爾夫的作品《歐洲以及沒有歷史的人》（*Europe and the People Without History*），這本書雖然極具原創性也很重要，但也有其弱點。沃爾夫想要說明資本主義的全球擴張以及勝利，是如何影響了前資本主義社會（資本主義想將其併入其世界體系）；而資本主義在多元的生產模式之下，又是如何接受調整與修改的。這本書談的是連結，而不是原因，不過連結有時候對於原因的分析也很有幫助。它提供了相當不錯的方式來捕捉不同社會在接觸資本主義的過程中，不管能否調整，所作的「策略性的變形」。因此偶然間讓我們看到不同生產模式的關係，以及在其中的社會、意識形態及「文化」的相貌。[10] 但這本書並沒有解釋物質基礎的變動以及勞動的分工，更沒有說明生產模式的轉變。

　　沃爾夫用三個粗略的生產模式或生產模式「群」來操作：「宗族」（kin-ordered）模式、「納貢」（tributary）模式以及「資本主義」模式。他認為從漁獵及糧食採集到糧食生產社會，是屬於宗族模式，至於納貢模式則包括了馬克思所說的封建社會及亞

---

[10] 同前引書，頁389。

細亞生產模式。在這兩種模式裡，剩餘都由掌握軍政大權的統治團體所剝奪。阿敏（Samir Amin）❺ 認為這種分法值得商榷，它的缺點是將許多處於不同生產階段的社會一併歸入「納貢」模式之中：從西方黑暗時代的封建領主到中華帝國；從沒有城市的經濟體到產生城市的經濟體。這本書只有一小部分觸及到根本問題，那就是納貢模式的某一個小變形是如何、為何及何時產生出已發展的資本主義的。

簡而言之，要分析生產模式，必須立基於可見的物質生產力來進行研究：也就是說，要研究技術、組織還有經濟學。我們不要忘了在序言後面，馬克思認為政治經濟學乃是市民社會的解剖學。所以，傳統上對於生產模式及其轉變的分析還需要再發展，而有許多馬克思主義者已經這麼做了。模式之間的轉變替換，人們總是用因果或線型的關係來看：每個模式內部都包藏了「基本的矛盾」，它產生了動力與力量以促成轉變。我們不清楚這究竟是不是馬克思的意見——除了針對資本主義——而這當然也造成無休止的爭論，尤其是在討論西方從封建主義過渡到資本主義的時候。

接下來做的這兩個假設似乎就挺有用了。首先，生產模式中會有一些基本元素會讓模式不穩定，但這只是潛在的，並非必

---

❺ 譯註：阿敏（1913-），生於埃及，於法國求學，是新馬克思主義者。關心發展中國家自我依存的問題，尤其是把焦點放在阿拉伯國家。著有《不平等的發展》（ *Unequal Development: An Essay on the Social Formations of Peripheral Capitalism* ）。

然，而且有時隨著模式結構的不同，這些元素還會反過來成為防止變遷的力量。第二，模式轉變的機制並不完全來自於內在，各種不同結構的社會間的結合與互動也有影響。因此，所有的發展都是混合的發展。我們不可以光從一個特定條件就來說明地中海地區的上古古典文明，或是光只從西歐的莊園與城市就來說明封建主義是如何轉變成資本主義，我們應該尋找不同的路徑來找出它們之間在某個發展階段是如何匯流而造成轉變。

這種取向——似乎是比較符合馬克思精神，而且也尊重了文本的權威性——讓我們可以輕易地解釋兩種不同的社會為什麼能夠並存，一個是已經走上了資本主義的道路，另一個是尚未走上，而其之所以走上是因為被已經走上的予以滲透征服的緣故。另一方面，馬克思主義史家也已經開始察覺到，這個系統本身其實就是個混合的進化：它建築在既有的物質上，利用並適應既有的物質，最後則受既有物質的塑形。最近對於工人階級的形成與發展所進行的研究已說明了這一點。事實上，過去二十五年來整個世界之所以會有這樣大的轉變，只有一個原因，那就是原本作為資本主義運作核心的前資本主義元素，現在已經腐蝕殆盡，不能在資本主義發展中扮演重要角色了。我所指的是家庭。

現在讓我回來討論我一開頭想要講的，馬克思對歷史學家有什麼獨特意義。馬克思仍然很適合作為歷史研究的基礎，因為到目前為止只有他把歷史當成一個整體來發展方法論，並且只有他從一個預見的角度來解釋整個人類社會進化的過程。從這個方面來看，馬克思優於韋伯（在對史家的理論影響上，他是馬克思唯

一的對手），而從更多方面來看，前者更可以補充並更正後者。沒有韋伯的補充，則馬克思式的歷史仍可理解，但若沒有馬克思的補充或至少是提問（Fragestellung），則韋伯式的歷史（以馬克思為出發點）就不可理解。要調查人類社會進化的過程，意味著要問馬克思式的問題，就算你不接受他的答案也一樣。同樣地，如果我們要問隱含在第一個問題中的第二個大問題：意即，為什麼進化的過程不是呈現一種平順的線型，而是不平順而彼此交錯的類型。我們可以從生物學進化（如社會生物學）的角度來看，但這並不恰當。馬克思並沒有提出任何解釋，他只是提出問題，之後的部分正是我們應該要去完成的。

我們討論的主題是馬克思與歷史學，我在此的目的並不是要討論今日的馬克思主義史家要研究或該研究什麼大主題。但在結束之前，我還是得提出兩個主題，這兩個主題對我來說是需要大家去注意的。第一個我已經提過了：社會或社會系統的發展，本質上是混合及聯合的，它與其他的系統及自己的過去互動。馬克思所說的名言，人們創造自己的歷史，而不是從「過去所傳遞、給定與建立的既定環境下」來選擇歷史。第二個則是階級與階級鬥爭。

我們知道這兩個概念對馬克思來說很重要，至少在討論資本主義歷史的時候是如此，但我們也知道在他的著作裡並沒有對這兩個概念作清楚的定義，因此引來了許多的爭論。有許多馬克思主義史家沒有辦法解決這個問題，遭遇了極大的困難。讓我舉個例子。什麼是「資產階級革命」（bourgeois revolution）？我們能

不能說「資產階級革命」是「資產階級」進行的,是資產階級為
了權力而向阻礙資產階級社會建立的舊王朝統治階級所進行的鬥
爭?或者,在那一個歷史時期我們可以用這種方式來思考?這些
我們都需要注意。作為馬克思主義史家,或一個實際的歷史觀察
者,我們不能否認這些革命的存在,或否認十七世紀的英國革命
及法國革命的確造成了重大的改變並對他們的社會注入了資產階
級的色彩。但我們必須精確地說明我們說的到底是什麼。

我們要如何簡要地說明馬克思死後百年對歷史寫作的衝擊
呢?我們也許可以分四點來談。

㈠現在,馬克思對於非社會主義國家中的史家所造成的影
響,已遠較我過去所見為大──回想這五十年來確實如此──也
許還遠大於從他死後所帶來的影響。(這裡我們不跟那些由官方
來推動馬克思思想的國家作比較。)這的確有說明的必要,因為
馬克思的影響力現在已經擴及到相當廣大的知識群體,特別是在
法國與義大利。他的影響不只局限在自稱為馬克思主義的歷史學
家之間(光是這樣數量已十分龐大),也包括那些認為他對歷史
學具有重大影響的人(如法國的布勞岱,以及德國的畢勒費爾德
學派〔Bielefeld School〕),還有許多前馬克思主義史家,這些傑
出的學者仍不時提到馬克思(如波斯坦〔Postan〕)。除此之外,
許多在五十年前馬克思主義者所強調的東西,現在都已成為歷史
學的主流。當然這一切都不可能完全歸功給馬克思,但馬克思主
義對於歷史學的現代化的確發揮了主要的影響力。

㈡到目前為止,至少在許多國家,馬克思主義史家仍把馬克

思當成是他們的起點,而非終點。雖然我們沒有必要對於馬克思
的文本過度質疑,但他的思想的確有一部分是錯誤的而需要廢
棄。從他對於東方社會以及「亞細亞生產模式」的看法就可以明
顯看出,當然這其中也蘊含著他對於原始社會及其進化過程所具
有的驚人洞察力。最近,有馬克思主義人類學者評論了馬克思主
義與人類學之間的關係:「馬克思與恩格斯在原始社會上的知識
完全不足以作為現代人類學的基礎。」[11] 另一方面,我也不認為
我們有必要修改或廢棄歷史唯物論的主要論點,但是卻需要作一
些批判。以我來說,我是絕不願意放棄歷史唯物論。馬克思主義
史學以其傑出的成就,所該運用的應該是馬克思的方法,而不是
評論他的文本──除非真有值得評論之處。我們應該去做馬克思
尚未做到的事。

　　㈢今日的馬克思主義史學是多元的。馬克思所留下的遺產,
並不是單一而「正確的」歷史解釋:從一九三〇年代以降,的確
有所謂的唯一解釋存在,但現在已經沒有人理會這一套,人們有
選擇不同解釋的機會。這種多元主義有其缺點。在從事歷史理論
的人身上比較明顯會有這種傾向,但實際上出問題的多半還是發
生在寫歷史的人身上。雖然如此,不管我們認為這些缺點是否多
於優點,多元主義都是個不爭的事實。事實上,多元主義也沒什
麼不好。科學是基於共同的方法而為多種觀點的對話。只有在沒

---

[11] 布洛克(Maurice Bloch),《馬克思主義與人類學》(*Marxism and Anthropology*, Oxford, 1983),頁172。

有方法可以決定孰是孰非之時，科學才不再是科學。不幸的是，歷史學總是如此，但絕不會是馬克思主義史學。

　　㈣今日的馬克思主義史學已不能孤立於其他的歷史思維與歷史研究之外。這種說法具有兩面性。一方面，馬克思主義者已不再拒絕——除了他們研究所需的原始資料——那些不是馬克思主義者或甚至是反馬克思主義者的歷史作品。如果他們寫的是好作品，我們就會加以參考。但這並不會讓我們停止對那些以意識形態掛帥的優秀史家進行批評或甚至發動意識形態的論戰。另一方面，馬克思主義改變了歷史學主流，所以現在已經不可能判斷某個特定的作品是由馬克思主義者或非馬克思主義者所寫，除非作者主動地說明他的意識形態立場。這沒有什麼好遺憾的。我倒是挺期望有那麼一天，沒有人會問作者是不是馬克思主義者，因為到那時，馬克思主義的觀念早就蘊涵於史學主流當中了。但我們離這麼樣一個烏托邦還遠著：二十世紀的意識形態、政治、階級與解放的鬥爭仍在進行，讓這一天的到來仍不可想像。在可預見的將來，我們仍要在史學內外為馬克思及馬克思主義辯護，以對抗那些從政治或意識形態立場來放言攻擊的人們。為了作到這一點，我們還要護衛歷史學，並且堅持主張人類有能力了解世界是如何演變至今日的，以及人類能夠擁有更好的未來。

12

所有人都擁有歷史

All Peoples Have a History

本文是針對上一章曾提到過的沃爾夫《歐洲以及沒有歷史的人》一書所作的完整討論。刊於《文海拾遺》第二十八期（1983年10月28日）。

　　安徒生（Andersen）童話裡的小孩發現國王沒有穿衣服，這其實隱含著另一重意義：他應該穿衣服才對啊！但應該穿什麼？在目前甚囂塵上的歷史懷疑論籠罩下，我認為隨便一個外行人都可以看到，社會科學與歷史學本身都需要「歷史，來說明現代世界的社會系統是如何形成的，並且以此來讓我們對各種社會（包括我們自己的）的研究更具分析性」。要作到這一點，除了要非常努力之外，還要有能處理繁瑣的思路、明晰的心智，更不用說要能大量閱讀及要有勇氣，來描繪出一種方式，好讓此類歷史能賴以建立，並能說明從一四○○年以來全球整個的發展。在這一點上，沃爾夫的新書做到了。

　　沃爾夫完全符合能達成這個任務的條件。與一般英美人類學家不同的是，他出名的地方不是因為他研究了哪個「部落」（tribe）或哪個地區，而是在於他的主題：處於農業生活中的人群（people in agriculture）。在這方面，他的成名作《農民》（*Peasants*, 1966）❶ 乃是最佳的導論，至於現代革命中的農民要素部分，他的研究《二十世紀的農民戰爭》（*Peasant Wars of the Twentieth Century*）已廣為大眾所知。他出版的書籍不僅限於他專精的西屬中美洲以及當地的大地主、熱帶種植園以及農民而已，還包括了

---

❶ 譯註：學者張恭啟曾翻譯此書，但是他將書名譯為《鄉民社會》（臺北：巨流，1983），把內文的peasants也都譯為鄉民，而非農民，我想這裡應該有人類學上嚴謹的定義存在。但鄉民既然並非一般讀者所習用，因此本書仍舊譯為農民，不過仍提醒讀者，學界對這個詞有不同的譯法。

伊斯蘭教的源起以及民族的形成等問題。沃爾夫也與人合著《隱藏的疆界》（*The Hidden Frontier*，1974），這本書是針對相鄰但卻分屬不同種族的兩個提洛爾社群（Tyrolean communities）❷ 所作的歷史—人類學研究，對於學習現代國家形成的學生來講是很重要的作品。《社會與歷史的比較研究》（*Comparative Studies in Society and History*）這本首開跨學科研究風氣的期刊，沃爾夫也與其有長期的合作關係。

　　沃爾夫反對傳統人類學的觀點，因為它把人類社會（實際上，只是為了田野調查與論文的需要而劃分出來的一小群人口）視為是可以完全自給自足而且自我穩定的系統。沃爾夫認為，沒有任何一個部落或社群可以像一座孤島一樣地存在，而世界作為一個彼此依存的過程與系統所構築成的整體，也絕不是由一個個自給自足的人類團體或文化所組成的。看起來毫無變化而自行其是的社會，除了呼應著內在與外在的衝突之外，其實還要面對歷史變遷所帶來的挑戰。亞馬遜的蒙杜露庫（Mundurucú）族，從原本的夫居制（patrilocality）❸ 及父系社會轉變成妻居制（matrilocality）與父系社會這種奇怪的組合，這是因為巴西地區強盜橫行所造成的影響，也是許多十九世紀的民族學家所看到部落為了生存所作的一種返歸史前時代的調適，就像集體的人類腔

---

❷ 譯註：提洛爾（Tyrol），位於奧地利西部與義大利北部的一個地區，位於阿爾卑斯山區之中。

❸ 譯註：指配偶居於夫家，反之，居於妻家則叫妻居制。

棘魚（coelacanth）。❹ 人類不可能沒有歷史，沒有歷史就不可能
了解人類。他們的歷史，就像我們的一樣，不可能在脫離外在環
境下還能被理解 （在這個日漸縮小的世界裡），而過去這五百年
的歷史，各種類型的社會組織彼此互動彼此改變，除非我們能理
解這個互動的過程，否則就無法了解這段歷史。

　　這種取向對於想從全球角度來研究當代史的史家來說，有許
多好處，至少它與以往的看法不同，過去所謂的全球角度要不是
只在描述從阿拉伯、日本來的貨物如何，就是單純地說明全球的
政治現象（如「聯合國」這個詞本身就是一種雙重誤導）及經濟
現象而已。而過去的作法也常讓人捲入歐洲中心論的論戰當中。
從十五世紀以來，改變世界的力量很明顯的是來自於歐洲。在現
代史教科書上，非歐洲地區要占多少份量根本不是重點，會成為
問題只有當這堂課是在非歐洲地區教授時或是具有文化外交目的
時才會出現。這邊的重點應該是，歷史是由不同結構（不同地理
分布）的社會個體互動所形成的，而這些社會個體之間又會相互
塑形。歐洲人與非歐洲人之間的差別，並不會比卡爾東筆下的貝
都因人（Beduin）及定居民族的差異更大：而他們各自的歷史卻
也反映著對方的歷史。

　　事實上，沃爾夫認為，地理上的互動形式只是一般模式中的
一種特殊形式而已。工業社會中工人階級的歷史所提出來的問

---

❹ 譯註：腔棘魚，原本認為在七千萬年前就已絕種，但一九三八年卻在南非附
　近捕獲。

題，其實與資本主義對於那些在觀念上仍然保守並且「停滯不前」的社會所帶來的衝擊是完全一樣。「事實上，這兩個歷史分支只是一體兩面。」或者從更一般的角度來看，不管一個社會是輸出或進口資本主義（這要看它是處於「核心」還是「邊緣」），社會都會在交流中發展出多元的社會機制。在這樣的意義上，歷史上的巨觀與微觀其實都是同一回事。

這種機制上的混合要如何分析呢？沃爾夫的書最大的好處並不是在於他把從一四○○年以來的相關文獻都洋洋灑灑地列在四十五頁的書目上。其他人也可以這麼做，只不過會冒著讓專家們挑毛病的風險。沃爾夫作品的好處在於，它成功捕捉了歐洲資本主義在對外擴張的時候，遭遇了許多「不同的社會與文化，而這些社會與文化為了因應外來的衝擊，遂作了許多不同策略性的改變。」結果，「讓歐洲人與世界其他地區的人們產生互動關係。」

要檢驗一本書，重點並不在於我們是否要接受作者對歷史資料的解讀，或是沃爾夫接受、修改或詮釋了哪一個權威的看法。就算沃爾夫接受了完全沒道理的資本主義「長週期」的說法，或者是他所用的蒙杜露庫族資料有錯，也不會讓他的作品乏味。我們檢驗的重點應該放在他的分析方法是不是比別人的好才對。

這不可避免地會牽涉到馬克思的歷史研究法，因為沃爾夫很明顯地運用了兩個很基本的馬克思概念：生產是「自然、社會勞動與社會組織以及文化相互依存的複合體」，或者是，觀念系統產生於「能讓人類使用自然的生產模式所界定的特定範圍內」。

「心智」對馬克思來說，並不是「獨立自存之物」。不過，沃爾夫並沒有特別討論人類的長期進化，也沒有說明社會組織發展的過程，這些問題他只會在論證之餘偶爾提一下而已。沃爾夫並不關切發展中的社會生產力與既有的生產關係之間的「矛盾」問題，除非這種問題牽涉到生產模式中的結構緊張或者說不同生產模式間的互動。而馬克思的觀念在這裡主要是用來解釋過去五百年來「人類總體的全球互動關係」，沃爾夫並不打算更進一步地用來解釋別的時代。

在跨國的馬克思主義理論與歷史學的論辯當中，沃爾夫的特殊地位恐怕非專業人士是無法體會的，而他的想法更與人類學的各個學派格格不入。在大量的書目註釋當中，他討論了他所引用的資料以及他的目的，這可以讓我們對他有更多的了解。一般人僅注意到他主要的興趣不在於事物的因果解釋，而是在於事物的變形與聯合。因此，他專注於分析不同的「生產模式」，意即，「社會對於勞動的動員、部署與分配」。而在比較這些生產模式時，我們可以發現到政治─經濟機制裡的變化及其效應，也可以發現到全球資本主義在不同生產模式裡都可以得到不同的支持力量。

沃爾夫粗略地區分了三種生產模式，但這三種模式並沒有明確的定義，而且都與單一的線型史觀不相容：資本主義模式、納貢模式及宗族模式。這些模式沒有一個可以完全等同於社會，因為它們都經過一定程度的抽象化並且有不同的解釋範圍。有人可能會補充說，沃爾夫主張每個模式都會產生屬於自己的文化類型

或符號世界，因此會產生完全不同的人類生活。

沃爾夫的資本主義模式或多或少是學習馬克思的。納貢模式則是一種連續系統，藉由政治與軍事力量向生產者收取貢物，貢品的收取、流通以及分配，可能是藉由中央集權也可能是地方分權的方式來進行。古典馬克思主義所討論的「封建主義」與「亞細亞生產模式」都被視為是這種模式的一種變形，在這種模式中，剩餘的榨取基本上不是出自於經濟上的動機。沃爾夫認為，一個更大的政治與商業互動所構成的納貢社會，會產生「文明」或者是意識形態區域，用來支持這個納貢社會的霸權。

這種社會的歷史發展，至少從舊大陸來講，往往與畜牧—游牧民族人口的多寡有關，也與「跨國貿易所產生的剩餘多寡有關」。一般來說，除了一些罕見的例子（剩餘要不是全用在有用的地方，要不就像印加一樣，連商業都沒有），剩餘的分配要靠買賣，而買賣的事務通常都由一個特定團體來經營。納貢模式中的商業活動需要控制，好讓貨物與勞務在商品化的過程中，不致於動搖納貢權力的根本，避免讓政治與軍事統治者「失去了社會地位」。歐洲從中古時代以後，商人的活動就受到獨立統治者的支持，他們對外發展，衝擊了非歐洲社會，此時要對他們予以控制就相當的困難。沃爾夫一反韋伯以及主張「世界市場」的馬克思主義者如弗蘭克（Frank）❺與華勒斯坦（Wallerstein）❻的看

❺ 譯註：弗蘭克（Andre Gunder Frank, 1929-），美國經濟學家。著有《白銀資本：重視經濟全球化的東方》（*ReOrient: Global Economy in the Asian Age*）。此

法，相當堅持貿易與前資本主義模式之間的共生關係。資本主義只有在與工業化結合以後才具有支配性。只要生產仍支配於納貢與宗族之手，那麼即使商業活動已經傾向於由市場決定，如「原型工業」（proto-industry）以及奴隸貿易的擴展，卻仍舊不會走上資本主義，依照沃爾夫的觀點，「奴隸勞工絕不可能構成主要的獨立生產模式，但在所有模式中卻扮演著輔助性的角色」，特別是當資本主義在作海外擴張的時候。

在宗族模式中，宗族既不是對生物血統所作的一種社會規範，也不是一個符號建構的系統（雖然看起來兩者都是），而是一種安排社會勞動力及取得社會勞動力的方式。建立這種權利及主張的方式各自不同，但在資源分配地比較平均的地方會比較容易些，尤其是當利用自然的方式仍停留在動植物的漁獵與採集之時尤其如此。

第二種狀況所隱含的不只是比較複雜的社會勞動分工，還有透過真實或虛構的血統來「對社會勞動力主張跨世代的權利以及反對的權利」，另一方面，更強大的政治—社會秩序卻也會威脅宗族的存在。只要沒有其他的機制出現，將勞動力從宗族所建立的特殊關係中割離，或是在人群中製造出階級的聯盟與對立，以

書有趣之處在於認為西方資本主義的勝利如果放諸全球的歷史來看，不過象徵一小段的經濟週期而已，如果注意一下東方，會發現中國才是目前人類歷史上真正的經濟強權，其經濟優勢持續了千年以上。

❻ 譯註：華勒斯坦（Immanuel Maurice Wallerstein, 1930-），美國經濟學家。著有《近代世界體系》（*Modern World-System*）三大冊。

及讓有潛力的統治者可以從外部取得資源，那麼宗族模式仍可以維持。宗族模式如果要轉變成階級社會，乃至於形成國家，就必須得將「酋長」的世系轉變成統治階級，特別是讓貴族開始去征服與統治異族；或者讓宗族團體開始與納貢與資本主義社會接觸，如此可以讓酋長得到外來資源，因此而能打破宗族的限制與阻礙。沃爾夫認為，一些酋長之所以在當地為人所憎恨，其原因就在於這些酋長與歐洲人作奴隸及毛皮貿易。

　　不管是「歐洲」或者是「沒有歷史的人」，在他們各自的前資本主義模式中，都獨立地發展出自己的方式。但彼此的地位卻是不對稱的。在目前有關歐洲擴張及其在資本主義發展上的重要性的研究上，沃爾夫並沒有增添多少。對於大部分從傳統歷史教育下成長的讀者來說，沃爾夫的特殊之處在於他處理非歐洲社會的方式，以及他描述出非歐洲社會是如何適應資本主義的衝擊。沃爾夫一開始對於一四○○年世界的調查頗值得一讀。這不僅對於門外漢來說是篇完美的導論──不僅止於人類的地理分布介紹──同時在對畜牧─游牧社會的強弱、印度種姓制度、東亞及東南亞以及哥倫布抵達前的美洲（可以理解地，他在這裡花了相當多的篇幅）的分析上，也具有啟發性及批判性，特別是在印度的部分很有原創性。

　　沃爾夫所說許多受歐洲貿易與征服衝擊的社會轉變現象，如果讀者對於種族史、非洲史與美洲原住民史最近的進展不了解的話，可能會覺得很新奇。其實，他的說法的確是會讓人興奮。平原印第安人（開始使用歐洲的馬匹及槍以後，很快就改變自身的

風俗了）的「原始」文化內容所帶來的純粹歷史新鮮感；歐洲毛
皮貿易對於休倫（Huron）、伊洛克（Iroquois）及克里（Cree）這
三個印第安人族群所帶來經濟、政治與文化的衝擊；以及俄國毛
皮貿易在亞洲及美洲所帶來的不同影響：這些對我們來講都是全
新的視野。沃爾夫本身的專長在拉丁美洲，這自然給他很大的優
勢。他的人類學同事無疑地會快速地對於他的「歷史化」作法給
予回應，因為他所選的主題也是他們論文處理的範圍。

　　沃爾夫作品最強的部分──他專注於互動、混合以及相互的
調整──同時也是他的弱點所在，因為他把從史前時代一直到二
十世紀末的歷史變遷視為理所當然。這比較是一本討論連結而不
是討論因果的書。換句話說，沃爾夫對於資本主義的起源與發展
的關注，遠不如他對於資本主義內部連結的看重。當然這個任務
與其交給一個人類學家，倒還不如交給歷史學家來得妥當。他對
於資本主義發展的陳述對於論辯的開展是有益的，當然這個論辯
並不是只局限於馬克思主義者，而因為他的說法遂使得討論活潑
起來，也指出了一些以往未曾注意到的問題，如資本主義的工作
力量（work-force）為什麼是以自由勞動力的形式來展現，而不
是其他方式？沃爾夫最有趣的地方當然還是他的關切所在。他認
為，只要勞動力不斷地「從不同的社會與文化背景」甄補上來…
…並且「投入到不同的政治與經濟階序當中去」，那麼「工人階
級便會不斷地被創造出來並且被加以區隔。」在今天「這樣一個
整合的世界，我們看到無產階級散布地越來越廣。」這本書的最
後一句話，令人印象深刻，同時也提出了一個開放性的結論供人

思考。

　　《歐洲以及沒有歷史的人》是一本具有理論強度但對於社會事實資料的收集卻又很充足生動的作品。沃爾夫的分析，雖然受到體裁的限制，但在表達上仍然簡潔而明快，他這種個人風格以及思路讓他從維也納以及一個飽受經濟大恐慌之苦的北波希米亞工人階級社群，一直寫到北美洲以及第三世界的熱帶種植園。就像許多優秀的人類學家一樣，沃爾夫是個「親身參與的觀察者」──而世界史是他的主題。這樣的書只能出於「搖動大地之子」（son of the shaking earth）之手，引用一下作者曾寫過的一本書名。這是一本重要的書，而且必將引起廣泛的討論。馬克思死後的第一百年，這一年尚未過去，但我們開始懷疑，在此之前是否能出現一本比馬克思更有原創性及影響力的作品。

13

英國史學及年鑑：一個註解

British History and the Annales: A Note

一九七八年，華勒斯坦於賓漢頓（Binghamton）的紐約州立大學創立了「布勞岱中心」（Fernand Braudel Center），而在布勞岱本人訪問這所大學期間，華勒斯坦又組織了研討會來討論這位偉大史家，以及他從創建者布洛克與費夫賀所承接來的《年鑑》的影響。我對於法國史學對英國的影響的評論，重新印行於《評論》第一期（1978年冬—春），頁157-162。本文可以對於之前與之後的各章節起到承先啟後的作用。

　　我想要針對英國對於年鑑學派的接受度，作一到兩個的註解。

　　我想提出的第一個看法是，對英國具有影響力的其實並不是在法國所流行的年鑑學派。當然，年鑑學派的確有其影響力，而且是與日俱增，之所以如此，完全要歸功於布勞岱。首先，布勞岱的影響力是由他的作品所奠定的——這一點我與柏克（Peter Burke）❶看法不同——而他的作品從出現的那一刻開始，就讓史學界感到震撼，至今其衝擊都還難以估量。其次，不知從什麼時候開始，布勞岱給人的印象總是與年鑑的領導人結合在一起。第三，可能也是最重要的一點，是他創建了高等研究院第六部，並且使其在一個世代間成為法國社會科學的研究重鎮。藉由這段過程，他逐漸帶起了法國史學的新風潮，並且讓這股風潮與年鑑學派結合在一起。

　　我說這些並不是只為了表示我個人對他的欣賞以及我與他之間多年的友誼，而是為了要解釋為什麼我們要談年鑑的影響力；事實上，我們談的應該是整個法國史學界的影響力。例如，我們都知道在波蘭，拉布魯斯（Labrousse）與布勞岱以及像他們一樣的人都享有同樣的知名度。在波蘭人眼中，這些人並沒有太大的差異。在英國也是一樣。拉布魯斯與布洛克一樣有名，但要比費夫賀出名些；至於勒費夫賀則與布勞岱差不多。他們都被我們歸

❶譯註：柏克（1937-），英國史學家。著有《法國史學革命》（*The French Historical Revolution*）。

類為了不起的法國史學流派之一，其史學作品也都相當的有趣。
不過，很快地史學的焦點馬上就移到年鑑上面。

這是一點。另外我還有第二個看法。我認為柏克把英國對年
鑑以及法國主要史家的接受時間推得太遲了，至少就劍橋大學來
說，我們有幾個同事在一九三〇年代就已經接觸年鑑了。除此之
外，我記得很清楚，當布洛克到劍橋大學來訪問的時候——我仍
記得那是歷史的一刻——他已經是相當有名的中古史大家了。不
過，也許這一件事情只具有地方色彩，尚不足以引起大家的注
意，而促成此事的劍橋經濟史首席波斯坦則是少數具有世界眼光
及博學的學者。另外，這件事之所以會被人忽略，則是在會議之
前有人提到的，可能是因為當時的年鑑學派（藉由經濟史）與馬
克思主義合流的緣故。年鑑學派一開始打的旗號是經濟與社會
史。而當時的青年馬克思主義者則發現到，他們所能運用的歷史
只有經濟史或經濟與社會史。由於這樣的親緣性因而造就了兩者
的結合。

而也正是透過經濟史（或是經濟與社會史），年鑑才會在柏
克這一世代開始對英國產生明顯的影響（年鑑學派與英國史學之
間的直接交流）。世界經濟史組織（包括國際經濟史會議與協會）
長久以來一直是由英法所共管，法方的代表主要是英方比較能夠
共事的人物，也就是布勞岱及其同事還有徒子徒孫。

這些事我就簡單帶過，不過我還要順帶提一件事，之前在
會議上也有人提過，那就是年鑑學派與馬克思主義的關係。正如
柏克所言，一般來說馬克思主義者會認為自己是與年鑑站在同一

邊的,但是曾有一段時間(一九五〇年代的法國),我們這些非法國人曾被法國共產黨批評為與反動分子掛勾。有趣的是,我們英國人卻並不這樣覺得。這件事之所以值得討論,是因為從歷史的角度來看,馬克思主義者一直將自己與非馬克思主義者區隔開來,只說明彼此有什麼不同,以及對方為什麼錯誤,反而不會試圖讓對方改信馬克思,再彼此合作。但馬克思主義者對年鑑的態度則不同。龐米安(K. Pomian)、柏克、希爾頓(Rodney Hilton)都覺得,各國的馬克思主義者與年鑑的關係可以說相當的友善,而且有合作關係(至於原因是什麼,頗值得調查)。關於這一點,我與其他人也有同感。當我們開始創辦《過去與現在》時,一開始我們的內容就已經提到了年鑑,這倒不是說我們受到年鑑的影響。我們只是想嘗試不同的運作方式,同時我們也想對於《年鑑》這本偉大的先驅表達尊敬之意,因為它可說是一種「反對史」(opposition history),也就是反體制史。不過,當我們創辦自己的期刊時,年鑑學派已經不能算是反體制了,它已經成為征服者。不過這又是另一回事了。

我想,應該還有一個具體的理由可以說明年鑑學派為什麼可以對英國史學產生影響或者是產生刺激,而這一點也許柏克還不能確認。在戰後,法國似乎開始進行一連串有系統的研究(這一點,相信華勒斯坦也會同意),來探索對於近代世界的發展具有關鍵性地位的時代,也就是十六、十七世紀的經濟。布勞岱的鉅著,就他個人的關懷來說,不只是個里程碑而已,還是個戲劇化的過程。但不只是布勞岱,在法國還有許多這樣的人存在。像維

拉（Pierre Vilar）❷著名的論文〈唐吉軻德的時代〉（'Le Temps de Quichotte'），就用不同的方式來表達十六世紀的類似問題，還有十七世紀變遷的危機。不過，正因有了年鑑（費夫賀與布勞岱也對十六世紀有興趣）的存在，才使法國在這方面的史學能量得到了集中與發展。

這算是一個新的發展。原本在一九三○年代，年鑑核心成員的興趣並不在這裡。至於研究的重心為什麼轉移則值得調查。我知道馬克思主義者為什麼開始研究這方面的主題。它開始於一九五○年代初，對於朵布《資本主義發展研究》（*Studies in the Development of Capitalism*）的討論。著名的史維基–朵布論戰（Sweezy-Dobb debate）❸基本上是討論關於十五到十八世紀的種種問題，其重點主要是近代世界經濟的發展。而當我們也開始關心這個艱難問題時，不可避免地就會把目光移到已經開始作這方面研究（觀點不一樣，我必須要懇求布勞岱的原諒，因為我要強調他的說法並不屬於馬克思主義）的法國人身上。我自己發現，當我離開自己的領域去了解一下十七世紀的危機時，所查到的文獻、研究成果以及研究者都是年鑑學派的（有的出自布勞岱與莫伏瑞〔Meuvret〕❹）。除了法國之外，還有什麼地方可以得到那

---

❷ 譯註：維拉（1906-），外圍的年鑑史家。著有《黃金與貨幣史》（*A History of Gold and Money, 1450-1920*）。

❸ 譯註：史維基（Paul Marlor Sweezy, 1910-），美國經濟學家及社會主義理論家，著有《資本主義發展論》（*The Theory of Capitalist Development*）。

❹ 譯註：莫伏瑞（Jean Meuvret, 1909-71），年鑑史家。

麼多研究文獻呢？事實上，在討論當時，崔維－羅瀅就曾對我說，這不是什麼新鮮事，法國人本來就一直對這方面很有興趣。

我想他是對的。法國人一直在研究這方面的問題，而崔維－羅瀅也提到，其實英國史家不僅只有一個學派對這方面有興趣，而是有幾個學派。為什麼？當我回頭去看的時候，我似乎發現到十六、十七世紀的確對於近代世界的發展具有關鍵性的地位，那麼為什麼英國史家在這方面的研究這麼地不夠專注而且模糊。《過去與現在》早期所收到的稿子的確有不少是討論十六、十七世紀的。這個主題在當時的確很熱門。我在想，可能正是因為對這個問題採取了模糊的方式，才使得長期以來對於經濟與社會史有興趣的學者，不管是馬克思主義者或年鑑學派，能夠慢慢地在這個主題上找到了對話點，因而兩派才有了合流的可能。

在談了這麼多關於英國史學在接受年鑑上的歷史與回憶之後，現在讓我來談談年鑑現在在做什麼，或者說該做什麼。年鑑該研究什麼，當然不干我們的事。對於年鑑目前所面臨的危機，我不想說得太多。說年鑑面臨的是「一個」危機，應該不算過火。勒維爾（Revel）❺ 曾提出一點，而柏克也如此認為，後者曾說年鑑用的不是一種語言，而是多種語言，因此其內部彼此間往往不能溝通。無論如何，對我來說，年鑑學派似乎正面臨著中年危機，至於這個危機的性質恐怕要另找機會來談了。

我比較想討論的是柏克所提出的一個有趣的問題，我認為這

---

❺譯註：勒維爾（Jacques Revel, 1942- ），年鑑史家。

很有用，那就是心態史（history of mentalities）的問題。你要怎麼稱呼它都不要緊。我們之所以仍叫它心態史是為了表彰法國人在這方面作了相當有系統的研究，但我個人並不認為法國史家在這方面作得比其他史家多多少。儘管年鑑史家在這方面的貢獻是巨大的，但除了中古史（布洛克在這方面的地位是確立的），英國史家在「心態」史的研究上並不受年鑑的影響。我認為，就算近年來有不少法國史家已經有了相當不錯的成果，但他們並不是年鑑的成員，只是後來慢慢地參與了年鑑罷了。伏維爾（Vovelle）❻現在已經是年鑑一分子了，但是他一開始的研究卻完全與年鑑無關。阿辜宏（Agulhon）❼的狀況也是一樣。這是大勢所趨。我認為年鑑學派最厲害的地方就是它實在太龐大了，所以可以包容任何有創意的人加入。在英國，則是勒費夫賀的《大恐怖》引起了平民史、草根史以及心態史學者的注意。

　　除了外國的影響外，還有重要的本地或是國際的影響。像馬克思及馬克思主義（包括葛蘭西〔Gramsci〕❽）就是個例子。首先，馬克思主義強調觀念與情感世界與經濟基礎（你也可以說，人們從生產來獲取所需）有本質上的連繫。第二，馬克思主義下

---

❻ 譯註：伏維爾（Michel Vovelle, 1933- ），年鑑史家，著有《意識形態與心態》（*Ideologies and Mentalities*）。

❼ 譯註：阿辜宏（Maurice Agulhon, 1926- ），年鑑史家，著有《共和國的實驗》（*1848, ou, L'apprentissage de la Republique, 1848-1852*）。

❽ 譯註：葛蘭西（Antonio Gramsci, 1891-1937），義大利馬克思主義者，著有《獄中札記》（*Cahiers de Prison*）。

層與上層建築的思考模式，其實是把上層建築看得跟下層建築一樣重要，也就是說，也強調觀念的重要。在討論十七世紀英國革命的時候，像希爾（Christopher Hill）❾這樣的馬克思主義者也堅決反對以純粹經濟決定論的方式來解釋清教的重要性，這並不像一般人所認為的，馬克思主義者總把上層建築當成經濟運動上的泡沫。

馬克思主義所強調的，就像柏克所說的，乃是觀念領域中所呈現出來的階級結構、權威、統治者與被統治者的利益衝突與相互關係。除了馬克思主義以外，柏克也提到了兩個影響來源。第一，我們有本土的文化研究傳統，頗近似於人類學，代表人物如威廉斯（Raymond Williams）❿與湯普森，他們分別從高層次與中層次來研究十九世紀的文化。他們把這方面的研究一般化，而形成心態史。另外還有社會人類學的影響。柏克提到這一點。在英國，社會人類學是社會科學中的重要學科，有一些歷史學家（包括我在內）一直對他們的研究感興趣，也從他們的研究中得到幫助。不只是伊凡–普理查（Evans-Pritchard）⓫，還有葛魯克

---

❾ 譯註：希爾（1912-），英國馬克思主義史家。著有《從宗教改革到工業革命》（*Reformation to Industrial Revolution, a Social and Economic History of Britain, 1530-1780*）。

❿ 譯註：威廉斯（1921-88），英國左翼文化史家，著有《文化與社會：1780年至1950年英國文化觀念之發展》（*Culture and Society, 1780-1950*）。

⓫ 譯註：伊凡–普理查（1902-73），英國社會人類學家，著有《社會人類學》（*Social Anthropology*）。

曼，以及其他社會人類學家，他們教了我們並刺激我們許多，但歷史學家並不因此而對他們的模式照單全收。事實上，我們對他們總是批評，現在也仍是如此，因為他們的研究缺乏歷史進化的精神。儘管如此，社會以及互動的概念，包括心態的互動，對我們來說還是很有啟發的。

而這引導著我開始下結論。也許正因為社會人類學的信念，讓我覺得英國的心態史研究將會與法國不同。心態史將不只是如柏克所言，是個對他者（otherness）所產生的心態研究。你不一定非得接受李維布魯（Levy-Bruhl）⑫的二元對立，也能思考十六世紀的人們的思維有多麼的不同。發現他者是很重要的。了解湯普森及其他學者所說的前工業時代的時間感與我們現在不同是很重要的，如此才能發現兩個時代擁有不同的歷史觀，這也是芬理（Moses Finley）⑬在分析古典作品時所看到的。除非我們能看到這種不同，否則歷史研究是不可能進行的。

研究深層結構，特別是研究意識（la conscience），我認為是毫無用處。也許我的偏見太重，但我認為歷史學家並不需要學習佛洛伊德（Freud），他是個差勁的歷史學家，他寫的東西只要與歷史有關都很糟糕。我對佛洛伊德的心理學沒有意見，但我認為

---

⑫譯註：李維布魯（Lucien Levy-Bruhl, 1857-1939），法國哲學家與民族學家，著有《原始思維》（*Primitive Mentality*）。

⑬譯註：芬理（1912-86），英國古典學者，著有《奧迪賽的世界》（*The World of Odysseus*）。

法國對於佛洛伊德的研究是過時的,落後其他國家四十幾年,因此沒有正面的效果。而且我還認為有負面的傷害,因為它把學者的注意力從邏輯的因果關係(我不想說是意識)轉移到潛意識或深層結構裡去。它忽略了系統。心態史的問題對我來說,似乎不單只是如寇布(Richard Cobb)所說的,只在發現人與人是不同的,他們如何不同,以及讓讀者感覺到他們的不同。而應該是要找出各種行為、思考以及情感形式間的邏輯關係,並且觀察其中是否具有一貫性。我們應該想的是,明明我們是可以看得見並且抓得到強盜的,為什麼人們竟然會相信強盜是看不見而且抓不到的,這其中必有緣故。我們不能把這種想法當成是情緒反應,而應該認為這是一種對社會以及他們對自己與別人所扮演的角色存在著信仰系統。以農民問題為例。為什麼農民要求土地時,只對自己具有法律或道德地位的土地提出要求?這些主張的性質是什麼?為什麼農民不理會近代政治激進派的說法,用別的根據來要求土地呢?為什麼他們既要求土地又要求正義,這兩個在我們看來彼此不相容的請求呢?這不是因為他們愚笨,也不是他們不知道有更好的辦法,這其中必有合理的解釋。

我認為心態史,與其說是一種新發現,倒還不如說它只是一種分析方式。我想做的不只是如湯普森所說的,要將織襪工與農夫從近代史家的優越感(他們認為他們想得更多更好,而且更有邏輯)中解放出來而已,我要解放的還有貴族與國王。我想做的,以及我認為該做的,是把心態史看成是一種內在思想與行為系統的邏輯研究,而不只是一種同情的了解、或者考古學,或者

社會人類學。過去人們的行為與思想，必定與其所生活的社會、階級以及其所身處的階級鬥爭局勢相搭配，他們在其中與他們之上或之下的階級作抗爭。我要做的是要恢復過去人們在理論上的天分，特別是窮人的，他們都有自己的理論。就像莫里哀（Molière）的英雄，他們嘴裡所吐露的言詞盡是散文。莫里哀筆下的人真不知道自己在說什麼嗎？我認為他們自己全知道，只有我們這些史家不知道。而這就是我們該去努力的。

14

論敘事體的復興

On the Revival of Narrative

本文是針對史東敘事體歷史的復興所引起的論戰，所作的回應。史東是我在《過去與現在》書評組多年來的同事。本文發表於《過去與現在》，第八十六期（1980年2月），頁2-8。

　　史東相信「敘事體歷史」（narrative history）將要復興，因為歷史學家問「為什麼」的狀況已經減少，也就是說，強調通則化的「科學史學」已經衰微了。他認為，這是因為大家已經對於從戰後開始支配歷史解釋的經濟決定論模型（不管是馬克思主義或其他學派）感到幻滅；而西方知識分子獻身於意識形態的熱情也降低了；當代的經驗也告訴我們，真正在改變歷史的是政治行動與決策；至於「量化史學」（另一個自稱是科學史學的流派）則成果有限。[1] 以上是我對於史東的論證過度化約的結果，藉此，我要提出兩個問題：史學史上到底發生過什麼事？這些發展要如何解釋？大家都知道，在歷史學裡，「事實」總是由觀察事實的史家來選取、鋪陳，甚至於扭曲，因此，史東在處理這兩個問題上也必定帶有偏見（即便是個人思想的自傳也無法避免），同樣地，我的評論也是一樣。

　　我想我們都可以接受這樣的說法，那就是在二次大戰結束後的二十年，我們看到政治史與宗教史快速地減少，用「觀念」來解釋歷史的作法也逐漸讓位給「社會力量」，社會經濟史因而興盛，這種現象，莫米葛里安諾早在一九五四年就提出了。[2] 不管這種新的研究方式是不是「經濟決定論」，它對史學史已經產生

---

[1] 史東，〈敘事體的復興：對新的舊史學的反省〉（'The Revival of Narrative: Reflections on a New Old History'，《過去與現在》第八十五期（1979年11月），頁3-24。

[2] 莫米葛里安諾，〈蘭克之後百年〉（'A Hundred Years after Ranke'），收入氏著《史學史研究》（*Studies in Historiography*, London, 1966），頁108-109。

了影響，並且成為西方史學的主流，甚至也包括東方。不過，近
年來我們也看到了一些不同的發展，原本是非主流的人現在成了
主流，但他們的研究方式卻或多或少帶有一點原本被他們排擠出
去的史學流派的氣味。布勞岱不僅是寫菲利普二世，也寫地中
海；勒華拉杜里在寫完《朗格多克的農民》（ *Les Paysans du
Languedoc* ）之後，大家都期望相同的主題他能寫得更簡潔些，於
是有了單篇論文《嘉年華會》（ *Le Carnaval de Romans* ）。³如果一
九七〇年代的馬克思主義史家會用一本書的篇幅來說明激進─民
族神話的角色（如威爾斯的麥多傳奇〔Welsh Madoc legend〕❶），
那麼在一九五〇年代初期，希爾只會用一篇論文就簡單交代「諾
曼人之軛」。⁴這當中，應該可以看出一些變化吧。

這樣是否就足以達到史東所定義的「敘事體歷史」（基本
上，敘事體歷史是將材料依時間排列下來所寫成的「首尾一貫的
故事，在主情節之外可能還有副情節」，故事所強調的多半「是

---

³ 布勞岱，《菲利普二世時代的地中海和地中海世界》（Paris, 1960）；勒華拉
杜里，《嘉年華會》（Paris, 1979）；勒華拉杜里，《朗格多克的農民》，兩
冊（Paris, 1966），第一冊，頁394-399，505-506。

❶ 譯註：麥多（Madoc），相傳是十二世紀的威爾斯王子，他曾駕船橫越大西
洋，發現北美洲。

⁴ 希爾，〈諾曼人之軛〉（'The Norman Yoke'），收入薩維爾（John Saville）編
的《民主與勞工運動：紀念托爾論文集》（ *Democracy and the Labour Movement:
Essays in Honor of Dona Torr*, London, 1954），後重新印行，收入希爾，《清教
主義與革命：十七世紀英國革命解釋研究》（ *Puritanism and Revolution: Studies
in Interpretation of the English Revolution of the Seventeenth Century*, London,
1958），頁50-122。

人而不是環境」）的復興，還很難說，因為史東的調查在量上面並不足夠，甚至於只是「不成比例地調查一小部分傑出的史家作品，以此就認定是歷史學界整體的現象」。[5] 不過，的確有一些史家已經不像過去那樣地否認、輕蔑或挑戰舊日的「事件史」（history of events）或傳記史。布勞岱個人就毫不掩飾地讚美曼塞隆（Claude Manceron）使用傳統敘事體來寫歷史，後者是以法國大革命時代大小人物的傳記交錯來敘述法國大革命的起源。[6] 另一方面，史東所調查的一小部分歷史學者雖有興趣轉變的傾向，卻不能說他們已經開始在寫敘事體的歷史。如果我們撇開保守的史學流派，或是新保守主義如英國「古物經驗主義者」（antiquarian empiricists）不論，那麼符合史東所說的純粹敘事體歷史可以說是少之又少。而就這些敘事體的歷史來看，其中所描寫的事件、個人，甚至於某種心情或對過去的看法，都不是文章寫作的目的，而只是一種方法，其目的還是在於闡發某個更廣泛的問題，而這個問題本身是超越故事以及故事中的角色的。

簡單地說，那些仍持續在人類社會及其發展中尋找通則的歷史學家，並沒有放棄問「為什麼」，只是他們問的方式跟二、三十年前有所不同。並沒有任何證據顯示，這些史家——這正是史東所在意的部分——已經不再「嘗試構築一個能解釋歷史變遷的

---

[5] 史東，〈敘事體的復興〉，頁3、4。

[6] 布勞岱，〈一個完美的成就〉（'Une Parfaite Réussite'），評論曼塞隆的《革命的展開》（*La Révolution qui lève*, Paris, 1979），《歷史》（*L'Histoire*），第二十一期（1980），頁108-109。

前後一貫說法。」[7] 他們（或我們）是否仍認為他們的嘗試是
「科學的」，完全要看我們對「科學」的定義是什麼，不過在此我
們不必涉入定義的爭論中。除此之外，我非常懷疑這些史家會覺
得自己「已經陷入了一種不確定當中」，[8] 就像馬克思覺得他對於
路易・拿破崙的說法是否與他的歷史唯物論不相容一樣。

　　無疑地，有些史家已經不認為歷史學是科學的，有些史家甚
至還挑戰這種說法，而且在挑戰的同時還帶有強烈的意識形態在
裡頭。（這二十年來，討論的議題還有參與的學者變化很大，我
們很難從目前西方史家在意識形態上論戰的減少，就說馬克思主
義正在衰弱當中。）新保守主義者可能已經從年輕一輩的「古物
經驗主義者」那裡獲得了支持，這些人「詳細地描寫政治事件，
其中隱含的卻是認為歷史中並無確定的意義，有的只是偶然的命
運以及個人人格的影響；」[9] 另一方面，新保守主義也從澤爾丁
（Theodore Zeldin）（還有寇布）身上獲得了力量，澤爾丁的歷史
研究，與「傳統歷史學完全」沒有關係，也與解答問題無涉。[10]
這大概就是所謂的反智的左派歷史學吧。不過，史東關心的不是
這一方面。

---

[7] 史東，〈敘事體的復興〉，頁19。

[8] 同前引文，頁13。

[9] 同前引文，頁20。

[10] 澤爾丁，《法國，1848-1945》（*France, 1848-1945*），兩冊（Oxford, 1973-
7），法文版為《法國熱情史》（*Histoire des passions françaises*, Paris, 1978）；寇
布，《死亡在巴黎》（*Death in Paris*, Oxford, 1978）。

接下來，我們要如何說明歷史主題與興趣的轉變呢？就它們已經轉變的部分，以及正要發生轉變的部分來看。

首先，過去二十年來，歷史學領域有了很大的擴展，主要表現在「社會史」的興起，其研究範圍無所不包，從人的體格到符號與儀式，從最低下的乞丐到最上層的皇帝。如布勞岱所見，這種「默默無名的市井歷史」（histoire obscure de tout le monde）乃是「史學界目前應該要努力的標的」。[11] 我們在此並不討論擴展領域的原因是什麼，不過可以確定的是，這種作法並不會跟我們追求前後一貫的歷史解釋的想法衝突。不過，它也的確讓歷史寫作在技術上變得更複雜。這種繁複性要如何呈現呢？歷史學家試驗了很多方式，包括借用上古時代的文學技巧（喜劇的方式），以及現代的聲光媒體，大概能用的都用了。至於史東所說的「點描法」（pointilliste），也是為了解決這個問題所作的嘗試。

對於那些不能用分析方式（或是拒絕用分析方式），或者是史東所忽略的綜合方式來呈現的歷史來說，這樣的實驗有其必要。要如何將某個特定時代中的人類思想與行動的各個面向，完整地拼湊起來，這已經是一種老問題，也一定有人想過這種問題。詹姆士一世時代的英國史如果省略了培根，或者只把培根當成一個律師、一個政客乃至於一個科學史或文學史上的人物，我想不會有人感到滿意；哪怕是最傳統的史家也認為這樣可以了，或是說只是編排（花一章到兩章的篇幅來介紹科學、文學、教育

---

[11] 布勞岱，〈一個完美的成就〉，頁109。

或一些用來補充說明政治與制度文本的小文章）讓人覺得不好，
也一樣。只要史家所認定該寫的人類活動範圍越來越廣，在這些
活動之間建立起邏輯關係的必要性就越來越高，連帶地要將所有
的環節貫串起來也就越來越難。這時候就不只是技術的問題而已
了，不過技術問題還是存在。有些人是採用「三層階序」（three-
tiered hierarchical）的上層與下層建築模式（史東反對這種模式[12]）
來進行分析的，但是他們最後可能會發現這種模式還是不容易陳
述，不過至少會比只用線型的編年排列方式來作分析好得多。

　　放下呈現與綜合的問題，接下來談兩個與變遷比較有實質關
係的現象。首先是在戰後數十年來，「新史家」（new historians）
的逐漸抬頭。他們的興起是藉由在方法論上審慎地化約，並且專
注於歷史的社會—經濟基礎上，同時又完全排除了傳統歷史敘事
的寫法（與法國史學界對於「事件史」的抗爭如出一轍）。當然
這裡頭也有人是極端的經濟化約論者，另外也有人認為，從結構
與局勢（conjoncture）的長時段（longue durée）來看，人物與事
件根本是可以忽略的波紋。不過，這種想法並不是年鑑學派以及
馬克思主義（特別是在英國）的主流，他們仍然沒有喪失對於事
件或文化的興趣，也不會認為「上層建築」總是依附於「下層建
築」之上。真正成功的作品如布勞岱、古貝爾（Goubért）❷以
及勒華拉杜里（這些都是史東所強調的），他們不僅為「新」史

---

[12] 史東，〈敘事體的復興〉，頁7-8。

❷ 譯註：古貝爾（Pierre Goubert, 1915-），年鑑史家，著有《歷史人口學序說》
（*Structures des démographiques*）。

家開創了以往未曾注意過的全新領域，同時也在「新史家」的事項上向前推進了不少。身為一個傑出的年鑑史家，勒高夫在幾年前指出，「政治史逐漸在恢復元氣，而其所運用的方法、精神與理論，正是當初逼它退隱的社會科學所提供的。」[13] 人與心智、觀念與事件的新史學，應該可以與社會─經濟結構與趨勢的分析彼此互補，而不是替代的關係。

但是一旦歷史學家開始面對這些問題，他們還是比較想從生態學家的角度而不是地質學家的角度，來對「過去的變遷尋找一個連貫的解釋」。他們一開始可能先研究能體現社會結構層次的「局勢」，然後再轉而研究真實歷史中所呈現的繁複而互動的「心智」，而不光只是研究「結構」本身。這可以從一些史家對紀爾茲（Clifford Geertz）作品的讚美中看出，他對巴里島上的鬥雞進行了「貼近閱讀」（close reading）。[14] 他認為，事件是屬於單一因果關係或多重因果關係並不一定，至於一個模式中某些歷史要素的決定性勝過另一些歷史要素，並不會造成衝突，而互動關係可以是橫向的，也可以是縱向的。金茲堡（Ginzburg）曾對十六世紀一個無神論村落以及一群被指控施巫術的費烏廉農民（Friulian

---

[13] 勒高夫，〈政治學仍是歷史學的骨幹嗎？〉（'Is Politics Still the Backbone of History?'），收入吉爾伯特和格勞巴特合編的《當代史學研究》（New York, 1972），頁 340。

[14] 紀爾茲，〈深度參與：對巴里島鬥雞的註記〉（'Deep Play: Notes on the Balinese Cock-Fight'），氏著《文化的解釋》（*The Interpretation of Cultures*, New York, 1973）。

peasants）❸ 進行大眾意識形態的研究，他認為，「局勢」可以是一個方便的研究起始點。[15] 這些主題當然也可以有別的研究取向。隨著研究對象的不同，就應該調整研究的起始點，在阿辜宏的研究裡，就會發現到他對於特定時間與特定地點下發生的事件分析得相當美妙，譬如一個法國的小村莊是如何從天主教的傳統勢力籠罩下轉變成好戰的共和主義分子。[16] 無論如何，為了滿足某種目的，歷史學家總是會尋找易於入手的地方作為起始點。

因此，我們就不能說勒華拉杜里的《朗格多克的農民》與他的《蒙大猶》（*Montaillou*）是彼此矛盾的，同樣的道理也可以拿來看待杜比（Duby）❹ 封建社會的通論性作品以及他對布汶之役（battle of Bouvines）的專論，還有湯普森《英國工人階級的形成》以及他的《惠格黨與獵人》（*Whigs and Hunters*）。[17] 不管是用顯微

---

❸ 譯註：費烏廉這個少數族群居住在義大利的東北地區，靠近奧國的邊境。

[15] 金茲堡（Carlo Ginzburg），《乳酪與蟲子》（*Il formaggio ed i vermin*, Turin, 1976）；金茲堡，《夜戰：十六、十七世紀的巫術與農村儀式》（*I benandanti: ricerche sulla stregoneria e sui culti agrari tra Cinquecento e Seicento*, Turin, 1966）。

[16] 阿辜宏，《鄉間共和國》（*La République au village,* Paris, 1970）。

❹ 譯註：杜比（Georges Duby, 1919-），年鑑史家，著有《中古時代的藝術與社會》（*Art et société au Moyen-age*）。

[17] 勒華拉杜里，《朗格多克的農民》；勒華拉杜里，《蒙大猶，一二九四——一三二四年奧克西坦尼的一個山村》（*Montalillou, village occitan de 1294 à 1324*, Paris, 1976），由布雷（B. Bray）譯為《蒙大猶：法國村落中的異教徒與天主教徒，一二九四——一三二四》（*Montaillou: Cathars and Catholics in a French Village, 1294-1324*, London, 1978）；杜比，《一二一四年七月二十七日，布

鏡，還是望遠鏡，這個世界都不會有什麼不同。只要我們能了解
我們所研究的乃是同一個宇宙，那麼不管是小宇宙還是大宇宙，
差別只在於選擇恰當的技巧來研究。目前看起來，使用顯微鏡的
史家比較多，但這並不表示他們會認為望遠鏡已經過時了。就算
是心態史家（這個模糊的詞，史東也許是明智的，他從來不把它
講清楚），也不完全排斥宏觀的角度，這至少是從人類學者那裡
學到的教訓。

　　以上的看法能不能解釋史東所說「歷史論述的性質已有了相
當大的改變」呢？[18] 也許不能。但卻可以將史東的調查結果解釋
成過去的歷史研究對於歷史學界未來的走向來說，有著補充的作
用，而絕不是如史東所說的會走向破產的命運。不過不可否認
地，有些人的確希望目前的歷史論述能夠改變，並且希望以往的
歷史研究能夠破產或不為人所使用。其中有許多原因，有些人在
思維上原本就偏向於懷疑，不過其中有些說法倒也頗值得思考。
有一些史家從研究「環境」轉而研究「人」（包括女人），或發現
到單一的下層與上層建築模式及經濟史並不足夠——因為採用這
種方式的代價很大——或不可能足夠。有些人因此深信「科學」
與「文學」的功能不可能並存。但是在以新的方法來分析歷史的
同時，就完全放棄過去的方法，是完全沒有必要的，而且從新的

汶的星期日》（*Le Dimanche de Bouvines, 27 juillet 1214*, Paris, 1973）；湯普
森，《英國工人階級的形成》（London, 1963）；湯普森，《惠格黨與獵人》
（London, 1975）。

[18] 史東，〈敘事體的復興〉，頁23。

方法也不能完全說明歷史現象來看，更是多此一舉。

我們都急切地想尋覓出史家未來的發展道路。史東的論文就是一個嘗試，但卻不令人滿意。儘管如此，他還是構築出了一個圖像，將目前歷史學發展的狀況與他個人的價值判斷結合在一起，來區別什麼是好的歷史寫作模式，什麼是比較不好的，[19] 尤其是後者。我認為這同時也是個缺點。不是因為我反對他的「不確定原則」以及歷史通則化，而是如果他的論證是錯誤的話，那麼從這個論證裡他所推導出關於「歷史論述變遷」的診斷也就不恰當了。如同旅人在詢問神祕的愛爾蘭人，巴林那亨奇（Ballynahinch）❺ 要怎麼走一樣，我們總是會停頓下來、猶豫一下，最後才回答：「如果我是你，我不會從這裡出發。」

---

[19] 同前引文，頁4。

❺ 譯註：此地位於愛爾蘭西岸。

15

雨林中的後現代主義

Postmodernism in the Forest

我在這一章使用了普萊斯（Richard Price）於蘇利南（Suriname）❶的薩拉瑪卡（Saramaka）所作的令人驚奇而且重要的研究，用來思考目前流行的「後現代主義」取向在歷史學上的效用。對普萊斯《阿拉比的世界》（*Alabi's World*）的評論，發表於《紐約書評》，一九九〇年十二月六日，頁46-48，原標題為〈雨林中逃跑的奴隸〉（'Escaped Slaves of the Forest'）。

　　西班牙人移民新世界之後不久，便開始使用cimarrón這個字，❷ 這個字在語源學上有爭議，不過主要是用來描述由歐洲進口的家畜脫離了控制，重新回到自然的自由狀態。由於明顯的原因，這個字也適用於奴隸社會中脫逃的奴隸，重新於奴隸主所控制的領域之外獲得自由的生活。這個字後來因為奴隸主所操的語言不同，而有了不同的說法，又叫marrons或maroons。同樣的字應該也可以用在那些被社群所驅逐出來的加勒比海海盜與水手，他們被迫在一些小島上過著不文明的生活，這也表示，自由並不代表舒適與快樂。

　　脫逃的生活（maroon life），不管是個人式的（petit marronage）或是一群奴隸集體脫逃（grand marronage），都不可避免與奴隸種植園社會有關。我們雖不能說這方面的歷史為人所忽略──至少在巴西與牙買加不是如此──但對這方面有更深入的了解也不過是近二十年來的事。一九六○年代與七○年代的「新社會史」明顯忽略了這個主題，因此沒有引起研究者對這方面產生技術與政治上的興趣：這裡頭結合了社會抗議、無名大眾的草根研究、黑

---

❶ 譯註：蘇利南，位於南美洲北部，濱加勒比海，原為荷蘭屬地，現為獨立的共和國。

❷ 譯註：西班牙文，原意是野生的或未馴服的。marrons或maroons是從這個字衍生出來的，也帶有相同的意思，不過後來則專指非洲黑人在十七、十八世紀奴隸貿易中被販來南美，後來脫逃至內陸而成為自由人，成為一個族群，這個族群也叫maroons。在本文中，對於maroons的譯法也因意義不同而不同，若是原始義，則譯為脫逃或放逐，若是衍生的族群義，則照音譯為「瑪倫」或瑪倫人。

人解放以及反帝國主義或至少是第三世界的議題，還有在理論上
似乎也可以讓歷史學與社會人類學有所聯絡，而能產生出令人興
奮的結果。而對於脫逃史所產生的新興趣，不約而同地指向了蘇
利南。

　　蘇利南原本是荷蘭於圭亞那（Guyana）海岸所設置的殖民
地，現在則是令人沮喪的獨立小國，有六個古老的瑪倫社群
（maroon community）❸，構成了全國（一個族裔混雜的小國）百
分之十的人口。這是很驚人的。不過，即便最後一個脫逃的奴隸
在一九六〇年代透過一位古巴作家的協助而得以出版自傳，但到
現在為止，瑪倫社群的生活仍很困難。[1] 由於奴隸往往在從非洲
運抵後不久就開始逃亡，因此在初期，也就是十六、十七世紀，
許多自由的瑪倫社群，往往都建立在殖民地控制的領域邊緣。巴
西最大的逃亡者社群（quilombos）❹——帕瑪瑞斯（Palmares）
——於一六九〇年代達到最盛，後來毀於長達六十年的戰禍。就
算殖民政府願意與這些社群簽訂條約，承認他們的獨立性，但是
這些社群也很難久存。是否在蘇利南以外的自由黑人社群，到今
日還嚴守著十八世紀中葉所簽訂用來保障他們的自由的條約，這

---

❸ 譯註，參前註末句。

[1] 巴尼特（Miguel Barnet）編，《一個脫逃奴隸的自傳》（*The Autobiography of a
Runaway Slave*, New York, 1968）。原著名為《脫逃者》（*Cimarrón*, Havana,
1967）。

❹ 譯註：quilombos，葡萄牙文，意指由逃亡的奴隸所建立的村落或社群。當
時巴西境內有許多這一類的社群，其中最有名的就是帕瑪瑞斯。

一點不得而知。

　　普萊斯的《瑪倫社會》（*Maroon Societies*）與傑諾維斯《從反叛到革命》（*From Rebellion to Revolution*）的其中一章，對這方面的主題提供了最通盤的介紹，[2] 乃是現今研究奴隸逃亡現象、蘇利南瑪倫社群（布希黑人〔bush Negroes〕）及薩拉瑪卡族（也是瑪倫社群之一，普萊斯投入好幾年的時間在此研究）的權威。他已經寫了不少，尤其是他的突破之作《第一次：非裔美洲人的歷史視野》（*First Time: The Historical Vision of an Afro-American People*），[3] 敘述了薩拉瑪卡族的建立以及他們的獨立戰爭，他根據留下來的文字紀錄以及薩拉瑪卡人口耳相傳「強烈帶有線型、因果的歷史」寫成，這裡頭帶有族人們的認同感，深深吸引著史家的注意。《阿拉比的世界》是戰後的故事，薩拉瑪卡社會終於站穩腳跟了，這可以從阿拉比（1740-1820）的「生命時光」看得出來，他擔任族長近四十年。不過，裡頭也說了不少蘇利南瑪倫的起源，能讓讀者產生清楚的圖像，正如薩拉瑪卡人所說，「如果我們忘記了我們祖先的一切，我們怎麼能期望自己能免去淪為白人的奴隸的命運？」

　　除了描寫關於瑪倫鬥爭時的英雄精神之外，普萊斯所選擇的

---

[2] 普萊斯編，《瑪倫社會：美洲的反叛奴隸社群》（*Maroon Societies: Rebel Slave Communities in the Americas*, Baltimore, 1979）；傑諾維斯，《從反叛到革命：近代世界形成中，非裔美洲奴隸的反叛》（*From Rebellion to Revolution: Afro-American Slave Revolts in the Making of the Modern World*, Baton, Rouge, 1979）。

[3] 普萊斯，《第一次：非裔美洲人的歷史視野》（Baltimore, 1983）。

主題對於歷史學家與社會人類學家來說都很重要。瑪倫社會產生了幾個基本問題。這些來源各自不同的逃亡奴隸，沒有共同背景，有的只是同被奴隸船運來及在種植園的經驗，如何能組成一個有結構的社群？原本一無所有，社會何由建立？一個由逃脫羈絆的奴隸所建立的社會，其邊境相接的就是原本支配他們的社會，兩者形成特殊的共生關係，正如普萊斯所言，[4] 此時的瑪倫社會已經不是單純的逃亡奴隸，而是在田野工作的農民，並且開始「西方化」。這種難民社群——特別是在一開始，所有人都生於非洲的時候——要如何與舊大陸分離呢？因為從觀察中發現，瑪倫社群對於非洲只能表現在情感上——這是新奇的歷史現象，他們在意識上具有共同的非洲情懷（Africanness），然而他們並不在非洲大陸上——非洲的模式與先例已經無法追尋。

可惜的是，作者雖然強烈意識到這些問題，卻沒有直接回應。他的作品談的是文化的碰撞、對立與各說各話，還有不少篇幅是談他個人、傳統歷史學者以及社會人類學家對歷史寫作的看法。

書中的主角阿拉比最後成為基督徒，然而作為一個薩拉瑪卡人，基本上應該要反對白人的價值，或至少作到不接受，基督教在這當中當然會引發文化碰撞的問題，這也是這本書的核心。在蘇利南的「布希黑人」中，基督徒算是少數。普萊斯有許多關於十八世紀瑪倫生活的資訊，都是來自於摩拉維亞傳教士

---

[4] 普來斯，《瑪倫社會》，頁12註。

（Moravian missionaries）❺ 的書信，他們是唯一與薩拉瑪卡人一直保持接觸的白人，由於文化的差異，中間自然有許多誤解：摩拉維亞傳教士無法理解他們周遭所發生的事的意義是什麼，而就現代研究者的眼光來看，這些傳教士的十八世紀世界觀，帶有太多摩拉維亞式的虔信與熱忱，以致於他們所陳述的異國景象與聖傷儀式（cult of Christ's wounds）比那些逃亡奴隸所陳述的還難理解。每個田野人類學家都應該要了解他的「選民」（然而總是不成功）；但是當一個理性的現代人遇到了西方宗教中非主流的精神錯亂者，最常見的反應是既帶著憐憫又帶著反感。

　　普萊斯的書中也透露了一些文化不確定感。近年來，對於客觀知識或一貫性解釋（也就是到目前為止，研究成果的合理性）的懷疑，已經震撼並傷害了（在「後現代主義」的大纛之下）人類學、民族學與歷史學（狀況輕微一點）。其說法各異卻又彼此衝突，但總歸不外乎出於知識論、政治與社會（人類學是不是「試圖以種族中心論來總括一切」，還是一種「西方霸權的運作」、「男性的支配」？）[5] 的考量，這些都困擾著各學科的研究者。無疑地，過多的思想總是會障蔽人的決心，空談太多便會無法行動，《哈姆雷特》（*Hamlet*）如此，「人類學的文學轉向」

---

❺ 譯註：摩拉維亞，位於捷克中部。

[5] 引文出自於後現代主義者的激憤之語，〈人類學的批判與反思〉（'Critique and Reflexivity in Anthropology'），《人類學的批判》（*Critique of Anthropology*），第九期第三份（1989年冬），頁82、86。

（the literary turn of anthropology）也是如此。[6] 但是一個「有自己風格的民族學歷史學家」或民族史家，像普萊斯之流，仍會堅守著自己的崗位作下去。

　　不管我們在民族學或歷史學上，怎麼運用流行的文學形式來創造問題，「那些民族學寫作上所謂的虛構作法，都不斷地在加強事實的事實性。」[7] 簡言之，它不是也不會是虛構的。而且就人類學的描述總是致力於「事實的事實性」（facticity of fact）來看，它會遭受的批評應該是指其太「實證主義」了。

　　但是所謂「整體」，難道不是「獨斷地加諸以某種秩序」嗎？普萊斯對於這個人類學家人人聞之色變的指控提出了他的作法。他「不用宗教、政治學、經濟學、藝術或宗族等這些西方的觀念來作為組織原則，」而他不編索引的作法，更是讓他的讀者與同事覺得可惜，但他就是不想「鼓勵人們用檢索的態度來看民族學，」並且認為這樣會讓「文化間的了解更加地困惑。」普萊斯想到兩個比較安全的組織原則：編年敘事，特別是線型的自傳形式，以及對位法（polyphony），也就是不同資料的聲音可以發聲，與作者的聲音同時出現，在文章上則是以不同大小的字體並陳。那些相對論者與反對作者權威（西方中心論，帝國主義，男性沙文主義、資本主義等等）的人，難道還能作得比他更好？

---

[6] 同前引書，頁83。

[7] 馬庫斯（George E. Marcus），〈想像整體：當代民族學努力於作自我定位〉（'Imagining the Whole: Ethnography's Contemporary Efforts to Situate Itself'），《人類學的批判》，第九期第三份（1989年冬），頁7。

要重建這些人的過去並不容易，因為沒有文獻，口述也不完全，幾乎是不可能完成的任務。而他們的經驗也是浮動的，很難陳述：即便到了今天，就算是在法國太空站或艾寇亞（Alcoa）❻，這些人的認同感仍然建立在兩三百年前為對抗外來者所進行的武裝鬥爭上，而現在也仍然隨時準備好要這麼做。這個結果到底已經算是歷史學還是人類學，還是只算是原始資料的一環？普萊斯的作法到底有沒有滿足後現代主義的要求呢？

這個有計畫的對位法，不可避免地變成一個有伴奏的獨唱曲。只有一個聲音與一個概念：作者的。在普萊斯的資料裡，完全聽不到荷蘭官員的聲音（殖民地官員負責處理雨林中的自由「布希黑人」）。他們之所以被提及完全是作者為了陳述與時間排列的方便，以及為了表現他們的挫折感。我們對於種植園主及有關當局的策略渾然不知，當然要猜測並不難，由於要阻止奴隸逃往雨林是不可能的，於是合理的政策應該是簽訂條約承認內陸瑪倫社群獨立的地位，並要求以後逃到那兒去的難民要予以遣返，他們會以獎金或岸邊的商品作為交換，如此一來，也可以讓瑪倫的經濟與殖民地綁在一起。我們發現到，實際上的確是這麼作的，而瑪倫社群的領袖也接受這樣的條件。為什麼殖民地的移民認為這樣可行？我們還是搞不懂。他們真的滿意這樣的安排嗎？雖然這樣的確可以讓奴隸無處可逃，但瑪倫社群終究沒有臣服。他們這樣做了嗎？我們仍沒有答案。

---

❻譯註：大型跨國公司，專門生產鋁製品。

摩拉維亞傳教士的書信經常是長篇累牘，等於提供了作者一種舊式的民族學研究資料。這些資料的優點在於，它們等於是兩百年前的田野調查，但是誰可以更正其中的錯誤呢？這些傳教士根本不了解他們看到的東西是什麼。當代的薩拉瑪卡人當然一字一句講的都是自己的事，因為作者跟他們說話，並且記錄他們所說的過去，藉由一代代傳下來的故事來呈現；普萊斯也列出了一些薩拉瑪卡人自己的文字作品。但是我們可以說，光就這些記錄本身，沒有經驗的讀者一定看不懂，需要作者提供註解與評釋。即使我們認為這些文本薩拉瑪卡人都看得懂，但它們究竟算不算是「歷史作品」，因為作品只有在處理別的文化的問題時才需要解釋，如果是寫自己的文化，根本無需說明。唯一對我們說話的聲音只有普萊斯。

在普萊斯的計畫中，他始終堅持人類學的田野工作是自我分析（「雖然如此，我仍認為這本書是傳記式的，但不是自傳」），而且不時提醒我們他所寫的人群（還有我們）仍不斷在進行鬥爭，至今未曾稍止，除此之外，不清楚的地方還很多。一方面，《阿拉比的世界》算是早期非裔美洲人生活的民族學研究。另一方面，普萊斯也認為，「歷史分析的主要目的是要重建……人們過去的生活事實」，然而這個目的對很多史家來說，並非歷史分析所能達成，除非我們大家對於「生活事實」（lived reality）這個詞達成共識，否則這段陳述其實是缺乏意義的。

這就是歷史學與社會人類學串連後所產生的困難，因為這等於同時放棄了兩門學科的程序與守則，而全都以「永恆的角度來

觀看」（sub specie aeternitatis）❼ 事物，特別是用文學系流行的那一套思想模式。在作品中要同時兼有思想性及解釋性或文學性是很困難的，除非你想冒著把作品解構成片斷的風險，而只用某種特別的共同經驗（無法溝通所造成的認同危機）來貫串它們。[8]

　　這本書最大的困難在於，作者將他的書分成本文，以及延伸到與本文一樣多但卻沒有體系的「註解與評釋」（Notes and Commentaries）。我們可以說，這本書中百分之九十最能引起舊風格史家以及人類學家興趣的，就是第二部分。除了與本文有關的參考書目之外，我們在這裡可以發現構成薩拉瑪卡社會的團體與氏族是如何出現的，「從種植園的經驗以及母系的宗族中推衍出共同的認同感。」這種母系系統明顯是在後奴隸時期的瑪倫社會中發展起來的，所用的方式為何則不清楚，不過普萊斯在註解中還探索了一個問題，那就是為什麼某些女人（她們有時候還是後到者）會被回溯地選定為新氏族的創建者。註解中也調查了社會中的融合現象，一個年輕的薩拉瑪卡人，就算是在十八世紀中葉，他也會有「來自八個不同非洲族群血統的祖先」，而所有的

---

❼ 譯註：此語出於荷蘭哲學家史賓諾沙（Baruch Spinoza, 1632-1677）。史賓諾沙把上帝與自然等同，因此，如果我們認為事物的發展是由上帝決定，也就等於說，事物的發展是由自然無盡的因果律所涵蓋，此時，我們便可以說，我們是從「永恆的角度來觀看」（under the species of eternity, sub specie aeternitatis）事物。

[8] 然而值得慶幸的是，作者並沒有引用羅蘭・巴特、巴克定（Bakhtin）、德希達（Derrida）、傅柯（Foucault）等人的作品。

薩拉瑪卡人都一同分享不同來源且同時並行的非洲祭典,而祭典的主持者則交給特定的專職人員。在這裡,我們可以找到與人口學、移民、分配甚至於自然環境的資訊,薩拉瑪卡人對於領土的指涉是線型的:上游、下游、內陸、向著河的。

　　註解本身給我們的資訊反而比較清楚,薩拉瑪卡人是如何在雨林中求生的,他們種什麼農作物,他們都獵捕些什麼動物(根據摩拉維亞人的記載,有三十三種),有哪些聖地是不許捕獵的(二十五個)。他們的貿易活動如何,買賣些什麼(用花生、獨木舟、原木以及稻米,來換取鹽、糖、家居用品、工具、裝飾品,以及走私槍隻)。比較奇怪的是,這些看起來頗能表現「生活事實」的內容居然不在本文裡。

　　同樣地,只有在註解裡我們才會發現瑪倫人與印第安人之間複雜與曖昧的關係,瑪倫人從印第安人學到了在內陸生活的方法,以及許多其他作者認為「寫在本文會讓整個敘事不平衡」的事。這種程序的確「能讓文本看起來比以往的研究豐富許多」,但如此也讓人混淆,是否後面的註解才是整本書的重點及貢獻所在。

　　對於本文部分,有些讀者也許會問,這位既無事蹟又無影響力、在平淡無奇的年代帶領著四千多名圭亞那人生活於落後叢林的首領,我們知道他的故事又有何用(除了單純想獲得一點異國風情)。對於作者來說,這個故事當然重要,不是因為他在薩拉瑪卡生活了二十年,而是因為藉此他見證了這個社群不凡的歷史記憶,一個完整的口述知識被保存下來,帶點儀式的神秘性,讓

這個社群能記得十八世紀以來每一個人、每一件事。普萊斯藉由
資料的比對證實了這一點,而且他的作法也完全合乎作為一個學
者應有的理性。

　　但是,如果作者對於這種安排感到滿意,那麼讀者是不是能
藉由這種方式而能對當地的文化內容有所理解呢?我們不清楚。
能讓我們跨越文化與時間的障礙,了解瑪倫人的一個核心點,就
是瑪倫人那種恆久不變的對奴隸與非奴隸的態度。(根據我的計
算,普萊斯所譯出來並加以引用的薩拉瑪卡文本〔份量大概已經
占當時文本的八成左右〕中,「自由」(freedom)只出現過一
次。)這個問題是複雜且含糊的。我們的假定只有一個可能:也
許瑪倫人也同意白人所擁有的奴隸,其地位等同於動產,就好像
牲口一樣,可以讓所有人任意處置。但我們還是無法確定,當瑪
倫人抓到白人的奴隸的時候,根據協定,他們會送還,但是有沒
有這樣的一個可能,那就是他們也會視情況而有不同的作法,譬
如說,白人奴隸主實在太過殘酷,逾越了「道德經濟」(moral
economy)所能包容的權力行使方式。然而,這本書雖然很多次
提到這個主題,但我不認為裡面的陳述可以讓細心的讀者看出,
薩拉瑪卡人是怎麼處理這種事的。普萊斯所選擇的鋪陳方式,沒
有辦法作到這一點。

　　採用分析式寫法的中古史家,從梅特蘭(F. W. Maitland)❽

---

❽ 譯註:梅特蘭(1850-1906),英國史家,著有《英國憲法史》(*Constitutional
History of England*)。

到杜比，他們所處理的時代與社會，其遙遠與生疏與薩拉瑪卡人相比也不遑多讓。雖然他們無視於後現代主義的說法，但仍然能意識到過去與現在是完全不同的事物，並且知道即使是最好的解釋者也是個帶有偏見的陌生人。從研究的敏感度及品質來看，普萊斯的作品是解構式的而非有結構的，但他的成就仍可追踵這些大師的步履。

《阿拉比的世界》所傳達的其實是「誤解」。雨林裡的黑人為什麼總覺得白人很有錢？當薩拉瑪卡人開始用實際的角度思考，用功利的方式來衡量時，基督教為什麼因此就喪失了說服力？他們下了一個結論，一個人如果沒有原罪，很明顯地他並不需要基督，因為基督是因為人的原罪而復活的。不管怎麼樣，如果人是罪人，那麼神一定很早就會把這件事處理掉。「人們每天在這裡祈禱。難道他們的神不會因為他們過去所做的事而生氣嗎？」薩拉瑪卡人還對摩拉維亞人作了一番統計，「基督徒比較容易生病」。這些論證當然跟耶穌沒什麼關係。

伏爾泰（他曾責難蘇利南對奴隸的折磨）不會知道薩拉瑪卡人的事，但如果知道了，也會為他們喝采。相信其他身處於理性時代與啟蒙運動時代的觀察者也會有同樣的看法，這也應了德國詩人所云：「你看，我們野蠻人其實才是比較幸福的人。」（See, we savages are better human beings after all; Seht wir Wilden sind doch bess're Menschen"）

能看到有人能活得如此滿足，實在令人愉快〔一個前傳教

士所寫〕。他們享受著勞動的果實,未曾受到任何仇恨的毒藥所沾染。

事情當然沒有那麼簡單,不過,一旦我們讀了《阿拉比的世界》,看到這群獨立、自足、輕鬆而且驕傲的人們,隨性地活在這個世界上,大概就能了解這段話的意思。

讓我們回過頭來想想另一個奇異的「生活事實」,普萊斯的技巧也成功地把它表現出來:那就是摩拉維亞人。他們來到這個蒙昧無知的異教之地,處於這個「體驗起來猶如地獄的地方」。他們對雨林毫無準備,沒有經驗,就像蒼蠅一樣地死亡——誠實而忠厚的日耳曼裁縫師、鞋匠或亞麻織匠仍穿著不合時令的歐洲服飾,他們對著十字架上帶著聖傷的基督禱告,但他們終將只能活幾個月。他們完全要仰賴瑪倫人,但瑪倫人認為他們是白人,並不喜歡他們,有時候還會殺人。他們會彈奏音樂,但是當黑人和著旋律起舞之時,他們卻覺得不自在。他們除了很辛苦地在九個月內編纂了舒曼弟兄的薩德字典(Brother Schumann's Saramaka-German dictionary),其他則毫無建樹。他們的後繼者至今仍在那裡,而且仍舊是薩拉瑪卡人學得讀寫的唯一來源。

他們的生活我們仍不理解,就好像瑪倫人不了解他們一樣。但我們還是別吝惜對他們的讚美,至少他們是用自己的方式來過他們想要的生活。

16

來自底層的歷史

On History from Below

　　本文原本是在一九八五年為了紀念我已逝的朋友、同志及工作夥伴魯德（George Rude）而寫。後來收入克蘭茲（Frederick Krantz）編的《來自底層的歷史：人民抗爭與人民意識形態研究》（*History from Below: Studies in Popular Protest and Popular Ideology*, Oxford, 1988），頁13-28。本文首次發表是在魯德任教、位於蒙特婁的孔寇迪亞大學（Concordia University）的演講上。

　　草根史（grassroots history），底層史或平民史，魯德乃是這些領域的先驅，這一點毋庸置疑。然而，反省一下這些研究領域內所發生的一些技術問題，與傳統史學比較一下，雖然困難但卻有趣得多，我們也能獲益不少。本文的目的即在於此。

　　不過在進入主題之前，讓我先問個問題，為什麼最近才有人開始研究草根史？也就是說，為什麼自有文字以來，歷朝歷代的史家與學者在紀錄國家大事的時候，都不曾注意到廣大的群眾，而非要等到十九世紀末？為什麼布雷希特（Brecht）❶ 的問題「誰建造了底比斯（Thebes）的七門（Seven Gate）」❷ 是個典型的二十世紀問題？這些問題將會讓我們思考政治的本質（最近才成為歷史學的主題）以及史家的動機。

　　過去絕大部分的歷史寫作都是用來榮耀統治者（這裡面有實

---

❶ 譯註：布雷希特（Bertold Brecht, 1898-1956），德國左派詩人與劇作家。

❷ 譯註：出自布雷希特的詩作，〈一個識字工人的問題〉（Questions from A Worker Who Reads），簡摘幾句翻譯如下，其意顯然可知。

　　誰建造了底比斯的七門？

　　在書裡你會找到國王的名字。

　　國王難道搬得動大石頭？

　　（中略）

　　每一頁都是勝利，

　　誰為勝利者準備了酒宴？

　　每十年就出個偉人，

　　酒宴的帳單交誰來付？

　　記載得越多，

　　問題就越多。

用的目的）。現在也還有歷史具有這種功能，像最近開始流行起來的長篇新維多利亞式的政治人物傳記，就絕對不是要讓群眾來閱讀的。這種作品，除了一些教授，以及為了寫論文而不得不看的學生以外，到底有誰會拿來讀就不清楚了。然而，在暢銷書單上卻常有這一類的書籍，讓我百思不得其解。政治人物（如果他們有一點文學底子的話）通常只是隨意地翻覽這類書籍，這可以理解。不過政治人物並不是一般人，他們專精於政治領域，讀這些傳記應該可以讓他們學到一點東西。詹京斯（Roy Jenkins）❸認為自己仍活在阿斯奎特（Asquith）❹時代，正如麥米倫（Harold Macmillan）❺把沙斯伯理（Salisbury）❻或墨爾本（Melbourne）❼這些人視為與他同時的人一樣。

　　統治階級的政治操作方式──除了十九世紀後半葉，絕大部分的歷史都是如此──可以完全不理會作為臣民的廣大群眾。除了一些特殊狀況，如劇烈的社會革命或暴亂，否則他們都認為這樣是理所當然的。這並不是說民眾容易滿足或是民眾的想法並不

---

❸ 譯註：詹京斯目前為英國上議院議長，他同時也是有名的傳記作家，他的《格拉斯東》（*Gladstone: A Biography*）還曾經得過文學獎項。

❹ 譯註：阿斯奎特（Herbert Henry Asquith, 1852-1928），於一九〇八至一九一六年任英國首相，並於德國違反比利時中立時，對德宣戰，加入了一次世界大戰。

❺ 譯註：麥米倫（1894-1956），於一九五七至一九六三年間任英國首相，主張社會改革、加強英美關係，以及加入歐洲經濟組織。

❻ 譯註：沙斯伯理，於一八八五至一八八六年，一八八六至一八九二年，一八九五至一九〇一年間三次任英國首相。

❼ 譯註：墨爾本，於一八三四年，一八三四至一八四一年間兩次任英國首相。

需要考慮。它只是指把上層與下層的關係安排到某一種程度，讓不滿在可接受的範圍內宣洩，以這樣的方式，使窮人的活動不至於威脅到社會秩序。除此之外，這個範圍通常都壓縮到某種層次之下，好讓統治階級可以從地方這個小範圍就解決問題，而不至於擴展到全國。相反地，一般民眾則接受了自己附屬的地位，並且將鬥爭局限在與自己有直接接觸的壓迫者上。在十九世紀之前，如果說有一種通則能夠說明農民與國王或皇帝之間的關係是安全的，那就是農民認為國王或皇帝乃是正義的化身。如果國王或皇帝知道擁有土地的士紳或貴族的所作所為，他就會要求停止一切對農民的壓迫。所以在某種意義上，國王或皇帝是外在於政治世界的，而政治也與他無關。

不過也有例外。我相信中國就是個例子，因為在這個國家裡──即便在它還是天朝的時候──農民暴動並不像地震或黑死病那樣是個偶然的怪現象，而是一個能推翻王朝的活動。不過在一般的狀況下並不會那麼嚴重。因此，草根史之所以能夠在傳統史學（主要都是描寫重要的政治決策與大事）中出現，往往是因為平民已經成為能夠影響決策與事件的要素了。不只是在不尋常的民眾動員中出現而已，如革命，而是在平日就予以注意。一般來說，這種歷史的出現不會早於十八世紀的大革命時代。但是，在實際上，它要發揮影響力可能還要再晚一點。在美國以外的地方，資產階級民主最典型的制度──成男普選制（婦女投票是更晚的發展）──都還要等到十九世紀末才出現。大眾消費的經濟──至少在歐洲──也是這個世紀才有的現象。而兩個用來發現

民眾意見的技術——取樣的市場調查以及後來的民調——從歷史學的標準來看，更是新產物，它們是一九三〇年代以來才出現的。

平民史，作為一個特殊領域，它的開展是源自於十八世紀的大眾運動史。我想，米榭列（Michelet）❽應該是第一個研究草根史的史家：他寫作的核心是法國大革命。從他開始，法國大革命史就成了這類歷史的試驗場，如社會主義重新又帶起了雅克賓主義（Jacobinism）❾而馬克思主義則帶起了啟蒙運動。如果說有一個史家已經走在當代這類作品的前頭的，那非勒費夫賀莫屬，他的《大恐怖》於四十年後才譯為英文，但仍未過時。概括來說，法國史學傳統並不傾向於研究統治階級的歷史，而是寫法國人民的歷史，因此而建立了草根史的主題與方法，如布洛克與勒費夫賀。不過這個領域真正開始繁盛要等到第二次世界大戰之後。事實上，它真正的進展開始於一九五〇年代中期，也就是馬克思主義真正能開始對這方面作出貢獻的時候。

對馬克思主義者來說，或廣泛一點，對社會主義者來說，對草根史的興趣是從勞工運動中發展起來的。雖然這的確提供了很強的動機來研究平民史——特別是工人階級——但卻也讓社會史

---

❽ 譯註：米榭列（Jules Michelet, 1798-1874），法國史家。本身為雨格諾（Huguenot）派新教徒，傾向於自由派，並對科學抱著開放的態度。在歷史學上，則受維科的影響。

❾ 譯註：法國大革命裡，支持大革命中最激進的一派，後來造成了兩年的恐怖統治。

家戴上了一副有色的眼鏡。他們比較喜歡研究的主題並不是平民，而是平民當中那些足堪作為勞工運動祖師爺的人；並不是研究像憲章運動者（Chartists）、工會主義者（trade unionists）、好戰的勞工運動者（Labour militants）這些人。他們也認為運動史與組織史可以用來領導工人鬥爭，因此從這個意義上來說，可以「代表」工人，可以取代研究平民本身的歷史。事情絕非如此。一九一六到一九二一年的愛爾蘭革命史，絕不等同於愛爾蘭共和軍、公民軍、愛爾蘭運輸工人聯盟或新芬黨的歷史。你只要讀歐凱西（Sean O'Casey）❿ 有關都柏林貧民窟生活的偉大劇作，就能看到什麼叫做草根。一直到一九五〇年代以後，左派才擺脫這種狹隘的取向。

不管一開始的艱難如何，草根史現在已經開始發展了。而當我們回頭檢視一般人的歷史的時候，我們也開始賦予他們以往未曾具有的政治意義，並且試著去找出以前未曾注意到的面向。這讓我開始去思考進行這項工作時的種種技術問題。

每一種歷史都有它的技術問題，但是大部分的狀況都是有現成的原始資料，為了處理這些資料才產生問題。歷史學的古典規範，於十九世紀由德國人及其他學者發展起來，他們處理資料的方法已經相當合乎科學的實證主義。不過在文學史上，仍然存在這方面的困擾。為了研究但丁（Dante），人們在解釋手稿時必須

---

❿ 譯註：歐凱西（1880-1964），生於都柏林貧民窟，他的作品中充滿著強烈的正義感。

非常地細心，檢視手稿在謄寫的過程中有沒有出錯，因為但丁的文本仰賴對中古時代手稿的整理。為了研究莎士比亞，他並沒有留下手稿，而是留下了一堆訛誤的印刷版本，於是學者就要充當福爾摩斯（Sherlock Holmes）來調查十七世紀初的印刷事業。不過這兩個例子（但丁與莎士比亞的作品）都不是我們現在所要研究的主題所會發生的問題。

　　草根史不同於這些主題，也不同於傳統的歷史，因為它並沒有現成的資料。有時候我們完全要靠運氣。近代草根史之所以伴隨著法國大革命的研究一起出現，就在於這個重大事件結合了以往都未曾出現過的兩種特質。第一，大革命突然將許多原本只有他的家庭或鄰居才會認識他的人，搬上抬面，受到大眾的注意。第二，這些人的所作所為透過官方而被記載成了文獻或檔案，並收入法國國家的檔案館中，以供學者研究之用。研究法國大革命的史家，從勒費夫賀到寇布，都曾生動地描述了在法國鄉間旅行，尋找一七九〇年代法國人資料的甘苦——不過還是快樂居多，因為他們一到了安固連（Angoulême）或蒙普耶（Montpellier）❶，就找到了一系列的檔案，每一個蒙塵的古代文件——字體清晰可讀，不像十六、十七世紀的手抄本那般潦草——都含藏著珍貴的內容。研究法國大革命的史家就是這麼幸運，比英國史家幸運多了。

----

❶譯註：兩個都是法國城市。安固連位於法國西部，鄰近法國西部大港波爾多，蒙普耶則位於法國南部，濱地中海。

草根史家大部分來說，只尋找他們想要找的資料，而不是現成的資料。草根史的資料之所以能叫做資料，是因為史家問了問題，並且就這個問題處心積慮地來尋找解決的方式，而產生的。也就是說，在問題解決之前，根本沒有所謂的資料。以目前正在發展的歷史人口學來說吧，它是根據十六世紀教區登記簿所留下來人們出生、結婚與死亡的資料所作的研究。這些資料一直存在著，而且系譜學家（他們是唯一對這些資料有興趣的人）還會定期重新翻印這些紀錄。這些資料一旦交給社會史家來運用，再加上已經發展出來的技術，所造就的成果是巨大的。我們現在可以知道十七世紀的人如何控制生育，他們如何飽受饑饉與天災之苦，不同時期的預期壽命有多少，男女要如何再婚，有多早或多晚結婚等等──這些問題在一九五〇年代之前，都是純屬猜測。

一旦我們的問題讓我們找到了資料的來源，那麼為了處理這些資料，也就產生了許多技術問題：資料太多是個問題，但又不能太少。歷史人口學家大部分時間都花在發展分析技術上面，因此他們的作品也只有歷史人口學者自己才有興趣。從開始研究到結果出來，時間可能要非常久。我們必須得了解，研究草根史沒有辦法很快得到結果，需要耗費大量的心神、時間甚至於金錢。它不像在河床上撿鑽石，相反地，它比較像在挖鑽石礦或金礦，需要龐大的投資以及高度的技術。

另一方面，有些草根史資料則尚未刺激出足夠的方法論出來。口述歷史就是個好例子。幸虧有了錄音機的問世，解決了不少問題。大部分錄下來的回憶都相當的有趣，但也帶有情感上的

訴求。依我的看法，我們對於口述歷史還要謹慎一點，一直到在
這方面的辨識能夠發展到跟考證文本的程度相同為止。人類學家
以及非洲史家已經開始這麼做，研究世代之間口耳相傳的事實傳
遞方式。譬如說，我們已經知道大概在幾代以內，這種口耳相傳
的方式還可以維持在某個精確的範圍內，而歷史事件的傳述總像
是親眼所見一般。像一八三〇年發生的工人暴動（Labourers'
Rising）**⑫**，提斯伯里（Tisbury）與威爾特夏（Wiltshire）的人到
現在還津津樂道，彷彿一八一七及一八三〇年的事就發生在昨日
一般。

現在，大部分的口述歷史都只是個人記憶，裡面所說的東西
相當不可靠。問題出在，記憶的記錄是一種主觀的選取，這個選
取不僅有限，而且還不斷在變。我在劍橋大學念書的情景，現在
想起來，跟三十歲或四十五歲時想起來都大不相同。除非我把所
有的事鉅細靡遺地記載下來，讓人厭煩（我們都知道那些把戰場
上的經驗記下來的人都會這樣），否則明天回想的一定跟明年不
一樣。當然我們可以用一些已經證明是確有其事的證據來核對記
憶，讓證據來限制記憶。但這顯然沒有幫上什麼忙，因為我們最
需要的就是在毫無證據的狀況下，還能證明記憶為真。

口述歷史方法論不只是為了檢驗那些老爺夫人的錄音帶是否
可靠。草根史的一個重要面向就是，一般人所記得的大事是什麼
樣子，它跟上層的人所記得的，以及史家所寫出來的，有什麼區

---

⑫譯註：此處專指工人搗毀機器事件。

別;而且就他們把記憶變成神話來看,這個神話是怎麼構成的。
一九四〇年夏天,英國人民所感受到的是什麼?資料部的記錄與
我們現在所相信的不太一樣。我們要如何重構原本的感覺或者是
神話的形成?我們能把這兩者分開嗎?這些都是相當有意義的問
題。我的想法是,我們所需要的可能不只是對錄音帶的內容進行
一種回溯的質問法,還要搭配心理學家的協助。這裡面可能牽涉
到的不只是方法論、假設的問題,可能還需要一點獨斷。為了要
繪出自由—社會民主聯盟的支持曲線,於是每個月作一次民意調
查,如果明天舉行大選,你會把票投給誰,這種作法無法說明任
何政治行為,因為它的前提是建立在投票是政治的重要變數這個
假設上。它不依據人們的政治決定模式,也不調查人們的政治行
為,而只是在假設的情境下問大家對於某個政治行為會有什麼反
應。但是,如果我們是回溯性地去研究這些民調結果,那麼我們
就是在調查他們實際在想什麼或做什麼。

有時候,從人們發表的意見裡也可以推出他們的想法與作
法。例如,哈納克(Hanak)為了分析人們對一次大戰的觀感,
於是蒐集了當時前線官兵與後方的信件,這些信都是奧匈帝國境
內各個民族的人寫的,當時都要經過檢查;另外,波蘭的庫拉
(Kula)將十九世紀末移民俄國的波蘭人寫信回波蘭老家的信件
蒐集起來集結成冊出版,這些信件在當時都被沙皇的秘密警察攔
截下來。但這些還是不夠,因為當時識字的人並不多。我們比較
常做的是,從行為來推斷他的想法。換句話說,我們根據的是列
寧的說法,一個人用腳所表達的意見,會比他在投票箱裡表達的

意見更真實。有時候，我們在意見與行動之間猶豫不決。因此費羅（Marc Ferro）❸藉由二月革命的前幾個禮拜發到彼得格勒的電報與決議，來調查俄國不同團體對戰爭與革命的態度——意即，在召開大會之前，工人、農民或軍人議會早就有了黨派的標籤與性格了。派發一通決議到首都去是一種政治行動——在大革命發生之前，發生的頻率尤其頻繁。電報的內容則是意見，工人、農民及軍人意見的差異，可以顯示某種意義。農民「要求」的次數超過請願的次數。因為他們在戰時受到比工人更大的壓迫，而工人也不好過。軍人並不反對戰爭，但他們對軍官則有怨言。

最有趣的資料來源是那種光只是記錄行動，就能讓人理解當中有什麼意見。這些資料的出現，大多是史家內心已經對某些問題有了答案，只是還在尋找比較妥當的方式來解答。所以，這些資料多半結果相當確定。例如，假定你想要知道法國大革命對於法國保皇派的情感影響有多大。布洛克針對法國與英國兩地對於國王能行奇蹟的信仰（已經流傳了幾世紀）進行了調查，他指出，在一七七四年路易十六加冕的時候，有兩千四百個飽受瘰癧（scrofula）之苦的病人上前要求國王觸摸他們（royal touch）以解除他們的「國王之惡」（king's evil）。❹不過，當查理十世於一八

---

❸ 譯註：費羅（1924-），年鑑史家。著有《監視下的歷史》（*L'Histoire sous surveillance: science et conscience de l'histoire*）。

❹ 譯註：這是一種脖子淋巴腺結核的病症，相傳需國王的觸摸才能治好，故又稱「國王之惡」。

二五年恢復古代加冕儀式時，同時也勉為其難地恢復了國王治療的儀式，竟然只有一百二十個人出現。在革命前最後一個國王一直到一八二五年，在法國已經沒有人相信莎士比亞所說的，「一個君王是有神聖呵護的」（there's some divinity doth hedge a king）❶。這樣的發現，相信沒有人有意見。

同樣地，在對遺囑還有墓誌銘的分析上，我們也同樣發現到傳統的宗教信仰正在衰微，而世俗的宗教正在興起。雖然強森博士曾說，在墓碑上刻字，並不表示一切都是真的，但我認為，至少會比這個人在其他時候所說的話要來得真實，並且也反映了他的宗教觀。除此之外，伏維爾已經相當清楚地說明了十八世紀普羅旺斯（Provence）❶ 地區信仰的衰退，這種現象表現在，原本階級秩序井然的社會裡，在葬禮時頌禱聖經經文的次數在減少，也就是說，已經比較少「根據死者的階級與其他條件來決定葬禮的方式了」。宗教氣息衰退的過程原本是漸進的，但到了世紀之交則突然加快。至於消失最迅速的則莫過於普羅旺斯遺囑上屢次提及的聖母瑪麗亞了。

我們再從洗禮這個儀式來看人們對於傳統宗教的態度有何變化。在天主教國家，人們根據聖徒的名字來取教名。其實，他們也只有從反宗教改革時代開始才這麼做，所以，名字的索引可以告訴我們宗教改革與反宗教改革時代的平民信教與不信教的現

---

❶ 譯註：語出《哈姆雷特》第四幕第五場。

❶ 譯註：普羅旺斯，法國南部一省，境內有亞威農（Avignon）、馬賽（Marseille）、尼斯（Nice）坎城（Cannes）等城市，還有著名的蔚藍海岸。

象。純粹的世俗名字開始普及要到十九世紀，而且多半是非基督教或反基督教的名字。

我有一個佛羅倫斯的同事跟他的孩子，研究了托斯坎尼的電話簿，看看人們的名字是世俗性（譬如來自於義大利歌劇或文學，斯巴塔哥〔Spartaco〕就是一例）的比例有多高。結果跟當地之前盛行的無政府主義（比社會主義強得多）頗為相符。所以我們可以推論（當然可能有別的原因）無政府主義不只是一種政治運動，並且還造成了主動改信，因而完全改變了成員們的生活方式。在英國我們也可以藉由調查每個人的名字（不包括那些定期登錄姓名的名流）的方式來了解社會史與意識形態史，不過我自己還沒有進行這方面的工作。我想在英國也還沒有史家注意到這個地方。

所以，花一點腦筋，也能從詩人所說的窮人年鑑（記載了出生、婚姻與死亡）中挖出不少寶貴的資料。而大家也可以玩玩這種史家的把戲，去聽聽賽倫（sirens）❶ 唱的是什麼 （布朗爵士〔Sir Thomas Browne〕❶，也許可以從歌裡面找到什麼東西也不一定。許多草根史就像是古代遺留下來的犁，我們可以從這個遺物來猜測幾百年前人們用它來耕田的方式。但是每個空中攝影師都

---

❶ 譯註：希臘神話中，出沒於西西里島附近一種半人半鳥的女妖，以美麗的歌聲誘殺航經的水手。

❶ 譯註：此處作者所引用的原句應為：「賽倫唱的是什麼，混在婦女中的阿奇里斯用了什麼假名。」語出布朗爵士《獻給埋葬的骨灰罈》（*Dedication to Urn-Burial*）的第七章。布朗爵士（1605-1682），英國作家、醫生。

知道，在某種光線下，從某個角度，我們卻可以看出長久以來被隱沒的田埂及犁溝。

因此，光是靠天份還是不夠。為了讓不清楚的思想看起來合理或是為了要證明或否證我們的假說，我們所需要的是一幅前後一貫的圖像，或者是模型。因為我們的問題重點並不在於發現好資料。即使有最好的資料——人口學資料提供了出生、婚姻與死亡——也只能說明人們一部分的生活。我們要做的是，將各種片斷的資料整合起來：就像在玩拼圖遊戲一樣，我們要找出什麼東西可以湊在一起。我之前就說過，草根史家不是實證主義者。他必須要先想好要找什麼，然後再確認他所找到的符不符合它的假設，如果不合，再做新的模型。

我們該如何建立模型呢？這當中牽涉到知識、經驗，還有對於自己所研究的主題有沒有夠廣泛和具體的理解。這可以讓我們預先去除那些明顯沒用的假說。舉一個愚蠢的例子以茲說明。有一位來自非洲的外籍生曾經回答一個有關在蘭開夏（Lancashire）的工業革命問題，他說棉工業之所以從蘭開夏發展起來是因為蘭開夏非常適合種棉。我們知道不是這樣，所以覺得這個答案有點蠢，不過，在卡拉巴（Calabar）⑲可不是這樣想。不過，還有許多同樣愚蠢的答案，而這些答案其實只要基本的知識就能避免。例如，如果我們不知道在十九世紀時，「手工業者」（artisan）這個詞在英國指的是擁有技術的領薪工人，以及「農民」（peasant）

⑲譯註：位於西非的奈及利亞，為一海港城市。

這個詞指的是「農田勞工」的話，那麼我們對於英國於十九世紀的社會結構就會了解錯誤。這種錯誤已經造成了——歐陸的譯者一直將「完成學徒階段的人」（journeyman）翻成「按日計酬的工人」（day-labourer）——而熟悉十七世紀社會的人則會驚訝於我們對於「僕役」（servant）與「侍從」（yeoman）❷⓪的分辨不清。過去有很多事是基本常識，但許多社會學家都不知道，因此成了爛史家：他們不願意花時間去知道這些。

我們也需要想像力——最好是結合資料——來避免史家最大的危險：時代倒錯。實務上所有對維多利亞時代的性研究都有一個問題，那就是誤把現在的性態度強加於過去。認為維多利亞時代的人（除了一小群人）有著跟我們一樣的性態度本來就是一種大錯，但是要運用想像力來了解當時的人怎麼想實在相當地困難，因為性這種東西還是有某種不變的特質，而且我們大家都自認為自己了解性是什麼。

只有知識及想像力還不夠。我們還需要建構一個在觀念上能夠貫串的思想或行為系統，這個系統最好是能讓我們在掌握（並非具體的掌握）到整個社會的基本設定、參數還有任務時，就可以順理成章地推導出來。讓我給一個例子。當秘魯的印第安農民社群與一九六〇年代初占領他們認為是他們所有的土地時，他們不約而同地採取了相同的行為方式：整個社群集結起來，帶著妻兒子女、牲口、農具還有鼓、號角及其他樂器。在某個時間——

---

❷⓪ 譯註：本指國王或達官貴人的衛士，或轉而指自由農。

一般是在破曉之時——他們一同越過他們宣稱是他們的土地的邊界，然後馬上開始建小屋，而且是建在土地邊界之旁，接下來就開始放牧牲口還有耕田。有趣的是，在不同時地的農民在占領土地的時候，如南義大利，也會做相同的事。為什麼？換句話說，這些高度齊一化（而且明顯沒有文化的隔閡）的行為要基於什麼假設來想才合理？

假使我們說：首先，占領必須是集體的，㈠因為土地屬於社群而且㈡因為社群的所有成員都必須介入來使傷害降到最低，而且避免出力的與沒出力的彼此間的紛爭。畢竟，他們是犯法的，除非革命成功，否則他們都會被罰。我們能證明這些理由嗎？在降低傷害方面，我們有許多支持的證據。日本在還政於明治天皇之前所發生的農民暴動，有許多村落都被「強迫」要參加暴動，這意味著官方對於農村的暴動提供了某種程度的理由與掩護。勒費夫賀對於一七八九年的法國農村也有類似的看法。如果每個人都說「我很抱歉，但是我沒有別的路好走。」那麼當局就會藉著這個好理由來限制懲罰的範圍，把一些人排除在叛亂之外。因為他們必須要與農民站在同一陣線才能生存，反之亦然。統治者高高在上統治他的臣民，並不表示他完全不用考慮臣民的感受。

那麼，在動員整個社群的時候，什麼方式是最常見的呢？就是村落的宗教節慶——結合了集體儀式及集體娛樂。占領土地當然也結合了這兩者：它一定是個非常嚴肅而且儀式性的事務，重申土地屬於村落，但從長期來看，它對整個村落來說也是值得興奮的事。可想而知，暴亂過後，村落一定會舉辦一場市集好來展

示所獲。因此，音樂當然就是用來動員及召集民眾的。我們能證明嗎？我們有證據顯示農村的確有這種動員現象——尤其是年輕人——多半是在禮拜天；我們還有證據顯示有些地區甚至會狂飲，一下子喝掉好幾品脫的酒。

為什麼他們要在破曉時入侵呢？也許是軍事上的理由——趁對方在打盹的時候襲擊，同時又有一點天光可以讓他們遷徙進去。但是他們移進去的時候為什麼還要連同著小屋、牲口與農具一起，而不是就等在那裡準備反抗地主或警察或軍隊？因為他們知道他們太弱了反抗不了。農民比那些極左的暴亂分子實際得多。他們清楚知道在對抗時，誰會是被宰的一方。而且更重要的是，他們知道自己跑不掉。他們知道革命會發生，但他們也知道要成功不能只靠一個村子。所以集體占地其實算是一個試探。一般來說，大概是政治局勢讓農村認為沒有改變的可能：使原本農村的被動轉變成了行動。如果他們是對的，那麼就沒有人會把他們趕出土地。如果他們是錯的，那麼他們就暫時撤走，等到下一個適當時機。但是他們在主張他們擁有土地的時候必須也要住在上面並且在上面耕種，因為他們的財產權觀念跟資產階級社會不同，而比較像洛克的自然狀態觀念，那就是要將自己的勞動投入在自然資源上，與其混合，才能算是自己的財產。我們能證明這一點嗎？我想可以，十九世紀的俄國人民也是這樣想的，他們有所謂的「勞動原則」。我們也可以找到另一個例證：在那不勒斯南方的齊南多（Cilento），在一八四八年革命之前，農民會在「每年的耶誕節跑出去占地以為耕作之用，並且主張這是他們的

財產。」但是，如果你沒有在上面耕種，你就不能擁有土地。

我還有其他的例子。事實上，我在這方面作了一些研究——我承認，這方面我是學社會人類學家的——不過是為了解決其他的問題：像社會型盜匪（social banditry），這是另外一種與這個分析有關的現象，因為它也有高度的一致性。

這種分析分三個步驟：第一，我們要搞清楚醫生會怎麼稱呼這個症狀——意即，所有能夠拼湊成一個整體的症狀或拼圖紙塊。第二，我們要建構一個模式來說明這些行為形式，也就是要發現一套設定，這些設定要能結合不同種類的行為，而這些行為彼此間又因為同屬於一個合理架構而具有一貫性。第三，我們必須要找到獨立的證據來證明我們的假設。

現在陷阱最多的就是第一步，因為它建立在史家既有的知識上，史家本身已經有一套理論、直覺以及看法，但史家有時候自己也搞不清楚自己一開始為什麼這樣選取。至少我也會這樣，即便我一直想意識我在做什麼。例如，在什麼樣的基礎上，史家挑選了各不相關的社會現象（一般只會放在註解以供參閱），卻又把它們分門別類組織成「原始的叛亂」（primitive rebellion）的資料群——這大概可以稱為是前政治的政治學：盜匪、都市暴亂、某些秘密社會，某種千禧年教派等等？當我開始作研究的時候，我並不是很清楚。在那麼多可以注意的事情裡面（有些我就是不會注意），為什麼我就是會注意到農民運動時衣服所代表的意義；衣服是階級鬥爭的象徵，西西里人的仇恨就起於「無邊但前有遮簷的帽子」（caps）與「有邊作為遮簷的帽子」（hats）之

間，或者是波利維亞的農民起義，印第安人在占領城市後，就要求城市居民換掉長褲，改穿農民服裝（印第安人服裝）。衣服也是反叛的象徵，一八三〇年農村勞工選定星期天到地主家去抗爭的時候，其意義在於他們不是處在平常的勞動狀況，也就是壓迫狀態，而是處於自由狀態，表現出假日與遊玩的精神。（記得甚至在更早的勞工運動中，罷工的概念跟假日是不可分的：罷工時，礦工在「玩」，憲章運動者於一八三九年總罷工時，也是選定「國定假日」。）我不知道，這種無知是很危險的，因為我也許會把當代的概念放到模型裡，而漏掉了另外一些重要的東西。

這種分析的第二階段也有陷阱，因為我們會輕易地就在事實上加諸獨斷的結構。不過，就這個模型是可以測試的來看──不像一些漂亮的模型，如結構主義的──這還不會太麻煩。比較麻煩的是，我們應該證明哪一部分，這就有點模糊。因為假定某種行為在某種前提下成立，並不一定表示這個行為是合理的，或是可以證明。這種程序（許多田野的人類學家都用這一套）最大的危險在於把所有行為都視為「理性的」。現在就有一個例子，好士兵史維克（Schweik）㉑ 的行為是愚蠢的，原因無他，因為他被軍事當局認定是不折不扣的蠢蛋。無疑地，一個人最好的自我防衛手段就是他的地位。在研究處於壓迫狀態的農民政治行為的時候，我們發現到愚蠢有其實用價值而且可以拒絕任何創新：農民

㉑譯註：《好士兵史維克》（*Good Soldier Schweik*）是庫爾卡（Robert Kurka, 1921-1957）的作品。

最大的資產就是有好多事你不能叫他們做，而且一般來說，最適合農民傳統的就是不改變。（但是，我們別忘了，許多農民不是裝笨，他是真的笨。）有時候，行為在某種狀況下是理性的，但是狀況改變也就不理性了。也有許多行為是完全不理性的（尤其是為了達成某種實際目的所採取的有效方式），但卻是可理解的。這在現在西方可以找到許多例子，許多人求助於占星術、巫術、不同的新興宗教還有非理性的信仰等等，或者是使用暴力行為，最常見的，脅持巴士乘客作為人質。草根史家研究時並不排除這種行為。

分析的客體是什麼呢？不只是要發現過去而已，還要解釋過去，如此才能讓過去與現在連結在一起。歷史學有一種強烈的傾向，就是要揭露未知的過去，並且享受找到的快樂。由於平民的生活與思想至今還屬於未知的領域，草根史的研究因此也有相當的誘惑力，尤其是對我們這些本身也屬於平民的人（尤其是女性），更是如此。雖然我不想潑冷水，可是光有古物學者的熱情與快樂是不夠的。如果只是這樣，那麼草根史就只是很好的閱讀作品而已。我們想知道的是為什麼以及什麼。我們發現到在十七世紀的索馬塞（Somerset）清教徒村落，或在維多利亞時代濟貧法實施下的威爾特夏工會，女孩生下私生子不會被認為是犯罪或是「可被輕視」，如果孩子的父親有意要娶她的話，這個事實很有趣，也可以供我們思考。但我們真正想知道的是，為什麼這種信仰會出現，它們如何與其他的價值系統（或更大的社會）相吻合，以及為什麼它們會改變或不改變。

　　與現在的連繫也很明顯，因為在了解的過程中，除了可以認
識過去，還可以認識過去是如何轉變成現在，這可以讓我們了解
現在，更可以看到未來。今天，所有階級的行為都是未知而未記
載的，就好像過去的平民生活一樣。社會學家注意著每天的生
活，並持續追蹤調查。即使我們察覺到自己是社會的一分子並且
按照我們的年紀行事，我們也未必能意識到我們的行為在創造某
種社會所要的角色上所產生的作用——創造出一個有秩序的社會
圖像，不管是自認為自己是自外於社會的，還是與社會妥協的。
今天很多對家庭關係所表達的意見，不管是寫的、說的還是行動
的，都屬於症狀，而不是診斷。

　　在過去，我們的任務之一就是要揭露平民的生活與思想，並
且掃除湯普森所說的「今人過度的優越感」（enormous
condescension of posterity），所以我們目前的問題乃是要把那些強
加於事實的設定與解決方法去除掉。我們必須要找出什麼是人們
真正想要的好社會或甚至是寬容的社會（這兩種社會並不一定相
同，他們不一定知道），以及他們想要從這樣的社會得到什麼。
這並不容易，一方面是因為我們很難避免用現在的觀念來想社會
該是怎麼樣，有些設定（如自由派）不是很有用，而另一方面則
是因為我們無法確切知道實際上社會是怎麼運作的：即便是一個
壞而不正義的社會。直到二十世紀為止，就我所知的國家裡面，
都還無法靠審慎的計畫來解決一個問題，那就是如何建立一個工
作的城市，它同時也是個人性的城市。這讓我們深思。

　　草根史家花了很多時間來研究社會如何運作，什麼時候不能

運作，以及如何變遷的問題。他們不得不作這種研究，因為他們的主題——一般人——構成了社會的主體。他們有利的地方在於他們知道他們沒有事實也沒有問題的答案。他們另外一個比從事於歷史的社會科學家占優勢的地方，在於他們知道自己對過去所知甚少，但也知道要找出過去是很重要的，同時要做到這一點需要費一番工夫。他們還有第三個有利之處。他們知道人們想要的及所需要的並不是他們的上位者（雖然比他們聰明而有影響力）所能幫他們想的。這些說法應該是相當含蓄了。不過含蓄也是不可忽視的德行。有時提醒自己，我們不可能知道社會的一切，而找出社會的面貌也不容易，這一點是很重要的。那些管理社會的人可能聽不進這種話。如果有聽得進去的，那大概就是像魯德這一類的歷史學家吧。

17

耐人尋味的歐洲史

The Curious History of Europe

這篇講稿原本是德文，現在譯成英文。本文談的是歐洲及其歷史，由費舍口袋書出版商（Fischer Taschenbuch Verlag）贊助。費舍在德國史家舉辦年會之際（一九九六年，慕尼黑），出版了新的一系列歐洲史（Europäische Geschichte）。德文講稿刊於一九九六年十月四日的《時代》週報上。英文版（比較長）則是首次發表於此。

　　大陸有沒有歷史？我們不要因此而跟政治、歷史與地理糾纏在一起，特別是不要聯想到地圖上面的形狀，地圖上所顯示的不是自然地理單位，而只是人類對於全球陸塊的命名。從上古時代開始，舊世界的各個大陸就已經沾染上人為的色彩，人對大陸所賦予的名稱，其意義遠超過地理的意義。

　　以亞洲來說。從一九八〇年開始（如果我沒搞錯的話），美國戶政機關允許居民可以稱自己為「亞裔美人」（Asian-Americans），一種類推「非裔美人」（African-Americans）的分類方式，非裔美人是目前美國黑人比較喜歡的名稱。亞裔美人大概是指擁有美國籍，但出生於亞洲，或者是父母以上來自於亞洲。但是這個分類的意義到底是什麼？來自於土耳其的移民也可以像來自於柬埔寨、韓國、菲律賓或巴基斯坦的移民一樣，稱為亞裔美人嗎？更不用提也是屬於亞洲的以色列人，他們一直不喜歡提及自己是屬於亞洲的這個地理事實。實際上，這些群體沒有任何共通點。

　　如果我們仔細地想想「亞洲」這個詞，它所告訴我們的，反而比較多是關於「我們」，而不是地圖上的內容。例如，它有助於我們了解美國人（或者更廣泛地說，西方人）對於來自於「東方」（East or Orient）的人，態度是怎麼樣。西方的觀察家，以及日後的征服者、統治者、移民及大企業主，試圖從這些不能跟他們平起平坐，但卻又與他們一樣來自於古老文化與值得尊敬的政治體（至少從十八、十九世紀的標準來看是如此）的人當中，找出一個共通的特質。用現在的話來說，他們並非「未開化」，也

不「野蠻」，但卻屬於另一個世界，也就是「東方」，這個詞帶有一種特質，意即他們是比西方人低等的。生於巴勒斯坦的薩依德（Edward Said）在他具有影響力的大作《東方主義》（*Orientalism*）中，了不起地捕捉到典型歐洲對「東方」的傲慢，不過他還是有點低估了在這方面西方態度所帶有的複雜性。[1]

　　從另一方面來看，今日的「亞洲」有著另一層而且是地理上比較限縮的意義。當新加坡的李光耀宣布「亞洲道路」（Asian way）及「亞洲經濟模式」（Asian economic model）之時，西方的管理學家與意識形態家總是很喜歡說，這是當地的儒家文化所產生的經濟效應（這個時候，我們並沒有把亞洲當成一個整體）。簡單地說，我們仍延續著從馬克思與韋伯所開啟的古老辯論，即特定的宗教與意識形態是否對於經濟發展有影響。過去的說法認為新教乃是資本主義的動力。現在，喀爾文（Calvin）出局了，而儒家入列，不只是因為新教的特質在西方資本主義中不容易往上追溯，而且也因為東亞的經濟成功都發生在受儒家薰陶的國家——中國、日本、韓國、台灣、香港、新加坡、越南——或者是有華人企業主的地方。世界主要宗教的大本營，除了基督教以外，都在亞洲，其中還包括了殘存下來的共產主義，但在韋伯的討論中，亞洲大陸上非儒家文化的地區卻與這個經濟成果無關。它們並不屬於「這個」亞洲。

　　西方往亞洲的延長部分，當然不能稱之為歐洲。每個人都知

---

[1] 薩依德，《東方主義》（London, 1978）。

道，從地理上來說，歐洲是沒有東界的，地圖上之所以有，完全是人為的結果。傳統的繪圖家之所以如此標示——烏拉山、烏拉河、裏海、高加索，如果用德文的話會很容易記——完全是政治上的決定。傑瑞米（Bronislaw Geremek）❶最近就提醒我們，[2]當塔提雪夫（V. Tatishchev）於十八世紀認定烏拉山脈乃是歐亞分界之時，他其實是有意識地想打破加諸於莫斯科的刻板印象——亞洲的子嗣。「這需要歷史學家與地理學家的合作，以及傳統的形成。」不管烏拉山的角色是什麼，區隔歐洲（也就是希臘人）及希臘人所界定的「野蠻人」的原初界線，本來就是經過大草原而到達黑海北岸。南俄長久以來就是歐洲的一部分，遠超過許多現在才自動歸屬於歐洲的區域，如冰島與斯匹茲卑爾根群島（Spitsbergen）❷，不過其所根據的地理分類是什麼，地理學家到十九世紀還在爭論不休。

　　說歐洲是個人造物，並不是說它不存在。歐洲從希臘人命名以來，一直都存在。它是個浮動的、可修改的，而且有彈性的概念，但是卻不像「中歐」（Mitteleuropa）這麼有彈性，後者完全是政治的產物，卻偽裝成地理學。就整個歐洲來說，只有現在的

---

❶ 譯註：傑瑞米（1932- ），卓越的波蘭史學家。目前是波蘭下議院議員（1989- ），曾任外交部長（1997-2000）。

[2] 傑瑞米，《歐洲—但它的邊界在哪兒？》（*Europa-aber wo liegen seine Grenzen?*），第一〇四屆柏格朵夫討論會（Bergedorfer Gesprächskreis），1995年7月10-11日（Hamburg, 1996），頁9。

❷ 譯註：斯匹茲卑爾根群島，為挪威領土，位於北極圈內。

捷克共和國及其鄰近區域，會出現在所有的中歐地圖上；在捷克共和國及其鄰近區域中（除了伊比利半島以外），某些地區現在已經屬於北歐、南歐、東歐或西歐。「歐洲」概念的彈性不是表現在地理上——不過所有的地圖都接受烏拉山這條界線——而是表現在政治與意識形態上。冷戰期間，美國的「歐洲史」領域主要涵蓋的是西歐。從一九八九年開始，就延伸到了中歐與東歐，因為「歐洲的政治與經濟地理改變了」。[3]

原初的歐洲概念建立在雙重對立之上：希臘人的軍事防衛，在波斯戰爭中對抗東方帝國的入侵，以及希臘「文明」與南俄大草原上西徐安「野蠻人」（Scythian 'barbarians'）的相遇。就之後的歷史發展來看，這個看起來對立的狀態，其實當中帶有共生與融合。阿瑟森（Neal Ascherson）接續羅斯多夫哲夫的《南俄的伊朗人與希臘人》（*Iranians and Greeks in Southern Russia*）而寫成的優秀作品《黑海》（*Black Sea*）[4]，提醒我們這些對立產生了「混合的文明，非常有趣且耐人尋味」，這塊亞洲人、希臘人與西方影響交流的區域，延著多瑙河往下游延伸。

因此我們可以邏輯地想到，古典時代的地中海文明也應該帶有融合的性格。它從近東與中東輸入了文字，往後則有帝國意識形態以及國家宗教。所以，我們對歐洲、亞洲與非洲的區分沒有

---

[3] 季里斯（John R. Gillis），〈歐洲史的未來〉（'The Future of European History'），《展望：美國歷史協會通訊》（*Perspectives: American Historical Association Newsletter*），第三十四期第四份（1996年4月），頁4。

[4] 阿瑟森，《黑海》（London, 1995）。

意義——尤其講到現在更沒意義——因為希臘人的生活與發展是在這三個大陸之間進行的。（希臘人一直居住在埃及、小亞細亞以及黑海東岸，但到了我們這個悲慘的世紀，他們卻全都被驅逐出境。）在統一的羅馬帝國時代，三個大陸幸福地結合在一起，隨時隨地吸收從任何地方來的對他們有用的東西，這個時候，作這種區別有意義嗎？

蠻族的遷移與入侵已不是新鮮事。從東亞往西到地中海，文明區裡的帝國阻擋著他們。然而，羅馬帝國的崩潰讓西地中海，之後則是東地中海，完全對他們失去招架之力。從那時起，我們看到從高加索到直布羅陀整個地區的歷史，千年間充滿了針對來自東、北、南的征服者的鬥爭——從阿提拉（Attila）❸到蘇利曼（Suleiman the Magnificent）❹，或甚至到一六八三年維也納的第二次被圍。

所以，「歐洲觀念」的形成一點都不令人驚訝，從拿破崙到一九二〇年代的泛歐洲運動，以及戈培爾（Goebbels）到歐洲經濟組織——歐洲的概念從地理上排除了歐洲的某些部分——例如，訴諸於查理曼。偉大的查理統治的只是一部分的歐洲，不過自從伊斯蘭教興起之後，至少他未曾被對手征服，因此他便自稱是「西方的先鋒與救世主」（vanguard and saviour of the West），來

---

❸ 譯註：匈奴王阿提拉於西元五世紀入侵歐洲，兵鋒直抵羅馬。
❹ 譯註：鄂圖曼帝國的統治者（1520-66），征服了伊拉克、匈牙利與阿爾巴尼亞，並建立了地中海海上霸權。

對抗東方——引用奧地利總統雷納（Karl Renner）於一九四六年用來稱讚自己國家的「歷史使命」時所講的話。[5] 由於查理曼本人是個征服者，他擴展領土而與薩拉森人（Saracens）❺ 及東方的蠻族接壤，用冷戰的術語來說，他採取的政策是從「圍堵」到「反擊」。

幾個世紀以來，除了接受古典教育的教士，沒有人會從「歐洲」的角度來想事情。西方第一個反制薩拉森人及蠻族攻擊的，並不是「歐洲的統治者」卡洛林王朝，而是羅馬教會：從東南與西南發動十字軍對抗伊斯蘭教，從東北發動十字軍對抗波羅的海的異教徒。即使是在十六世紀歐洲開始全球擴張的時候，西班牙人所帶有的十字軍意識形態也可以輕易從他們在新世界的征服行徑看出來。在十七世紀之前，歐洲人都是從地理觀念來定義自己，而不是以信仰。到了十七世紀末，他們已經可以挑戰東方帝國的力量了，原本強調要讓不信者改信真信仰的想法逐漸讓位給了複式簿記。經濟與軍事的力量讓歐洲人相信他們是優越的，不只是表現在他們是現代文明的傳播者，更表現在人種上。

「歐洲」原本千年來都處於防衛。現在則花了五百年征服了世界。光憑這兩點就無法將歐洲史與世界史切斷。經濟史家、考

---

[5] 引自海斯（Gernot Heiss）與李斯曼（Konrad Paul Liessman）編的《千禧年：奧地利千年論文集》（*Das Millennium: Essays zu Tausend Jahren Österreich*）（Vienna, 1996），頁14。

❺ 譯註：原指生活於敘利亞及阿拉伯的游牧民族，後專指十字軍時代的阿拉伯人或穆斯林。

古學家以及其他研究日常生活史（Alltagsgeschichte）的學者，現在應該都會認同這一點。從地圖繪製者的眼光所看到的歐洲史，一直是與伊斯蘭教的興起結合在一起，因此他們總是把地中海的南岸、東岸，永遠與北岸切割開來。除了反覆無常或意識形態，否則研究上古時代的史家又何必堅持只寫羅馬帝國地中海北部各省的歷史呢？

不過，把歐洲與世界其他地方分開，總比將一部分的地理大陸排除於「歐洲」意識形態概念之外要好得多。最近五十年的經驗告訴我們，大陸的再定義，取決的標準不是歷史，而是政治與意識形態。冷戰結束之前，尤其明顯。二次大戰以後，歐洲對美國來說，乃是「『西方文明』的東部疆界」。[6]「歐洲」到蘇區為止，同時也可以被定義為非共產主義或反共產主義。有些人努力要給予這個剩餘地區一點正面內容，於是說它是自由與民主地區。不過，對於歐洲經濟組織來說，這種說法在一九七○年代中期以前都站不住腳，一直要到之後，南歐的專制政權消失了──西班牙、葡萄牙與希臘，還有民主但卻不屬於「歐洲」的英國也加入了，才顯得合理些。時至今日，實用主義式的「歐洲」定義更是行不通。作為「歐洲」必須要團結的理由的蘇聯，已經不存在了，從直布羅陀到海參崴（Vladivostok）的所有國家都不約而同地向民主與自由市場效忠。

為了要尋找一個實用意義的「歐洲」，於是造成了無休止的

---

6 季里斯，〈歐洲史的未來〉，頁5。

辯論，同時也產生了如何擴展歐盟的問題，也就是要把歷史上、經濟上、政治上以及文化上異質的諸多實體，慢慢轉變成一個同質的實體。從來沒有「單一」的歐洲這回事。差異永遠不可能從我們的歷史上消除。事實就是如此，不管是將歐洲換上了宗教的外衣還是地理的外衣都不會有所不同。歐洲在伊斯蘭教興起後，以及征服新世界之前，的確是塊基督教大陸。然而，就算所有的異教徒都改信了，很明顯地，歐洲領土上在當時也已至少出現兩個以上的基督教派彼此互別苗頭，而十六世紀的宗教改革讓這個數目變得更多。羅馬教會與東正教之間（從波蘭到克羅埃西亞）的疆界，到了「今天，仍是世界最持續的文化疆界之一。」[7]北愛爾蘭也證明了歐洲內在傳統中血腥的宗教戰爭，到現在仍未死亡。基督教是歐洲史上不可磨滅的一部分，但是它就像「民族」及「社會主義」一樣，都不可能成為統一歐陸的力量。

　　傳統上都是把歐洲視為是俱樂部而不是大陸，要加入歐洲需要經過俱樂部委員會的審核，這種作法的歷史幾乎與「歐洲」這個名字一樣長久。「歐洲」的邊界在哪裡，就要看成員資格的得喪。眾所皆知，對梅特涅（Matternich）❻來說，從維也納以東就是「亞洲」，這種想法反映在十九世紀末刊載於《帝國郵報》（*Reichspost*）的一連串批評匈牙利為野蠻的亞洲人的文章中。對

---

[7] 傑瑞米，《歐洲》，頁9。

❻ 譯註：梅特涅（Klemens Lothar Wenzel von Metternich, 1773-1859），奧國首相，一八一五到一八四八年間，他是歐洲實際上的主宰者。在拿破崙之後，重建歐洲秩序。

於布達佩斯的居民來說，歐洲的邊界是在匈牙利人與克羅埃西亞人之間，但對於總統圖迪曼❼來說，歐洲的邊界卻是在克羅埃西亞人與塞爾維亞人之間。驕傲的羅馬尼亞人認為自己是真正的歐洲人，他們在精神上完全是屬於巴黎人，只是被流放到落後的斯拉夫人之地；即便是生於布可維納（Bukowina）❽的奧國作家雷索利（Gregor von Rezzori），也在他的書中把斯拉夫人說成是「Maghrebians」，即「非洲人」。

　　因此，真正的區別不在於地理學上；但也不一定是意識形態。這種區別通常是由占優勢的人所為，他們把自己歸類為優等，其他則理所當然是劣等，他們認為自己在思想上、文化上，乃至於生理上，都遠高於他們的鄰居。這種區別不一定是種族上的。在歐洲，跟其他地方一樣，用來區別文明與野蠻的普世原則把這條線劃在富人與窮人之間，也就是能享用奢侈品、教育以及出外旅行的人，與不能如此的人。結果，最明顯的區分並不是在社會當中，而是在城鄉之間。農民無疑是歐洲人——誰會比他們更純呢？——但是十九世紀那些有教養的浪漫主義者、民俗學者以及社會科學家，在稱讚並將農民的古老價值系統予以理想化的同時，卻認為農民比較原始，是早期文化階段的「殘存物」，藉由孤立與落後而能一直保存到現在。有教養的階級於一八八八到一九〇五年之間，在東歐幾個城市（華沙、塞拉耶佛、赫爾辛

---

❼譯註：克羅埃西亞總統。

❽譯註：在今羅馬尼亞，十九世紀時屬於奧匈帝國所有。

基、蘭堡╱勒維夫〔Lemberg/Lwiw〕❾、貝爾格勒、聖彼得堡以
及克拉科〔Cracow〕❿）設立了民族博物館,展覽的是農民而不
是城市居民。

　　不過,大部分的區別還是存在於民族與民族間,以及國家與
國家間。在歐洲各國裡,總會有人瞧不起接壤的野蠻鄰居,或至
少瞧不起在技術與思想上比較落後的國家。歐陸上的文化─經濟
斜坡,從法蘭西之島（Ile de France）、香檳區（Champagne）往東
及東南傾斜,凡是看不順眼的國家就稱其為「亞洲的」（Asiatic）,
特別是針對俄羅斯人。不過,我們也別忘了由北到南的斜坡,西
班牙人因此被歸類為非洲人,而北義大利人則瞧不起羅馬以南的
同胞。只有來自於北方的蠻族,他們在十到十一世紀掠奪了歐
洲,但在他們的背後只有北極的冰,因此就沒有辦法說他們是哪
一洲的人。無論如何,斯堪地那維亞人現在已經變得富有而和平
了,他們的野性只有在華格納的血腥神話以及日耳曼民族主義中
才找得到。

　　歐洲整個開始脫離野蠻的時候,也就是歐洲文明成為全球顛
峰的時候。十四世紀末,來自於高文化地區的偉大學者卡爾東,
就對基督教歐洲毫無興趣。他的看法是,「天知道那裡會有什
麼,」而在他之前兩個世紀,阿克瑪德（Sa'id ibn Akhmad）,托

---

❾譯註:烏克蘭城市,位於烏克蘭與波蘭的邊界處,為歐洲的地理中心。其德
　文名為蘭堡,俄文名則為勒維夫,過去曾為奧匈帝國的領土。
❿譯註:克拉科,波蘭城市。

利多（Toledo）**⓫** 的法官（cadi），也認為北方的蠻族無足稱述，他們只是野獸。[8] 在那幾個世紀，文化斜坡是倒過來的。

這裡存在著歐洲史的弔詭。正是這種歷史的 U 形反轉或中斷，成為歐洲史的特質。從東亞一直延伸到埃及的高文化帶，不管是入侵也好、征服也好，長久以來一直沒有被蠻族消滅。卡爾東認為歷史是永恆的二元對立，一方是游牧民族，一方是定居文明——但是在永恆的衝突中，游牧民族雖然有時會勝利，但仍只是挑戰者而不是勝利者。受蒙古人及滿人統治的中國，以及被中亞民族所征服的波斯，無論如何都是當地高文化的燈塔。埃及與美索不達米亞也一樣，無論他們的統治者誰——法老、巴比倫人、希臘人、羅馬人、阿拉伯人或土耳其人。一千年來，來自於大草原與沙漠的民族不斷地入侵定居文明，所有的大帝國都存活下來了，只有一個例外。只有羅馬帝國完全被摧毀了。

文化連續性的崩潰，反而造成文化的耕耘與繁盛，[9] 即「文藝復興」（Renaissance）——也就是嘗試要回歸千年來所遺忘的但卻是較優越的文化與技術遺產，然而，如果沒有這種崩潰，則完全沒有必要做這種嘗試。在中國，根本不需要回歸古典時代，因為在國家考試中，每個考生都要背誦經典，從基督教時代之前就

⓫ 譯註：位於西班牙。

[8] 葉普（M. E. Yapp），〈土耳其人眼中的歐洲〉（'Europe in the Turkish Mirror'）《過去與現在》第一三七期（1992 年 11 月），頁 139。

[9] 古迪（Jack Goody），《文化的開展》（*The Culture of Flowers*, Cambridge, 1993）頁 73-74。

如此，連綿不絕。西方哲學家的看法（只有歐洲才具有歷史動態發展，亞洲或非洲沒有）之所以有錯，包括馬克思，有一部分乃是因為西方以外的知識與都市文化是連續性的，而西方不是，兩者的差異所產生的誤解。

不過這只是一部分原因。因為從十五世紀末以來，世界史無疑已變成以歐洲為中心，而且一直維持到二十世紀。將現代世界與明朝、莫臥爾皇帝及曼穆魯克（Mamelukes）⓬ 區別開來的關鍵，就是歐洲——不管是在科學及技術、經濟、意識形態與政治，或在制度以及公共與私人生活上。甚至於「世界」這個概念，也就是涵蓋全球的人類交流系統，在歐洲人征服西半球以及資本主義世界經濟出現前，根本不存在。這就是歐洲在世界史上的固定地位，也是歐洲史的問題，更是讓歐洲史如此特殊的原因。

歐洲史之所以特殊還有別的原因。它的主題並不是地理空間或人類集體，而是過程。如果歐洲自己沒有改變，也沒有改變世界的話，就沒有一部單一而連貫的歐洲史，「歐洲」將只會以「東南亞」史那樣的形式與概念存在。（至少在歐洲帝國時代來臨之前。）「歐洲」感受到自己是歐洲，而且是與地理上的歐陸相符的歐洲，已經是現代史的事了。只有在歐洲不再以「基督教」

⓬ 譯註：曼穆魯克，乃是集軍事與土地大權於一身的貴族制。他們原本是穆斯林統治者所豢養的非阿拉伯人奴隸，但是卻擔任君主身邊的官吏與士兵。逐漸地開始掌握大權，甚至於分享政權。

的防衛態度對抗土耳其人,而基督教內部的衝突停止,且國家政策與現代科學與學術的文化逐步世俗化的同時,這個時代才會出現。因此,十七世紀時,嶄新而有自我意識的「歐洲」有時候會以三種形式出現。

首先,它是國際性的國家體系,國家的外交政策都以永久的「利益」(interest)來決定,又叫「以國家利益為名的理由」(reason of state),它遠比宗教信仰崇高得多。十八世紀,歐洲已經與現在地圖上的歐洲相仿了,國家體系這時呈現出「寡占」(oligarchy)的現象,也就是所謂的「強權」(powers),俄羅斯此時也是其中之一。所謂的歐洲就變成了強權之間的關係,這種關係一直到二十世紀之前,都只局限於歐洲人。不過這種國家體系現在已不存在。

其次,「歐洲」是由一群跨越國界、語言、國家忠誠、義務或個人信仰的學者或知識分子社群所建立的思想物,意即現代「科學」(Wissenschaft),包括了所有的思想活動、科學(science)與學術。從這個意義上來說,「科學」(science)出現於歐洲文化區,一直到二十世紀初為止,這個地區指的是喀山(Kazan)❸到都柏林之間——並不包括歐陸的東南與西南部分。我們今天所生活的「地球村」,其實源於「歐洲村」。不過,今日的地球村已包括了歐洲村。

最後,「歐洲」在十九世紀時,發展出了都市的教育、文化

❸譯註:俄羅斯聯邦的韃靼斯坦(Tatarstan)共和國首都。

以及意識形態模式,這種模式藉由歐洲往海外移民而傳遍世界。
任何十九世紀的大學、歌劇院以及公眾都可以進入的博物館與圖
書館的分布圖,都可以說明這一點。這樣的圖也可以說明十九世
紀歐洲意識形態如何散布。社會民主制是政治運動(從第一次大
戰以後)也是國家所支持的運動,它完全來自於歐洲,第二國際
(馬克思主義的社會民主)也是如此,但一九一七年後的第三國
際就不是這樣。十九世紀的民族主義,即便到了今天,也很難在
歐洲以外的地方找到相同的現象,尤其是它表現在語言學上的形
式,但是,在種族上所產生的種種後果,卻在近幾十年來在歐洲
以外的舊世界不斷地上演。這些觀念都可以回溯到啟蒙時代。在
這裡,我們找到了持續最久的歐洲思想遺產。

　　然而,這些都不是歐洲史的主要特質,而是次要的。歷史上
並不存在一個同質的歐洲,想要找這種東西的人就是走錯方向。
不管我們怎麼定義「歐洲」,它的多樣性、興起與衰落、共存、
各部分辯證的互動,對於它的存在來講都是很重要的。若不考慮
這些,就不可能了解並解釋歐洲的成熟是如何創造並控制了現代
世界。如果問西方是如何擺脫東方的束縛的?資本主義與現代社
會是如何且為什麼只在歐洲出現?就等於是問一個基本的歐洲史
問題。如果不想這些問題,就沒有必要認為歐洲史與其他地區的
歷史有何不同。

　　不過,這些問題也讓我們走回歷史與意識形態,或精確地
說,是歷史與文化偏見之間的三不管地帶。史家必須改掉一些壞
習慣,不要再去尋找歐洲之所以跟其他地方不同,或比其他地方

優越的原因，譬如，認為歐洲思想中帶有理性以及基督教傳統，或是從古典時代流傳下來的羅馬財產法。首先，我們並不優越，就算東方所發明的象棋，它的世界冠軍都是西方人也一樣。其次，我們現在知道，那些能夠導向資本主義，或是造成科學及技術革命的運作方法，並不是「歐洲人」或「西方人」的專利。第三，我們必須避免作這樣的推論，「只要甲發生在乙之前，甲就是乙發生的原因」（post hoc, propter hoc）。由於日本是唯一的非西方工業社會，史家於是急忙地想從日本歷史中尋找與歐洲的類似點——例如，日本封建主義的結構——用來解釋日本發展的獨特性。現在已經有許多成功的非西方的工業經濟體，因此這種解釋的不妥可想而知。

然而，歐洲史仍然是獨特的。正如馬克思所見，人類的歷史就是逐漸控制我們所處及所藉以生活的自然。如果我們認為這個歷史是個曲線，那麼它將是兩度向上轉折的曲線。第一次是齊爾德晚年所說的「新石器時代革命」，帶來了農業、冶金術、城市、階級與書寫。第二次革命則帶來了現代科學、技術與經濟。第一次也許是在世界各地獨立地開展。第二次則只發生在歐洲，因此幾世紀以來，歐洲成了世界的中心，有一些歐洲國家則成了世界的主人。

「達伽馬時代」（The Age of Vasco da Gama）❹，照印度外交家兼史家帕尼卡（Sardar Panikkar）的說法，已經結束了。在一個

---

❹譯註：達伽馬（1469-1524），葡萄牙航海家，發現好望角航路。

非歐洲中心的世界裡，我們不知道怎麼寫歐洲史。「歐洲」——
再引用一次季里斯（John Gillis）的話——「已經在時間與空間
上失去了中心性。」[10] 有些人試圖——是錯誤的也是徒勞的——
否認歐洲史在世界史所扮演的特殊角色。其他人則躲在「正在形
成的『歐洲堡壘』心態」下，產生防衛的心態，尤其在大西洋的
彼岸更是如此。歐洲史的方向在哪呢？處於哥倫布以來第一個後
歐洲世紀的結束，我們身為史家，需要從地區史以及世界史兩個
角度，來重新思考歐洲史。

---

[10] 季里斯，〈歐洲史的未來〉，頁5。

18

現在就是歷史

The Present as History

本章寫於「短促的二十世紀」（Short Twentieth Century, 1914-91）❶ 的歷史（幾乎跟我生存的時間一樣）出版之際，發表於一九九三年倫敦大學的克雷頓（Creighton）講座上。本文後來印成小冊子由倫敦大學出版，書名與文章名稱一樣，《現在就是歷史：寫我們這個時代的歷史》（*The Present as History: Writing the History of One's Own Times*）。

　　有人說過，一切歷史其實都是當代史，只是穿上了炫目的外衣。我們都知道，這句話確有見地。偉大的蒙森（Theodor Mommsen）❷ 在一八四八年革命之後所寫的羅馬帝國史，反映了新生的德意志帝國。從凱撒（Julius Caesar）身上，我們可以看到俾斯麥（Bismarck）的影子。席姆（Ronald Syme）更是如此。他的凱撒反映出法西斯的獨裁者。把古典時代，或十字軍，或英國都鐸王朝歷史寫成二十世紀的樣子是一回事，直接寫二十世紀的歷史又是另一回事。這種作法的問題及可能性，就是今晚我演講的主題。我打算討論其中三個問題：史家生存年代的問題，或是說，史家的世代問題；史家對歷史的看法會不會隨著時代而變的問題；如何擺脫這個時代的既有設定的問題。

　　假設你們將自己當成是研究十九世紀的史家，在專業領域中，你們應該會極力地想擺脫一九一四年以後的觀點。我對歐洲的看法就像格雷爵士（Sir Edward Grey）❸ 一樣，也是從第一次塞拉耶佛危機（一九一四年。法國總統密特朗〔Mitterrand〕為了提醒世界這個歷史事件，還特地於一九九二年六月二十八日前

---

❶ 譯註：此書即《極端的年代》（*Age of Extremes: The Short Twentieth Century 1914-1991*）。

❷ 譯註：蒙森（1817-1903），德國古典學者及史家，於一九〇三年獲得諾貝爾文學獎。於一八五四到一八五六年間，完成了三冊《羅馬史》（*Römische Geschichte*）。

❸ 譯註：格雷爵士（1862-1933），主導了英國一九〇五──一九一六年的外交政策。

往塞拉耶佛參加斐迪南大公〔Archduke Franz Ferdinand〕遇刺週年紀念，不過沒有一個新聞記者真正注意到這件事）之後才產生的。

不過，最後我還是寫了簡明的二十世紀史——始於塞拉耶佛也終於塞拉耶佛，或者也可說是終於蘇聯這個社會主義政權以及歐洲東半部的瓦解。這個歷史事件讓我想要對於我生存的這段時間的歷史作一番思考，我生於一九一七年，一直到現在，剛好跟我要寫的歷史，時間相符。

不過，「我生存的這段時間」這個詞也有問題。它假定了個人的預期壽命也是集體的預期壽命。從某個意義來看，雖然弔詭，但也確實是如此。如果大部分的人都曉得在自己生存這段期間裡，世界史或本國史中所發生的主要大事，這並不表示我們一定親身經歷過這些事，不過，其中的確會有人實際參與其中，甚至於在事件發生之際就已察覺這件事的重要性。這是因為我們接受大家對這些事件的認定。但是這種共識是怎麼形成的？它真的如我們（從英國或歐洲或西方的觀點來看）所想的那麼理所當然嗎？全世界各地區所共同承認的歷史大事，數量不會超過半打。一九一四年不在其中，但二次大戰的結束及一九二九到一九三三年的經濟大恐慌也許有。其他的事件之所以能算是因為它具有全球性的反應，但在各國的歷史裡卻不是特別突出。十月革命就是一個例子。這樣的共識可以維持多久？會不會改變、衰弱或轉變？如何如此及為什麼如此？我之後將試著回答這些問題。

如果我們將既有的當代歷史架構放在一旁，另行建構一個符

合我們自己經驗的，那這就是屬於我們自己的歷史架構。每個史家都有自己的生存時間，用這個為基準來看這個世界。也許在可比較的狀況下，我們可以跟別人合作，但在世紀末的六十億人口中，這樣的同儕團體在統計學上沒什麼重要性。我的觀察點是建立在一九二○年代在維也納的童年，是希特勒於柏林興起的時代，這決定了我在歷史學上的政治立場與興趣，而在英國，尤其是在一九三○年代的劍橋，也是一樣。也許是因為這些背景，所以我的角度跟那些與我的歷史解釋同一立場的人，儘管處於相同領域——十九世紀勞工史——對於相同問題有相同答案，也有所不同。但是對於其他的史家來說，如果他們缺乏回溯性的分析的話，那麼就不會有什麼不同。當有人寫的歷史不是古典時代也不是十九世紀，而是他自己生存的時代時，不可避免地他個人的經驗一定會融入其中，甚至於我們評估證據的方式也會受到影響。如果是我來寫第二次世界大戰的歷史，由於我從來沒有上過戰場，射過一發子彈，因此我的寫法勢必不同於有戰爭經驗的人——例如湯普森，他在義大利戰場上擔任過坦克指揮官，非洲學家戴維遜（Basil Davidson）❹曾在佛沃迪那（Voivodina）❺及里格里亞（Liguria）❻打過仗。

　　如果處於同一世代的史家就能有這樣的差異了，更別提世代

---

❹ 譯註：戴維遜（1914-），原為記者出身，後來研究非洲史。

❺ 譯註：位於南斯拉夫。

❻ 譯註：位於義大利。

不同的史家了。當我跟我的美國學生說，我還記得在柏林，希特勒成為德國總理那一天的事，他們看我的表情，好像是林肯總統（President Lincoln）於一八六五年遇刺當天，我也在福特劇院一樣。這兩件事對他們來說，都是史前時代的事。但對我來說，一九三三年一月三十日不僅是過去，也是我的現在。一個跟他妹妹一同上學的小男孩，在路上看到頭條，至今記憶猶新。我還能看見當時的景象，只不過有點像作夢。

　　年齡的區隔對史家的確有影響。強里（John Charmley）❼ 最近的作品《邱吉爾，榮耀的結束：一個政治傳記》（*Churchill, the End of Glory: A Political Biography*）所引起的爭論，鮮活地描繪出這一點。爭論的重點不在事實，也不在於對邱吉爾身為政治家與決策者的評斷。這些長久以來已不曾引起爭論。也不是在於張伯倫是不是比那些主張反抗納粹德國的人更正確。重點是，強里博士跟那些在一九四〇年代成長的人的生活經驗不一樣，強里沒有他們的經驗。歷史上那段特殊的時刻，邱吉爾所說的話語深深觸動了全英國人的心，但這種感覺之所以為人所懷疑，是因為真正體驗過那段歷史的人已經越來越少了。當然我並不懷疑，我當時是處身於工人階級單位下，是名工兵，負責在東英吉利建築勉強能用的防禦工事。讓我印象深刻的是我在五六〇野戰連的同袍都不加思索想當然爾地認為，我們一定會上戰場。並不是說我們一定會追隨上級的指示，而是說我們沒有選擇不去的權利。人們可能

---

❼ 譯註：強里（1955-），英國史家。

太不加思索，所以才對情勢如此沮喪，但這也是法國陷落後英國
會有的反應。同樣地，對於像我這樣一個年輕的知識分子來說也
不得不如此，因為我唯一的資訊來源就是從諾佛克（Norfolk）送
來的報紙。而對我來說，唯一清楚的是，那會是個偉大的時刻，
「英國最好的時刻」（Britain's Finest Hour），不管這話出自誰的口
中。「它是偉大的——而它就是戰爭」（C'était magnifique-et
c'était la guerre）：邱吉爾將其形諸文字話語。而當時，我就在那
裡。

　　但這並不表示替張伯倫作傳的強里不應該重新再提那些主和
派的過去——這些事情對於三十幾歲的史家來說是可以接受的，
但對於戰爭世代的人來說卻不可接受——讓大家各行其是吧。一
九三○年代年輕的反法西斯分子不了解主和派的想法，因此不支
持張伯倫或哈利法克斯（Halifax）❽。但是主和派有一個目的是
與邱吉爾相合的，那就是維護大英帝國的存續，他們有很多優於
邱吉爾的策略，只有一個地方不如。邱吉爾跟同時代的戴高樂
（Charles de Gaulle）❾一樣，認為戰爭的失敗與領土的喪失，遠
不及民族自尊的喪失來得重要。我們從現在英國的狀況也可以看
出這一點。

---

❽譯註：哈利法克斯，爵名，原名伍德（Edward Wood, 1881-1959）。支持張伯
　倫的綏靖政策，曾出使德國，會晤希特勒。
❾譯註：戴高樂（1890-1970），法國將領與政治家。於二戰期間為自由法蘭西
　（Free France）政府主席（1940-45），後為法國第五共和總統（1959-69）。

　　我們就算不去研究檔案，也知道主和派是錯的，而邱吉爾只對這麼一次，那就是與希特勒談判是不可能有成果的。就理性政治的角度來看是合理的，我們認為希特勒的德國是「強權」，就像其他強權一樣，希特勒必定會遵行連墨索里尼（Mussolini）也會遵守的權力政治規則。但是他沒有。一九三〇年代，每個人都相信談判會成功，史達林也認為如此。同盟國之所以成立用以對抗軸心國，並不是因為主戰派戰勝了主和派，而是因為德國的威脅促使各國不得不在一九三八到一九四一年底之間組成同盟。英國在一九四〇到一九四一年間所面對的，其實不是一種選擇，不管是盲目而不管成功與否地抵抗下去，還是在「合理的條件」下議和，只要是與希特勒談判，都是不可能的。唯一可以考慮的是比法國貝當政府（Petain France）❿稍好一點的待遇罷了。邱吉爾則帶領著政府走自己的路。求和只是接受德國支配的另一種說法罷了。

　　我的意思不是說只有那些記得一九四〇年的人才有資格下結論。不過，一個年輕的史家如果要達到那樣的程度的確需要想像力，以及放棄自己的生活經驗，還要勤奮地研究。對我們來說卻不需要。我不認為強里博士對於一九四〇年的局勢與走向戰爭的評估是錯的。對過去進行一種假設性的研究並不能完全用證據來完全加以否認，因為證據是在證明什麼事發生了，而假設的事情本來就沒有發生。我其實不認為強里是對的，但在這裡我不打算

───────────────

❿ 譯註：德國在法國投降後所扶植的傀儡政府。

對於他的論證加以細談。

請不要誤解我。我並不是要說二十世紀的老史家要優於年輕史家。我開始進行史學工作的時候也還是年輕人，那時我負責訪問還健在的一九一四年前的費邊社社員，詢問他們那個時代的事，而我所學到的第一件事就是，我一定要先對於訪談的主題先作功課，否則問了也是白問。第二件事則是就任何一件已經可以加以證實的事來看，他們的記憶其實很容易出錯。第三件事就是不要試圖去更正他們的觀念，因為他們的想法早就根深柢固。一個只有二十、三十歲的史家就可能有既定的觀念了，遑論更年長的。雖然如此，這其中還是有一些好處。如果要寫一部二十世紀史，我們不需要特別的努力，只需要比較一下世界改變了多少就行了。過去三、四十年來，是歷史上最革命的年代。世界從來沒有在這麼短的時間內如此廣泛、劇烈地轉變過。對於那些沒有親身經歷的人來說，很難用直覺來掌握它。一個西西里強盜朱利安諾（Giuliano），在監獄裡關了二十年後回到位於巴勒摩（Palermo）附近的故鄉，他曾帶著失落與迷失跟我說：「過去這裡都是葡萄園，現在都變成了公寓。」他的確是對的，他所出生的地方已經完全走樣。

那些老得足以記得夠多事情的人，不會把每件事都看得理所當然。他們不需要像年輕的史家那樣地努力，就能知道「過去是另一回事，那時候的人做事的方式不一樣。」這可以作為我對過去與現在的一種判斷。例如，我曾親身經歷希特勒在德國的興起，我知道昔日街角的納粹跟現在的新納粹有什麼不同。只有一

件，我不知道一九三〇年代初期，年輕的納粹在攻擊並焚燒猶太人住家的時候，是不是也跟現在新納粹在攻擊土耳其或其他移民一樣地沒有特定的次序。現在做這種事的年輕人也許會使用希特勒的標誌，但其中所代表的政治現象卻不一樣。就歷史的理解是要知道過去跟現在有什麼不同來看，歷史學家最大的罪過就是時代倒錯，而我們有天生的優勢可以減少這些缺點。

不管年紀是不是個優勢，至少世代的交替對於二十世紀歷史的寫作是有影響。當二次世界大戰那個世代的政治人物隱沒之後，新的政治人物上台，國內的政治必定會有所改變，同樣的狀況也會發生在與戰爭及抵抗運動有關的歷史寫作上（特別是在法國與義大利）。這可以適用在民族生命對於巨變及創傷的記憶上。我不認為下列的現象是個意外，以色列在一九八〇年代中期以後，歷史已不再受民族主義神話的支配也不再有爭論——在建國四十年後，或者是愛爾蘭人所寫的愛爾蘭史在一九六〇年代以後已經逐漸從民族神話的遺產及工會主義的反神話中解脫。

現在讓我開始提出第二個觀察，剛好與第一個觀察相反。它處理的不是史家的年紀或他的視野會如何影響他對這個世紀的看法，而是這個世紀所經過的時間對史家的視野有什麼影響，而完全不考慮他的年紀。

我要從麥米倫於一九六一年與甘迺迪總統（President Kennedy）的對話開始。麥米倫認為蘇聯「有不錯的經濟，而且在物質財富上將很快超越資本主義社會。」不管這段陳述現在看起來有多麼落伍，許多有知識的人在一九五〇年代末都有這種看法，特別是

在蘇聯證明了他們在太空科技上已打敗美國的時候。對一個於一九六○年代寫作的史家來說，這不算愚蠢。我們沒有必要比一九六一年的經濟學家更了解蘇聯的經濟機制，但是時間是史家最後的武器，也就是後見之明。從這個例子來看，後見之明是對的，但也可能誤導。例如，從一九八九年以後，許多觀察家都可以看見，特別是那些深諳市場理論而不懂歷史的經濟學家，蘇聯及類似的經濟體都已經變成廢墟，因為這是蘇聯集團及蘇聯崩潰之後的事實。事實上，雖然蘇聯從一九八○年代開始在技術以及提供居民財貨與勞務的能力上輸給了資本主義經濟，並且逐年衰退，但蘇聯還是能走自己的路。他們還沒有到崩潰的程度。我的朋友葛爾納一輩子批評共產主義，他在一九八○年代末到莫斯科待了一年，最近表示，如果蘇聯能夠將自己孤立起來，自成一派，那麼它的居民一定會同意，在布里茲涅夫（Brezhnev）的統治下，他們比上一代的俄國人生活得好。

　　這裡的爭議點不在於哪個史家的預測能力比較強。值得討論的是，為什麼過去四十年來所發生的這麼多大事竟然無法被預料到。我甚至會猜測，從二次大戰以後的歷史，預測的準確率是偏低的。一九一八年後，另一次大戰的爆發與經濟大恐慌是可預料的。但是在二次大戰之後，有哪個經濟學家預測到「三十年光輝歲月」的世界大景氣呢？沒有。他們預測戰後會蕭條。他們有預測到黃金時代會在一九七○年代初結束嗎？經濟合作開發組織（OECD）預測會有持續甚至是加速的成長，達到每年百分之五。他們預測到了目前這個足以破除半個世紀以來使用「蕭條」

一詞的禁忌的經濟麻煩了嗎？沒有。現在的預測所用的模型要比
戰間期用的要精巧，輸入的資料也較多，機器的運算速度以光速
計。政治預測者的記錄跟業餘者比較起來也沒光彩多少。這些失
敗所呈現出來在方法論上的意義是什麼，我還沒想過。我留意的
重點是，即便是那些已經過記錄的過去，也會隨時間而改變。

讓我說明一下。不管我們對於一九八九到一九九一年的看法
如何，沒有人會否認，蘇聯集團與蘇聯的崩潰為世界開啟了一個
新紀元。歷史又翻過了一頁。唯一的事實是，這件事已足以改變
二十世紀每個歷史學家的觀點，因為它把時間的區塊連同結構，
不管是連貫或不連貫，都一併投入了歷史時期當中──「短促的
二十世紀」，正如我的朋友貝藍（Ivan Berend）所言。不管我們
是誰，我們都將看到，以現在的眼光來看二十世紀，將會發現它
完全不同於一九八九到一九九一年之前的二十世紀，彷彿是一個
句點把時間之流斷成兩截。但是，如果我們因此就認為在此之前
的二十世紀就好像十九世紀一樣跟我們無關，那也是錯的，我們
應該把二十世紀當成一個整體來看。簡言之，一九九○年代所寫
的二十世紀史，在質上面完全不同於之前所寫的二十世紀史。

讓我說得更具體一點。大概五年前，我寫完三冊有關十九世
紀的書籍，❶ 於是有人建議我寫一部二十世紀的歷史作一個總結

---

❶ 譯註：此即《革命的年代》（*The Age of Revolution 1789-1848*）、《資本的年代》
（The Age of Capital 1848-1875）與《帝國的年代》（*The Age of Empire 1875-1914*）。

或補充，因此我可以把這部短促的世紀視為一種對照用的記事本。第一部分——從一九一四年到第二次世界大戰結束——簡直是一個災難的年代，十九世紀的自由主義式的資本主義社會在此完全崩潰。它是個世界大戰的年代，伴隨著社會革命與舊帝國的崩潰、世界經濟的蕭條，以及各地自由民主制度的戰敗與倒台。第二部分，從一九四〇年代末期至今，則完全相反：自由主義式資本主義社會進行改革而且恢復並達到前所未有的繁榮。在二十世紀的第三個二十五年，世界經濟那種史無前例的景氣，對我來說，已經成為二十世紀的指標，而且似乎可以延續到第三個千禧年。社會主義已經不再是資本主義之外的另一種選擇——到了一九八〇年代，它的弱點已經浮現——而只是在資本主義的災難年代中所產生的產品。一九八〇年代，社會主義已經不再像一九三〇年代那樣，它已經不能作為資本主義之外的另一種選擇。它充滿了問題，不再處於核心。一九七〇年代初期，每個人都察覺到黃金時代世界經濟的大躍進已經接近尾聲。經濟學家對於這種每二、三十年就反轉一次的景氣波動早就習以為常。它可以追溯到十八世紀，最有名的就是所謂的孔卓鐵夫長期波動，不過這種說法到現在還沒有完全獲得發展。雖然全球景氣的波動經常會有相當實質的政治與意識形態後果，但這還不足以完全扭曲整個圖像。各位應該都還記得一九八〇年代末期在已發展資本主義世界中的景氣復甦吧。

這一兩年裡，大家應該都意識到我們有必要再度思考一下二十世紀的這種兩極現象。一方面，蘇聯瓦解了，造成不可預測且

可怕的經濟災難。另一方面，西方世界的經濟也明顯遭遇到自一九三○年代以來最嚴酷的挑戰。一九九○年代初期，連日本都出問題了，經濟學家這回擔心的是過高的失業率而非通貨膨脹，就如同當初一九四○年代的狀況一樣。各國政府雖然現在已經有了經濟學家所組織的大軍來提供建言，卻還是無可奈何。孔卓提夫的幽靈又出現了，狠狠地打擊全球的經濟。現在看起來，雖然東歐的政治體系已經消失了，不過非共產主義的體系，不管已發展或第三世界，也不一定能站穩腳步。簡單地說，短促的二十世紀歷史現在看起來比較像是個三面對照的記事本，或者說像個三明治：一個相對比較短的黃金年代在中間，兩邊各有危機的年代把它夾著。我們不知道接下來還會有什麼發展，這恐怕要留待下一世紀的史家來完成了。

當我一開始把大綱交給出版商時，我的想法不是這樣的。我也不可能想到這一點，也許更優秀的人想得到。不過我很幸運地得以拖延時間，等到我開始寫的時候我卻想到了。改變的不是一九七三年以來的事實，而是一九八九年以後西歐與東歐的連結，這逼得我不得不用一個新的角度來看過去二十年的歷史。我之所以說明這些雜事不是為了說服各位要用我的角度看歷史，而是告訴各位短短的兩到三年，就可以改變一個史家對歷史的看法。一個寫作經驗有五十年的史家也會這樣嗎？誰知道？我是否在乎並不重要。不過一個研究短期歷史的史家，比較不會受這樣的擺佈。至於研究自己這個年代的歷史學家的命運則就是如此。

接下來讓我來談一談寫二十世紀歷史的第三個問題。它影響

了各個世代的史家,而它雖然也會受到突然發生的歷史事件的拉
扯,但效果不大。它讓我回到我之前曾提到過的歷史共識的問
題。我指的是我們對於我們的時代有一套觀念,而我們的時代也
會倒過來影響我們的觀念。我們已經經歷了一個世紀的宗教戰
爭,這深深地影響了我們歷史學家。這不只是像政客所說的,這
個世紀所發生的種種事件,象徵著善與惡、基督與反基督的鬥
爭。一九八〇年代德國的「歷史學家的論戰」(Historikerstreit),
吵的並不只是納粹是否是德國史的一部分還是夢魘般的插曲的問
題。這一點其實並沒有爭議。論戰的重點其實是,對於納粹所持
的歷史態度難道只能有完全非難一途嗎?如果不採取完全非難的
態度,難道就會有讓這個醜惡制度復甦的風險嗎?難道這樣就是
在減免納粹的罪過嗎?在比較低的層次上,我們發現到年輕人在
看足球的行為已經是不良少年的行徑,更可怕的是他們還使用反
万十字章以及黨衛軍的圖騰❶──那些次文化之所以使用這些標
記,原意不過是為了反對社會的陳規(就是把這些標記視為地獄
的象徵)。這種情緒的力量使我覺得我說的這些話可能會被人誤
認為我容忍納粹主義,所以我要加以解釋,否認他們的想法。

　　宗教戰爭的危險,就在於即使戰爭已經結束,我們卻仍以一
種零和的、相互不容的二元對立的眼光來看世界。長達七十多
年,世界都處於意識形態的衝突中,造成我們理所當然地把經濟
分成社會主義式的與資本主義式的、國家資本的與私人資本的,

---

❶譯註:反卍,以及SS(黨衛軍)都是納粹的象徵。

而兩種之間則採取不是這個就是那個的思考模式。如果我們認為這兩者之間的衝突是常態，那麼一九三〇、一九四〇年代，自由主義式的資本主義與史達林式的共產主義卻基於共同對抗納粹德國的口號下彼此合作，豈不就變成一種變態。我覺得這種想法簡直就是二十世紀歷史上的一種不正常現象。自由主義式資本主義之所以能維持而且重建，就是吸收了蘇聯的教訓，並且從中學習了總體經濟計畫與管理的緣故。而這種學習動機從何處來？就是為了怕發生革命。

對於二〇九三年的史家來說，剛才所說的兩者合作的變態現象是否還是變態呢？他回溯過去的歷史，可能會看到資本主義與社會主義彼此的仇恨敵對從未引起真正的戰爭，社會主義國家彼此之間反而會有軍事攻擊，同樣地，非社會主義國家彼此之間也會。

假設有火星人不斷地觀察地球，難道他或她也會用二元對立的方法來解讀我們的歷史嗎？火星人會用社會或政治經濟學的分類方式來對美國、南韓、奧地利、巴西、新加坡與愛爾蘭加以區別嗎？蘇聯經濟在改革壓力下崩潰，這件事可以僵硬地套在中國上面嗎？顯然不行。如果我們是火星人，我們會毫無困難地運用一打不同的模式來說明世界各國的經濟結構，而不會採用普羅克魯斯提（Procrustes）❸ 式二元對立的床。不過，我們還是受時間的限制。如果我們現在放棄這種相互排斥二元對立的模式，我們

---

❸譯註：古希臘一名強盜，依其鐵床長度將被劫者斬除雙足或強行拉長身高。

一時還是找不到可用的替代品。所以,我們只好把這個問題丟給二十一世紀來作決定了。

　　當代史家所面臨的另一個難題,就是有些資料無法接觸的問題。我們可以想到一些沒有資料就無法研究的例子。最明顯的就是第二次世界大戰的歷史,如果不是從一九七〇年代開始,可以運用在布雷契雷(Bletchley)所設立的解碼中心的資料的話,許多歷史根本是不完整的,甚至於是錯的。不過從這個角度來看,這個時代的史家其實是比十六世紀的史家幸運多了。至少我們可以知道有哪些資料是目前還無法得知,但總有一天會公布的,相反地,十六世紀的人所面對的是永遠的未知。無論如何,當代史家在無盡的官方檔案中沒日沒夜地探索,他所面對的基本問題,其實是如何處理龐大零亂的資料,而不是資料缺乏。時至今日,世界上最後一個最大的檔案庫,蘇聯集團的檔案,也已經完全開放了。我們現在所能抱怨的就是資料太多了。

　　在說明了寫作當代史的種種困難之後,接下來大家應該可以鬆一口氣了,因為我要講點正面的事。也許你會困擾於我之前說法中所蘊含的懷疑論色彩。但我並不想誤導。我是以身為一個有寫作當代史經驗的作者身分來說話,而不是信口雌黃地說一切都是不可能。不過,凡是親身經歷過本世紀大部分事件的人,他的基本經驗乃是錯誤與驚訝。經常發生的事情就是:出乎意料。我們的判斷與預測都錯了不只一次。有些人覺得自己的錯誤是合理的,但有更多的人感到沮喪,他們的沮喪往往是因為一開始期望太高,或甚至(如在一九八九年)是高唱凱歌。不管我們的反應

是什麼，一旦我們弄錯了或理解錯誤，那麼這就是個起始點，讓我們重新思考我們這個時代的歷史。

有許多失敗的例子，其中也包括我的，都可以對於未來的研究產生幫助。我的大半生都致力於一個希望（現在已經完全破滅了），一個目標（現在已經失敗）：那就是十月革命之後所興起的共產主義。對我而言，沒有一件事要比失敗更讓我挫折。但容我引用我的老友的話作為結論，他的想法完全跟我不同，他反而用這些挫折來說明，凡是一個具有歷史智慧的人所會擁有的成就，從希羅多德（Herodotus）、修昔的底斯，到馬克思與韋伯。以下是寇塞列克（Reinhard Koselleck）的話：

　　處於勝方的史家容易以長期不可知的目的論來看待自己短期的勝利。負方則非如此。他們的主要經驗是，事情的發展並不如他們原先所希望和計畫那樣……他們強烈地想知道為什麼事情會這樣，而不照著他們原先所想的那樣。這會刺激他們去尋找中期與長期的原因，來解釋這個讓他們訝異的結果，這便產生了比較持續的洞察，結果造成了比較強的解釋力。短期而言，歷史也許站在勝方。但長期來看，獲得歷史理解的總在負方。

寇塞列克提出了一個論點，並且加以延伸。（為了公平起見，我要補充一下，有鑑於戰後兩德的史學發展，寇塞列克並不是說光靠失敗的經驗就能保證好歷史。）如果他是對的，那麼在

這個千禧年結束之時，應該可以激發出很多優秀而有創見的歷
史。因為，在這個世紀結束之時，這個世界將充滿著失敗的思想
家，他們來自於不同的意識形態，而勝利者將是少之又少──特
別是那些年老而堆滿回憶的人。

　　且讓我們看看他說得對不對。

19

我們能為俄國大革命史下定論了嗎？

Can We Write the History of the Russian Revolution?

本文是第一次印行，本來是發表於一九九六年十二月三日倫敦的德意茨（Isaac Deutscher）❶ 講座上。主要是為了討論反事實（如果……則……）歷史的問題。

　　我選擇這個題目是為了要對德意茨表示敬意，他最有名的作品乃是俄國大革命史中的經典，也就是托洛斯基（Trotsky）的一生。所以，如果要馬上回答我在標題上所提問的問題的話，那麼答案明顯是可以的。

　　但是面對更廣泛的問題，還是需要回應：我們曾經寫過確定的歷史嗎？不只是我們現在看到的歷史而已，也可能是在一九四五年——當然也包括俄國大革命史。儘管存在著客觀的歷史事實，而史家也會調查並建立事實與虛構的不同，但我們的回答卻是：沒有。你當然可以相信希特勒已從俄國人手中逃脫，並且逃亡到巴拉圭，不過事實並非如此。而且，每一代都會針對過去問新的問題。這種現象會持續下去。我們也別忘了，在現代史的世界裡，我們所要處理的是無窮的公文書與私文書的積累。我們沒有辦法猜測未來的史家想找什麼或找到什麼我們從未想過的東西。法國革命檔案已經讓法國史家忙了兩百年，而且沒有減緩的跡象。我們現在才開始要攀登蘇維埃那高如喜瑪拉雅山的檔案。所以，一部確定的歷史是不可能的。而歷史學這項嚴肅的活動之所以可能，在於史家對於所談的一切、所討論的問題能彼此同意，並且對於可能的答案能予以限縮，使論辯產生意義。

　　不過在二十世紀俄國史的研究上，以上說的似乎很難做到。

---

❶ 譯註：德意茨（1907-1967），波蘭人。本為新聞記者，於一九二六年加入波蘭共產黨，一九三二年因批評史達林而被驅逐出黨。二次大戰爆發，他轉往英國定居。

現在，蘇聯的結束改變了史家研究俄國革命的方式，因為他們現在可以用不同的角度來入手，就好像為已逝者立傳跟為在世者立傳，箇中方法不同的道理一樣。顯而易見地，要讓這股蘇聯史研究熱潮降溫恐怕要花很長一段時間，如同過去研究宗教改革史的人一樣，先是經過一段天主教與新教學者間爭鬥的苦痛，然後才進入冷靜的研究狀態，或者是像一六八八年革命的研究，也是要遠離麥奎斯（Martin McGuiness）所在的德利（Derry）❷ 與佩斯萊牧師（Rev. Ian Paisley）❸ 所在的布斯米爾（Bushmills，有一位偏愛爾蘭立場的飲酒人跟我說，此地生產「新教的威士忌」）。在前蘇聯或是前社會主義國家中，雖然已經脫離了舊體制，但歷史研究仍脫不了往日窠臼，只是增添了新材料，其餘則了無新意。即便如此，我們這裡也因為感情過於投入而帶有偏見，無法把資本主義與社會主義對抗的冷戰（兩方從來沒真正作戰），當成是三十年戰爭。

還有另一件事。我們可以對開啟蘇聯的革命下判斷，但還不能對它的終結下判斷，因為這樣一定會影響歷史判斷。前蘇聯的人民陷入了舊制度終結時所帶來的災難，但現在還無法解脫。我認為從舊制度突然而革命性地跳躍到資本主義，對人民所帶來的經濟傷害，可能要大於第二次世界大戰，或甚至大於十月革命，

---

❷ 譯註：麥奎斯，新芬黨成員，根據地在德利。

❸ 譯註：佩斯萊牧師，北愛爾蘭議員，他曾於接受英國廣播公司訪問時，指麥奎斯是雙手滴血的兇手。兩人勢同水火，由此可知。

而所需的恢復時間，可能要長於一九二○年代及一九四○年代。
我們對於整個蘇聯的評估只是一個預估。雖然如此，我們現在可
以問：研究俄國大革命的史家現在有沒有共同的基礎？我們能不
能在俄國大革命的問題上、用以建立研究規則與證據的要素上達
成共識，並進而避免紛爭？

最困難的地方不在於能不能找到歷史證據，而是在於假設性
的問題。雖然有許多蘇聯資料我們仍無法接觸，仍藏在鎖住的檔
案櫃裡，而且其中還有許多官方造假的東西，但大部分的事實我
們都已經知道了。所以不管我們有多麼懂得處理片斷的資料以及
作猜測的工作，這一大堆資料如今只成了廢物。我們已經不需要
這些東西了。像康奎斯特（Robert Conquest）的《大恐怖》（*The
Great Terror*）本來是這方面的主要作品，如今既然有了檔案資
料，也就不需要它了，但是其中有些論證倒還可以用用。康奎斯
特是研究史達林恐怖時期的先驅，但他所調查出來的恐怖事實已
經太陳舊了。簡言之，他的書現在要當成蘇聯這個研究領域的史
學史來讀，而不能當成蘇聯的歷史來讀。當更好與更完整的資料
出現，就會取代比較差而片斷的資料。光是如此就足以改變蘇聯
時代的史學史，不過這並不足以回答我們的問題，特別是早期蘇
聯還沒有全面官僚化的時候，那時蘇聯政府及黨還沒有辦法清楚
掌控它的領土。

換句話說，二十世紀俄國史最火熱的話題並不是什麼曾經發
生，而是什麼可能發生。俄國大革命是不可避免的嗎？沙皇制度
可能保存下來嗎？俄國能在一九一三年時建立自由主義式的資本

主義政權嗎？一旦革命發生，我們還會提出一連串更具爆炸性的反事實（counterfactual）問題。如果列寧沒回俄羅斯會怎麼樣？十月革命可以避免嗎？如果能避免，俄國會怎麼樣？更多是有關馬克思主義者：在沒有實際社會革命藍圖的狀況下，是什麼讓布爾什維克決定要發動革命奪權的？他們該得到政權嗎？如果發生歐洲革命的話——也就是德國革命，社會主義者在此投入甚多——會怎麼樣？布爾什維克可能輸掉內戰嗎？為了打贏內戰，布爾什維克的黨組織以及蘇維埃的政策作了什麼樣的發展？打贏內戰之後，在新經濟政策之下，也可能走回市場經濟嗎？如果列寧續掌大權的話，事情會怎麼發展？問題無窮無盡，我只是舉出幾個列寧死前這個時代的反事實問題。我演講的目的不在於提供解答，而是要把問題推出去，讓史家們一起來思索。

這些問題不能用證據來回答，因為證據是與實際發生什麼事有關，而這些問題卻是實際上未曾發生的。因此我們可以肯定地說，在一九一七年秋天人民越來越激進化，布爾什維克便是其中的受益者，它之所以能打倒臨時政府，其實是因為臨時政府早已失去民心、失去權力，布爾什維克唯一能作的，就是在十月革命時拾撿這唾手可得的權力。我們有證據可以證明這種說法。認為十月是一場陰謀政變其實是沒有根據的。要了解這一點，你只要讀一讀普萊斯（Philips Price）在《曼徹斯特衛報》（*Manchester Guardian*）上的報告，這篇文章寫於普萊斯訪問窩瓦各省（Volga provinces）幾個禮拜後，十月革命之前。除了他以外，我再沒見過更嫻熟於俄語，而且曾遊歷俄國內地，並且還親眼目睹革命的

外國人了。他寫道：「極左狂熱分子仍然想在全歐洲搞社會革命，依我的觀察，他們最近已獲得了相當廣大的支持，但是卻散漫而無組織。」這篇文章從雅洛斯拉夫（Yaroslav）寄出，等到達曼徹斯特的時候，布爾什維克已經掌握政權了，於是報社便在一九一七年十二月刊出此文，標題為「極左派如何獲得權力」，但其實這篇文章早在十月前就已寫成了。

不過，假設性的問題就不能這樣解決——例如，如果布爾什維克不想奪權，結果將如何？或是，如果布爾什維克願意與其他社會主義與社會革命政黨合作，結果將如何？我們怎麼知道？普萊斯在電報裡面就說，有一股強烈厭戰的氣氛，這將使「廣大的社會群眾」走向革命，並創造出一個「拿破崙——和平獨裁者……他將使戰爭結束，必要時割讓俄國土地並且犧牲政治自由亦不足惜。」我們知道整個事件大致上是這樣發展。在一九一七年的局勢下，認為俄國勢必會退出戰場是合理的。不過他也認為革命會讓俄國分崩離析。這就沒有發生，不過他的觀察已經有很高的預測性了。既然事情沒有發生，那麼史家所能作的就是進行臆測了。

但我們要如何臆測呢？臆測的意義在哪裡？麻煩之處在於至少有三種反事實的方法。一種看起來很不錯，其實在分析上完全沒有用。以列寧或史達林為例。如果沒有這兩個人的介入，俄國大革命將會大不相同。但是有些政治與意識形態的閒聊，不會對一般人的歷史角度產生影響。例如，從一八六五年以來，美國有七位總統因遭暗殺而死於任上，這並不會影響美國史的內容。從

另一方面來看，個人真的對歷史有影響，如列寧與史達林，以及蘇聯最後幾年的狀況。前中央情報局頭子在英國廣播公司的訪問中對哈勒代（Fred Halliday）教授說：「我相信，如果安德洛波夫（Andropov）❹ 在一九八二年掌權時，能年輕個十五歲，我們現在一定還擁有蘇聯，雖然經濟在走下坡，國家狀況越來越不好……但至少是存在的。」[1] 我不喜歡中情局首腦，不過他講得有點道理。你可以分析那些個人可以影響全局的歷史狀況，不管他的影響是正面的還是負面的。就像布洛克（Alan Bullock）對希特勒與史達林作了一番比較，我們可以從中發現他們都在提高個人權力上費了一番苦心，但是列寧卻一直沒有這麼作。我們可以研究一下，個人到底可以抓多少權，而他們所制訂的政策與目標在什麼情況下不是他們自己能決定的，而是大環境使然。

例如，你可以相當合理地認為，蘇聯國家計畫中所要求的快速工業化，其中有相當大的政策空間讓人可以彈性調整，不過如果蘇聯已經決心貫徹這項計畫，則不論當政者是不是像史達林那樣無情且殘暴，都還是會壓迫數百萬人為了這個目標去努力。[2]

---

❹ 譯註：安德洛波夫（Yuri Andropov, 1914-84），於一九八二年繼布里茲涅夫接任共黨總書記。

[1] 哈勒代，《從波茨坦到新思維》（*From Potsdam to Perestroika: Conversations with Cold Warriors*, London, 1995）。

[2] 見何貝克（Jochen Hellbeck）編的《莫斯科日記，一九三一─一九三九》（*Tagebuch aus Moskau 1931-39*, Munich, 1996），珍貴的例子，由一般俄羅斯人所提供的非官方記錄——私人日記之類——戈巴契夫（Gorbachev）之後才得以問世。

或是你也可以像勒文（Moshe Lewin）一樣認為，就算是絕對的權力也無法讓史達林掌握整個漸趨膨脹的官僚體系，這是蘇聯日後的寫照。只有恐怖，用人性怕死的弱點來威脅權力龐大的公務員，使他們能遵從獨裁者，而不致使獨裁者陷入龐大的官僚蛛網中。你也可以顯示，在特定的歷史背景中，獨裁者所做的事其實也是在遵循老規矩。史達林跟毛澤東都知道他們是專制皇權的繼承者，因此就讓自己的行事作風依循舊例——其實他們也知道臣民也是這樣子看他們的。但是，你說了這些，你還是沒有回答關於假設性歷史選擇的問題。你所說的只是：「如果列寧不能在一九一八年以前離開瑞士，事情就會大不相同，」或至多只是，「事情會很不同」或「不會很不同」。你不能說得更清楚，除非你要虛構。

第二種反事實方法則比較有趣，不過前提是，它必須要能讓俄國大革命史擺脫意識形態的糾纏。讓我們以沙皇體制的崩壞為例。一九○○年以前，一般咸認為沙皇體制不可能撐到二十世紀。大家都認為俄國將發生革命。一八七九年，馬克思本人就認為：「俄國很快就要遭受到強大的打擊；因為她那由上而下的改革，舊的體制根本承受不住，終究會全面坍塌。」[3] 而英國的政治人物把這個看法告訴維多利亞女王的女兒，並認為這種想法「並非無的放矢。」回頭來看，不可否認地，沙皇在一九○五年第一次革命之後已是岌岌可危，在大戰前夕更是名存實亡；根本

---

[3] 馬克思與恩格斯，《全集》（London, 1976），第二十四冊，頁 581。

第
19
章

Can We Write the History of the Russian Revolution?
我們能為俄國大革命史下定論了嗎？

403

有許多人已不把沙皇當一回事。有人認為，如果沒有一次大戰及布爾什維克，則沙皇體制極有可能過渡到自由主義式的資本主義社會，我認為大家可以不用理會這種說法。就反馬克思主義的論證來看，這種說法還不夠格。

自由主義者不僅深信沙皇倒台以後，俄國必會建立自由與民主的議會政治。他們還認為，列寧的政變扼殺了俄國的自由民主，然而他們沒有證據。我只要舉個例子，在十月革命之後所舉辦的大選所選出來的制憲會議成員裡，資產階級自由派只占了百分之五，孟什維克只占了百分之三。

不過從另一方面來看，共產黨也有「要是怎樣就好了」的迷思。我這一代的人，從小就聽過這樣一個故事，社會民主黨的領導人背叛了一九一八年的德國革命。艾伯特（Ebert）與賽德曼（Scheidemann）的人馬斷送了德國社會主義與無產階級革命，俄國革命因此被孤立——馬克思與恩格斯的期望因此落空，意即俄國革命可以在各國點燃無產階級革命，然後建立起社會主義經濟。

這種迷思與自由主義式的沙皇體制相比，有一點不同。一九一七年以前，沒有人認為沙皇體制撐得下去，光是這一點就可以把自由派的想法戳破，但是在一九一七到一九一八年間，馬克思與恩格斯的想法倒是頗有可能。我認為一九一七到一九一九年間，德國與俄國革命分子的想法無可厚非，不過，列寧在一九二○年時就已經看清楚局勢了。一九一八到一九一九年的數月間，俄國大革命蔓延到德國的可能性其實是很高的。

但革命終究沒有發生。我認為，對於此事，現在的史學家已

經有了共識。第一次世界大戰震撼了所有涉入其中的人,一九一七到一九一八年的革命其實是對這場史無前例的屠殺所抒發的不滿,尤其是輸家這一方。而在歐洲,特別是俄國,感受特別深刻:他們發動了革命,反對政治與統治階級,企圖改善窮人的現狀。我不認為德國可以作為歐洲的革命發生地。但一九一三年要在德國發動社會革命也不是完全不可能。然而它的要素不是在皇帝,而是在戰爭,因為德國皇帝有能力解決政治問題。不過我的意思也不是說戰爭是個不可預測且不可避免的意外,然而這又是另外一個問題了。溫和的社會民主黨人想要阻止德國革命落入革命社會主義者之手,因為社會民主黨既非社會主義者,又非革命分子。事實上,社會民主黨並不反對皇帝。不過這不是重點。德國十月革命根本沒有機會上場,因此也就談不上反叛的問題。

我認為列寧在德國革命上花了大錢是個錯誤,但是我也不認為列寧在一九一七或一九一八年時可以看到這一點。反正這事看起來就不像會成的樣子。這就是歷史的回溯與當時人的評估不同的地方。如果我們置身於政治圈並進行決策,就像列寧一樣,我們不只是旁觀者而且還是參與者,那麼我們很自然地就會做出跟列寧一樣的決定。不過,過去已經發生了,不會再重演,因此我們現在可以看清楚事實。德國革命並不是一個中止連勝的比賽。俄國革命已經註定了社會主義要在一個落後且完全殘破的國家建立,我仍然相信費吉斯(Orlando Figes)說的,一九一八年時,列寧早就放棄了將革命推展到歐洲各地的念頭。相反地,我懷疑檔案所顯示的,蘇聯的領導者一直想要在不危及俄羅斯的前提

下，像卡斯楚（Fidel Castro）與格瓦拉（Che Guevara）那樣地進行國際革命，如果真是如此，那麼他們就像古巴人一樣，對國外的狀況充滿了幻想與無知。[4]

　　我傾向於主張，列寧就算已經確定布爾什維克會失敗，還是會決定襲擊冬宮（Winter Palace），這就是愛爾蘭人所說的「復活節起義」（Easter Rising）❺原則：即使會像巴黎公社（Paris Commune）❻那樣失敗，但我們所作的能讓未來的人有所啟發。接管政權並宣布社會主義政綱，只有在布爾什維克以歐洲革命為大前提下看才合理。沒有人相信俄國可以以自己的力量作到這一點。如此看來，十月革命是不是應該發生呢？如果是，它的目標是什麼？這便讓我們想到第三種反事實，用來處理在同一個時間中發生另一種狀況的可能問題。實際上，這個問題並不在於是否該有人接管柯倫斯基（Kerensky）的臨時政府。這是一個確定的事情。也不在於誰該接管，因為布爾什維克是唯一而且也是聯盟中的主導勢力，當然可以接管。問題應該是怎樣接管：在即將來

---

[4] 見歌特（Richard Gott）的敘述，〈格瓦拉在剛果〉（'Guevara in the Congo'），《新左評論》第二二〇期（1996年12月），頁3-35。

❺ 譯註：一九一六年四月二十四日復活節，愛爾蘭人於都柏林發動起義成功，成立愛爾蘭共和國。

❻ 譯註：普法戰爭時，普軍圍困巴黎，法國政府於是徵召巴黎成年男子組成國民衛隊（National Guard）。後來，法國政府求和，便要求國民衛隊解散，結果軍隊與國民衛隊一起抗命，政府瓦解。國民衛隊透過選舉而組成公社，是為巴黎公社。後來法國政府重組軍隊攻入巴黎，預估至少有三萬市民被同為法國人的政府軍所殺。

臨的蘇維埃會議（是不是聯盟的一部分，還是有其他考量）之前、期間或之後，會不會有暴動，目標是什麼，而此時布爾什維克政府或者任何俄羅斯的中央政府是否能存續下去都還不清楚。在這些問題中，有一個真正的論點，不只存在於布爾什維克與其他黨派之間，而是存在於布爾什維克之中。

但是記住：如果身為歷史學家的我們，現在認為卡門聶夫（Kamenev）❼ 反對列寧是對的，我們並不是在評估他在一九一七年十月說服布爾什維克黨的機會有多大。我們所說的是：如果今天我們發現自己處於這樣的情勢，我們應該會採取卡門聶夫的觀點。我們談的是現在或未來的比賽，而不是一九一七年的比賽，它的分數已經決定了，不能再改。我們回溯地看，認為如果布爾什維克不組成一黨獨大的政府會比較好，我們這麼說的意義在哪？我們的意思是不是說，聯合政府比較能處理俄國當時糟糕的局勢，或者是就長期來看——如果能有長期的話？這種說法對我來說實在不可能成立。或者我們說如果二月革命時有戈巴契夫（Gorbachev）在，往後的發展就會不一樣。如果革命後所出現的民主德國能得到較多民眾的支持，是不是往後發展就會好些。這些都是政治觀念的陳述而不是歷史。一九一七年的十月畢竟就是在二月的後面。歷史必須從已經發生的作為起始點。其他則都是臆測。

---

❼ 譯註：卡門聶夫（Lev Borissovitch Kamenev, 1883-1936），與列寧一起返回俄羅斯。但是反對列寧的革命計畫。

在這個階段，我們必須放下臆測，再回到革命中的俄羅斯的
實際情勢。從底層爆發的廣大群眾革命——一九一七年的俄國也
許是歷史上最好的革命例證——從某個意義來說，是個「自然現
象」。他們就像地震及大洪水，特別是當國家的上層建築以及制
度實際上已經解體的時候——如俄羅斯。他們大部分是無法控制
的。我們不能用布爾什維克或任何人的目的或意圖、他們的長期
策略，以及其他馬克思主義對他們作法的批評，來看俄國大革
命。為什麼他們最後沒有崩解，或被打敗，因為這似乎是很有可
能發生的事？一開始，這個新政權完全沒有權力——當然也沒有
實質的武裝力量。新蘇維埃政府除了彼得格勒與莫斯科外，唯一
的資產就是能說出俄羅斯人民想聽的話。列寧的目標完全不實
際，但最後他得到黨的支持。他「沒有策略或遠景，每天只能在
苟延殘喘與冒險中渡過。面對革命，每天都要下決定，否則革命
一失敗，什麼都完了，哪有時間從長期來規劃未來？」[5] 沒有事
情是註定的。任何時候都可能出差錯。一直要到一九二一年，這
個政權才能確定可以存活下來，才能開始清點國內的一切，才能
開始以年來思考而不是以月或以星期。在這個時候，未來或多或
少都有限制，而現狀則與革命前所預想的相差甚遠。正統的蘇維
埃教條與反共產主義的陰謀理論一致認為革命是由上層來控制及
指揮的：是不是這樣，列寧最清楚。

十月革命是如何維持下來的呢？首先——在這裡我很同意費

---

[5] 霍布斯邦，《極端的年代》（London, 1994），頁64。

吉斯優秀的作品《人民的悲劇》（*A People's Tragedy*）[6]——布爾什維克贏了，因為他們在紅旗與蘇維埃（其實有點誤導）之下共同作戰。總之，俄國農民與工人比較喜歡紅軍而不喜歡白軍，因為他們認為白軍會拿走他們的土地並且找回沙皇、地主以及資產階級（boorzhooi）。他們站在革命這一邊，這也是俄國人要的。俄國大革命是群眾造就的，在頭十年，它的命運也由俄國群眾決定——他們要什麼或不支持什麼。史達林主義則結束了這一切。

其次，布爾什維克之所以能繼續維持，因為他們是沙皇以後唯一有潛在力量能組織全國性政府的團體。一九一七年如果能有別的選擇，則絕不是民主的或獨裁的俄國，而是有俄國或沒俄國。布爾什維克黨列寧式的中央集權結構、便於進行有紀律的行動的制度，以及為了建國的實際作為，雖然比沙皇時代更不重視自由，不過如果沒有它，也就沒有更好的選擇。事實上，俄國大革命的成就之一，連它的敵人都不否認的，就是俄國沒有像其他多民族的帝國一樣，如哈布斯堡與鄂圖曼，在第一次世界大戰後就分崩離析。十月革命讓俄國維持一個多民族而跨洲的國家。我們一直忽略了俄國蘇維埃在內戰期間與之後所訴求的對象，即非政治的，甚至是右翼愛國主義的俄國人：否則我們如何解釋在五年計畫期間，那些少量但影響力大的俄國移民、公民與軍人？（有些人後來後悔了。）

---

[6] 費吉斯，《人民的悲劇：俄國大革命，一八九一——一九二四》（*A People's Tragedy: The Russian Revolution 1891-1924*, London, 1996）。

　　第三，布爾什維克能夠維持是因為他們的訴求也不光只針對俄國人。在內戰中，外國力量不是真心誠意地想幫助常鬧內鬨的白軍，原因很多——至少在大戰之後，已沒有力量派遣正規軍來與由工人革命所建立的政權對抗了。再者，布爾什維克之所以在戰後可以順利地收復外高加索，主要是因為土耳其認為他們是反抗英法帝國主義的軍隊。甚至連戰敗的德國也自認為對布爾什維克主義免疫，而願意站在蘇聯這一邊。無論如何，當紅軍於一九二〇年擊敗波蘭的威脅，揮軍指向華沙的時候，德軍塞克特將軍（General Seeckt）派遣帕沙（Enver Pasha）到俄羅斯商議某種協定，相當類似於一九三九年為瓜分波蘭所訂的莫洛托夫—李賓特洛普條約（Molotov-Ribbentrop treaty）中的秘密條款。後來紅軍於華沙作戰失利，此事便作罷。

　　最後我要談十月革命對國際的衝擊，作為我的結論。俄國大革命實際上擁有兩個彼此交織的歷史：對俄國的衝擊與對世界的衝擊。我們不可以混淆這兩者。如果不是第二個歷史，則除了專家，不會有人對俄國大革命有興趣。美國以外的地區，不會有太多人了解美國內戰，倒是有不少人看過《飄》（Gone with the Wind）。然後美國內戰卻是一八一五到一九一四年間世界最大的戰爭，也是美國史上最大的戰爭，甚至可以視為第二次美國革命。它對美國內部的意義重大，但卻對世界沒什麼影響，但美國南部的鄰邦除外。

　　另一方面，俄國大革命在俄國史上，以及在二十世紀世界史上，都是引人注目的現象——不過意義不同。它對俄羅斯人民的

意義是什麼？它將俄國帶向國際強權與威望的頂點──成就遠超過歷任沙皇。史達林在俄國史上的地位，足以媲美彼得大帝（Peter the Great）。俄國革命將落後的俄國予以現代化，然而，雖然它的成就是巨大的，──不只是有能力在二次大戰期間擊敗德國──所付出的人命也是驚人的，俄國的經濟越來越遲緩，而政治體系則完全崩潰。不過，對於那些還有記憶的人來說，舊蘇聯時代的生活確實比蘇聯之前好，而且將會這樣下去。不過，現在就要作歷史的資產負債表顯然還太早。

我們必須讓不同的社會主義及前社會主義國家的人民自己來對十月革命的衝擊下判斷。

至於世界其他的地方──我們所知道的俄國革命只是二手傳播。俄國革命乃是在前殖民世界以及在二次大戰之前與期間在歐洲的解放力量；乃是這一整個世紀裡（除了一九三三到一九四五年）美國與所有保守主義與資本主義政權的大敵；乃是一個廣為自由主義者與議會民主主義者所憎惡（可以理解）的系統，但同時從一九三〇年代起又受到工業化世界中左派的認同，認為它可以讓富人心生恐懼而在政治上優先關心窮人。蘇聯時代最恐怖的弔詭就是蘇聯人民所體驗到的史達林，但史達林無論在國內外卻都象徵著解放。他對某些人來說，是個解放者，但對另一些人來說，則是暴君。

史家能不能對於這樣一個人以及這樣一種現象達成共識呢？在可預見的未來，我看不出有這樣的可能。就像法國大革命，俄國大革命將一直有不同的判斷。

20

野蠻主義：使用指南

Barbarism: A User's Guide

本文發表於一九九四年牛津大學雪爾敦劇場
（Sheldonian Theatre）的國際特赦組織講座
（Amnesty Lecture）。刊於《新左評論》第二〇六期
（1994年），頁44-54。

　　我的演講題目是〈野蠻主義：使用指南〉，這不是說我想告訴各位要怎麼當野蠻人。我們沒有人需要這麼做。野蠻主義不像溜冰，溜冰是要學才會的——除非你想當個虐待家，或者想專門研究那些不人道的活動。野蠻主義比較像是在特殊的社會與歷史脈絡中的生活副產品，它與環境有關，就像米勒（Arthur Miller）在《推銷員之死》（*Death of a Salesman*）中說的一樣。「街頭智慧」（street-wise）恰當地表達了在一個沒有文明規則的社會上，為了生活而作的調適。從這個字的意思來看，我們為了生活，都已經在這個未開化的社會中作了調適，我們的祖父母、父母——如果各位有與我年紀相仿的——我們子女的標準都受到影響。但我們都習慣了。我的意思不是說，大家不會被這個或那個例子嚇到。相反地，定期被某些糟糕的事嚇到已經是我們經驗的一部分。它能夠掩蓋一件事實，那就是我們已經習慣於我們父母看待生活的方式，儘管這種方式是在不人道的狀況下產生的。我希望我的使用指南能夠讓大家理解這一切是怎麼來的。

　　這個演講的論點乃是，社會各種制度在經過一百五十年的演變之後，野蠻主義在二十世紀已經大幅增加了，而且還在增加中。在這個脈絡裡，我所了解的「野蠻主義」指的是兩件事。第一，所有社會所藉以規制其成員關係及其成員與其他社會關係的道德行為與規則系統已經瓦解而崩潰了。第二，是十八世紀啟蒙運動的反轉。啟蒙運動是針對道德行為的規則與標準所建立的普世系統，從國家體制中來體現人類理性的進展：追求生命、自由與幸福，以及自由、平等與博愛。這兩樣都已經發生，而且還加

強了彼此對我們生活的反效果。我的主題與人權問題的關係往後會更加明顯。

讓我說明一下野蠻化的第一種形式，也就是當傳統控制消失時所會發生的事。伊格那蒂夫（Michael Ignatieff）在他最近的作品《血與歸屬》（*Blood and Belonging*）中提到一九九三年庫德族游擊隊槍手與波士尼亞檢察哨槍手的分別。他的洞察力讓他發現到了在庫德族無國家的社會裡，每個男孩成年時都會拿到一枝槍。佩槍意味著男孩不再是小孩，而應該表現像個男人。「在這個文化裡，槍的意義就是責任感、沉著以及悲劇性的義務。」有需要的時候，就該開槍。相反地，從一九四五年開始，大部分的歐洲人，包括巴爾幹，都生活在只有國家才擁有合法暴力的社會裡。只有在國家崩潰的時候，這種獨占性才解除。「對於一些年輕的歐洲男性來說，〔崩潰〕所導致的混亂……提供了機會使其得以進入萬事皆可的色情天堂。因此才有了半性愛、半色情的檢察哨槍文化。對年輕人來說，手上擁有致命的力量並且可以用來脅迫無助者，是一種難以抗拒並帶有色情意味的責任。」[1]

我覺得有許多在歐、亞、非內戰中所犯下的暴行正反映了這種崩潰，而這正是二十世紀末世界的特質。不過，我會在稍後對此稍作討論。

至於野蠻化的第二種形式，我希望能明白地說明一件有趣的

---

[1] 伊格那蒂夫，《血與歸屬：通往新民族主義的旅程》（*Blood and Belonging: Journeys into the New Nationalism*, London, 1993），頁140-141。

事。我相信在我們之間有一個東西讓我們加速地墜入黑暗，那就是從十八世紀啟蒙運動所承繼而來的一套觀念。正當啟蒙運動被說成是膚淺及思想天真，乃至於是戴著假髮的死白人的陰謀，想為西方帝國主義提供思想的基礎之時，我這種說法已經不新奇了。這些指責也許不盡正確，不過啟蒙運動的確提供了靈感來源，要在世界各地建立適合所有人類生活的社會，並保障每個人身為人類的基本權利。無論如何，從十八世紀到二十世紀初，禮儀的進展完全是在啟蒙運動的影響下由政府（或者為了念歷史的學生的方便，「開明專制」的政府）、革命分子與改革者，以及同屬一個思想家族的自由主義者、社會主義者與共產主義者所達成的。而不是由批判啟蒙的人所達成的。這個物質與道德同獲進展的時代，已經結束了。但是我們可以用來判斷墜入野蠻的判準，卻還是只能使用舊日啟蒙運動中的理性主義。

讓我說明一下一九一四年之前的時代與我們這個時代的鴻溝有多大。我不會講太多事實，因為我們（已經經歷過更不人道的事）現在所發生的輕微不人道的事，已經足以讓十九世紀的人憤怒了。例如，法國的一件審判不公的事件（德雷福〔Dreyfus〕❶案）或亞爾薩斯小鎮上有二十名抗議人士被德軍關了一晚（一九一三年的薩伯恩〔Zabern〕事件）。我要提醒你們的是，他們的

❶譯註：德雷福（Alfred Dreyfus, 1859-1935），猶裔法籍軍官。一八九四年，德雷福被誤為洩密者而以叛國罪起訴，並流放到法屬圭亞那。後軍方雖查出實情，但卻以維護軍方榮譽以及藉排猶以打擊共和而不准重開調查與審判。法國國內因此分裂為擁德雷福派與反德雷福派。

行為準則。克勞塞維茲（Clausewitz）❷ 從拿破崙戰爭之後開始寫
作，他認為文明國家的武裝部隊不可以處決戰俘或破壞農村是理
所當然的事。英國最近所介入的戰爭，如福克蘭戰爭與波灣戰
爭，都顯示這些已不是理所當然。再者，引用一下《大英百科全
書》第十一版「文明的戰爭」（civilized warfare）條，書上說，
「文明的戰爭應該儘可能地侷限在使敵方武裝部隊失去戰鬥能
力；否則，戰爭將會延續到將一方完全殲滅為止。『這種作法的
理由很充分』」——此處百科全書引用十八世紀啟蒙時代的貴族
暨國際法律師瓦特爾（Vattel）的話——「『所以歐洲各國在習慣
上都採用這種作法。』」現在這已不再是歐洲各國的習慣了。一
九一四年以前，戰爭只針對戰鬥人員，不包括非戰鬥人員，這種
觀念連叛軍及革命分子也加以遵守。殺害俄皇亞歷山大二世的俄
國「人民意志」（Narodnaya Volya）❸ 明白地表示，「任何個人或團
體，只要不妨害它對抗政府，就是屬於中立者，那麼其生命或財
產就不會遭到侵犯。」[2] 就在同時，恩格斯譴責愛爾蘭的芬尼安
會眾（他對他們表示同情）將炸彈放在西敏寺大廳的行徑，因為
如此將傷害無辜路人的性命。他覺得戰爭應該是要針對有武裝衝

---

❷ 譯註：克勞塞維茲（Carl von Clausewitz, 1780-1831），普魯士將軍與戰爭思
　想家。身處拿破崙戰爭時代，實戰經驗豐富，最後寫成《戰爭論》（Vom
　Krieg）。

❸ 譯註：俄國一個革命恐怖主義組織。

[2] 蒙森（Wolfgang J. Mommsen）及赫許費爾德（Gerhard Hirschfeld），《社會
　抗爭，權力，恐怖》（*Sozialprotest, Gewalt, Terror*, Stuttgart, 1982），頁56。

衝突經驗的老革命分子，也就是戰鬥人員，而不是一般平民。今日，不管是革命分子、恐怖分子或是政府都已經不理會這種限制了。

現在我要提出一個簡短的年譜來說明這段逐步走向野蠻化的過程。主要的階段有四：第一次世界大戰，世界危機時期從一九一七—二〇年的崩潰到一九四四—四七年，冷戰時代共四十年，以及最後的，我們知道從一九八〇年代以來世界絕大部分都陷入了文明的崩潰。前三個階段有明顯的連續性。每個階段都學到了前一階段的不人道行為，並且變成了往野蠻主義前進的基礎。第三與第四階段則沒有線型的連繫。一九八〇年代與一九九〇年代的崩潰，不是因為人類決策者的行動而起，人類決策者當中可以認定是野蠻的，如希特勒的計畫及史達林的恐怖、瘋狂，如用來將核武競賽合理化的論證，或結合兩者的，如毛澤東的文化大革命。而是因為決策者不知道該做什麼以因應這個已脫離他們或我們控制的世界，而一九五〇年以來，社會與經濟爆炸性的轉變，更是讓人類社會中支配行為的準則完全瓦解與崩潰。第三與第四階段因此是重疊的與互動的。今天，人類社會正在崩解當中，只仰賴前一階段的野蠻主義所解消剩下的大眾行為準則來支持。似乎沒有任何好轉的跡象。

有幾個理由可以說明為什麼第一次世界大戰是墜入野蠻主義的一個起點。首先，它開啟了歷史上從未有過的屠殺時代。布里辛斯基（Zbigniew Brzezinski）最近估計了從一九一四到一九九〇年的「大量死亡」（megadeaths），達到一億八千七百萬人，雖說

只是估算，但還是在合理的範圍內。我估計了一下，大概占一九一四年全球人口的百分之九。我們已經習慣殺人了。第二，政府要求人民作無限制的犧牲，當他們把人民趕上凡爾登（Verdun）❹與伊夫勒斯（Ypres）❺的殺戮戰場時等於是創了不祥的先例，而這麼做也只是為了無限制地屠殺敵人。第三，人民全體動員的戰爭概念完全粉碎了文明戰爭的中心思想，也就是區別戰鬥人員與非戰鬥人員。第四，第一次世界大戰是第一個由人民參與（或主動參與）的民主政治所發起的大戰（無論如何都是在歐洲發生的）。不幸的是，舊式的外交人員還以為，從國際權力遊戲的角度來看，民主體制是最難被戰爭動員的，因此這應該只是意外。他們作戰時不像是專業軍人也不像拳擊手，對他們來說，戰爭是一種不需要恨敵人而只需要照專業規則操作的活動。根據經驗，民主體制需要將敵人妖魔化。最後，大戰因社會與政治的崩潰而結束，社會革命與反革命的規模也是無與倫比的。

　　崩潰與革命的年代支配了一九一七年後的三十年。二十世紀變成了資本主義式的自由主義（到一九四七年為止，都採取守勢與後撤），與蘇維埃共產主義、法西斯主義運動（後兩者彼此也想摧毀對方）的宗教戰爭時代。實際上，唯一能威脅自由主義式資本主義心臟地帶的，除了一九一四年之後它自身的崩潰外，主要來自於右派。從一九二○年到希特勒倒台，其間沒有一個政權

❹譯註：西線戰場最重要的要塞，一九一六年二月，德軍集結一千四百門火炮開始猛攻，直至七月為止，德法兩軍死傷三十五萬人。

❺譯註：位於比利時，毒氣戰在此展開。

是被共產主義或社會主義革命推翻的。但是共產主義的威脅，主要針對私有財產與社會特權，卻比較有威脅性。然而，此時並不是回返文明價值的時候。相反地，戰爭留下了無情而暴力的黑暗君王，而人們的血肉之軀將會體驗並緊附於其上。許多人為創新提供了人力，這種例子是一九一四年前所沒有的，意即準官方的或可容忍的暴力及殺手班，他們專幹一些不適合以政府官方出面來做的髒事：自由軍（Freikorps）❻、黑褐（Black-and-Tans）❼及法西斯地方民兵（squadristi）❽。戰後浪潮般的暗殺事件已經引起了注意，如哈佛史家福特（Franklin Ford）就研究這方面。而一九一四年之前，就我所知，也不曾聽過有組織的政治對立團體在街頭上進行血腥暴力，但在一九二〇年代末期的威瑪德國與奧地利卻變得很普遍。而哪裡可以找到先例已經不重要。一九二一年貝爾法斯特（Belfast）❾的暴亂與戰爭所殺害的人數，超越這個騷亂城市於整個十九世紀的被殺人數：四百二十八人。街頭的戰鬥者不必然是喜歡戰鬥的老兵，不過義大利法西斯黨的早期成員中，的確有百分之五十七是軍人出身。一九三三年，納粹的衝鋒隊（stormtroopers）中有四分之三都太年輕而沒有上過戰場。戰爭，類似制服的服裝（惡名遠播的白襯衫）及佩槍，現在

---

❻ 譯註：由一次大戰德軍中的軍官所組成，為保守的右派武裝團體，以攻擊左派為能事。

❼ 譯註：一九二〇到一九二一年，派往愛爾蘭鎮壓叛亂的英國警衛隊。

❽ 譯註：義大利法西斯分子所組成的地方武裝團體，專門對社會主義分子尋釁。

❾ 譯註：北愛爾蘭首府。

已經變成那些神智不清的年輕人的模範。

我認為一九一七年以後的歷史就是宗教戰爭史。一九五〇年代，一位在法國與阿爾及利亞的鎮壓反叛政策上倡導野蠻主義的法國軍官這樣寫道，「並沒有真正的戰爭，而只有宗教戰爭。」[3]讓原本已經殘酷的宗教戰爭變得更加野蠻而不人道的，乃是所謂善（也就是西方強權）與惡（反映的其實是人民想要人道的主張）的對峙。社會革命，特別是殖民地的反叛，挑戰了過去認為是神聖及事理之所必然的道理，社會裡上層的人就該比下層的人優越，而社會本來就該是不平等的，不管是用出生來看或用成就來看。柴契爾夫人曾提醒我們，階級戰爭中，上層所夾帶的恨意往往比下層還重。「有些人天生就是劣等的，尤其是反映在膚色上，」有這種觀念的人，只要聽到平等的主張（不需要「反叛」這個字眼，就能使其憤怒。如果這反映在階級之間，那麼也一樣反映在種族之間。如果群眾是英國人或甚至是愛爾蘭人而非印度人，那麼戴爾將軍（General Dyer）仍會在一九一九年時下令開火，殺死三百七十九人嗎？幾乎是不可能的。納粹德國的野蠻主義主要針對的是俄國人、波蘭人、猶太人及其他所謂的次等民族，而非西歐人。

那些自認為「天生」優越的人，與他們認為的那些「天生」低劣的人之間的無情關係，也加劇了上帝與惡魔之間的對立。因

---

[3] 拉各（Walter Laqueur），《游擊隊：歷史與批判的研究》（*Guerrilla: A Historical and Critical Study*, London, 1977），頁374。

為在這種天啟式的對抗中,只能有一個結果:全面勝利或全面失敗。很難想像有什事會比惡魔的勝利還糟糕。冷戰的話是這麼說的,「寧死不紅」(Better dead than red),這句話實在很蠢。在這種鬥爭中,目的可以將任何手段合理化。如果打敗惡魔的唯一方式是使用邪惡的手段的話,那我們也得做。否則的話,為什麼最溫和以及最文明的西方科學家會敦促他們的政府建造原子彈呢?如果另一邊是惡魔,那我們必須假設他們會使用邪惡的手段,即便他們現在並沒有這麼作。我並不是說,愛因斯坦(Einstein)認為希特勒的勝利將會是終極的惡是錯的,我只是試著說明這種對峙的邏輯,必然導致野蠻主義的升高。這種狀況在冷戰中猶為明顯。一九四六年,肯南(Kennan)著名的〈長電報〉('Long Telegram'),提供冷戰一個意識形態上的合理藉口,其論點與英國外交官在十九世紀談論俄國的方式沒什麼不同:我們必須圍堵他們,必要時使用武力威脅,否則他們就會推進到君士坦丁堡(Constantinople)及印度邊境。不過,英國在十九世紀很少失去理智。外交、秘密情報員的「鬥智」(great game),甚至間歇性的戰爭,都沒有與天啟混為一談。十月革命之後,情況才有所不同。帕麥斯頓(Palmerston)❿如果看到這種狀況,一定會搖頭;最後,我想肯南也一定會有同感。

---

❿譯註:帕麥斯頓勳爵(Henry John Temple, Viscount Palmerston, 1784-1865),長期擔任戰爭部長,後轉任外交部長,與維多利亞女王政策不合。帕氏主張英國應向世界擴展勢力,而女王則著眼於歐洲王室的穩定以及對抗革命分子。

　　為什麼從凡爾賽條約到廣島受原子彈轟炸，文明開始呈現倒退，這一點可以比較容易理解。第二次世界大戰，不像第一次，交戰國的一方否定十九世紀文明的價值，另一方則代表啟蒙運動。我們也許該解釋一下為什麼十九世紀文明沒有像許多人所預料的那樣，從一次大戰中恢復過來。但我們知道無此必要。它進入了災難的年代：戰爭帶來了社會革命、帝國的終結、自由主義式世界經濟的崩潰、立憲與民主政府的逐漸棄守，以及法西斯與納粹的興起。文明倒退並不令人驚訝，特別是當我們想到這個時代是終結於最大的野蠻主義學派之手：第二次世界大戰。所以讓我跳過這個災難年代，並且轉到另一個既令人沮喪又耐人尋味的現象上，即二次大戰之後西方野蠻主義的進展。遠離了災難年代，二十世紀第三個二十五年是自由主義式資本主義改革與復原成功的年代，至少在「已發展的市場經濟」的核心國家是如此。它產生了堅固的政治穩定性及史無前例的經濟繁榮。不過，野蠻化仍在持續。讓我以令人憎惡的拷問（torture）作為主題。

　　眾所皆知，從一七八二年開始，拷問已從文明國家的司法程序中消失。理論上，它不被國家強制力所接受。由於對拷問的成見極深，所以自從法國大革命將其廢除以後，拷問就沒有再出現了。著名的或者說不名譽的維多（Vidocq），本來是前科犯，後來在復辟時期（Restoration）竟成了警察長，也成了巴爾札克（Balzac）書中主角沃特恩（Vautrin）的原型，他是個為所欲為的人，但他也沒有施行拷問。有人可能會覺得，傳統野蠻主義在對抗道德進展上，是不可能停止的，或者說，在人們腦海裡不知何

處，還殘存著野蠻的影響——例如軍隊的監獄以及其他類似的機構。我很驚訝於這樣的事實，一九六七到一九七四年間，希臘的上校所用的拷問法居然還在用土耳其的棍刑（bastinado）⓫，但是土耳其的勢力早就撤出希臘超過五十年了。我們從這裡學到了，政府在對付顛覆分子的時候，是不會使用文明方法的，如沙皇的歐克拉那（Okhrana）⓬。

拷問在戰間期的進展主要都來自於共產主義及法西斯主義政權。反啟蒙的法西斯主義充分發揮了拷問的極致。布爾什維克像雅克賓黨人一樣，雖然在形式上廢除了歐克拉那的方法，但隨即又創立了契卡（Cheka）⓭，並任其使用各種手段來鎮壓反革命。從一九三九年史達林的一封電報可以看出，在一次大戰之後，「『內部事務人民委員會』（NKVD）〔契卡為其前身〕直到一九三七年才取得在身體施壓這個方法的法律根據，」此足以證明史達林所行的恐怖政治。其實，拷問已經是必要的程序。一九四五年之後，這些拷問方法遂出口到了蘇聯的衛星國，不過我們也可以這麼看，那就是這些新政權中的警察在納粹占領期間其實也學到了不少本領。

雖然如此，我還是傾向於認為，西方的拷問並沒有從蘇聯那裡學到或模仿很多，不過心理操控的技術倒是從中國那裡得到很

⓫ 譯註：尤指以棍打人腳掌。

⓬ 譯註：沙皇時代的特別警察，專門用來維持內部安定。他們特別注意工人，所以布防的重點是在莫斯科、聖彼得堡與華沙。

⓭ 譯註：蘇聯的秘密警察。

多，尤其是在韓戰的時候，新聞記者稱之為「洗腦」（brain-washing）。幾乎所有的模式都是來自於法西斯，特別是二次大戰期間德國對抵抗運動的鎮壓，就使用這些東西。我們當然也不能低估集中營裡的狀況。多虧柯林頓（Clinton）政府的揭露，我們現在才得以知道從戰後到一九七〇年代，美國居然用那些所謂的「從社會角度來看是劣等的人」來進行人體的輻射實驗。這些實驗（就像納粹的實驗一樣）是由醫生來主持及監督的，而我必須遺憾地說，世界各國在作拷問的時候，總是有醫生涉入其中。有一個美國醫療人員發現到這個實驗實在令人憎惡，因此他向上司抗議說，這裡似乎有「布亨瓦爾德的味道」（a smell of Buchenwald）❹。我相信有這種想法的一定不只一個人。

現在讓我把話題拉回到國際特赦組織，正因有它，這個講座才得以成立。這個組織成立於一九六一年，專門保護政治犯與良心犯。這些了不起的人驚訝地發現，他們必須應付的是系統化的拷問，由政府來主導，有時則是由政府的秘密情報員來作，他們從沒想到他們所身處的國家竟是如此。也許只有盎格魯─薩克森人的粗野才能解釋他們的驚訝吧。在一九五四到一九六二年的阿爾及利亞獨立戰爭中，法軍曾使用拷問，這使得法國的輿論大嘩。於是國際特赦組織便集中心力於拷問上，而其一九七五年的報告至今仍非常重要。[4] 而關於這個現象，有兩件事值得注意。

---

❹ 譯註：布亨瓦爾德是位於德國境內的集中營。

[4] 國際特赦組織，《拷問報告》（*Report on Torture*, London, 1975）。

第一，西方民主國家有系統地拷問開始得比較晚，比較奇怪的先例是，一九三○年以後，開始跟阿根廷監獄一樣，使用趕牲口用的電棒。第二，國際特赦組織報告發現，這種現象純粹是西方的現象，也就是說是在歐洲產生的。「作為政府所允許的一種史達林式的實施行為，也就是拷問，現在已經停止了。除了少數的例外⋯⋯過去十年來，東歐並沒有傳出拷問的事情。」這也許不如一開始看到的那樣讓人驚訝。俄國內戰中的生死鬥爭，拷問對蘇聯來說——相對於俄國刑罰生活中普遍的殘酷現象——沒有辦法保護國家的安全。拷問倒是滿足了其他目的，如建立一個審判的樣板以及類似於人民公審的舞台。

拷問與史達林主義相終始。隨著共產體制越來越脆弱，從一九五七年一直到一九八九年，用來維持局面的武裝力量也就越來越有限。另一方面，比較令人驚訝的是，從一九五○年代中期到一九七○年代末，本來應該是西方拷問的古典時代，尤其應該在一九七○年代的前半期達到頂點，因為就在同時，拷問於歐洲的地中海一帶流行，還有原本毫無污點的拉丁美洲各國——尤其是智利與烏拉圭——南非（儘管沒有使用電擊生殖器的方法），甚至於還有北愛爾蘭。我必須說，西方政府拷問的數量之所以下滑，完全是由於特赦組織的努力。雖然如此，一九九二年版的《世界人權指南》（*World Human Rights Guide*）顯示了，在一百零四個國家中，調查了六十二個，只有十五個是完全合格的。

我們要如何解釋這個令人沮喪的現象呢？當然不能接受官方的說詞，像英國康普頓委員會（British Compton Committee）的

報告就對一九七二年北愛爾蘭的事件模糊其詞。它說，這是為了「在操作上能盡快地取得資訊。」[5] 但這不是解釋。這只是說明了政府已向野蠻主義低頭，照慣例，戰俘沒有義務向俘獲者透露任何訊息，除了姓名、官階與兵籍編號，不可以拷問，不管有多急迫或操作上的需要。

我認為有三個要素牽涉在內。一九四五年後，西方野蠻主義的產生，其背景是冷戰的狂熱，這是一個後世史家無法了解的時代，只有十五、十六世紀的巫婆熱才能與之相比。我只要提一個特別的設定就夠了，那就是只有在隨時準備動用核武來造成毀滅的條件下，才能讓整個世界不落入極權的暴君之手，這種說法已經完全不屬於任何文明的範疇。拷問無疑是由西方人先搞出來的，從殖民統治開始擴大了它的規模，或者是像法國軍隊為了維護帝國，在中南半島及北非的所作所為。最野蠻的不外乎以國家的力量來殘殺無力反抗的種族，最近的例子就是納粹德國及其同路人。更重要的是，從法軍的例子，我們可以發現到系統化的拷問，近來主要是由軍人而非警察來進行。

一九六〇年代，有古巴革命與風起雲湧的學生運動，此時第三個要素出現了。叛亂分子以及恐怖分子開始使用自願的少數團體，以意志和行動來創造出某種革命形勢。這種團體的作法通常是激化對立。他們會用行動來證明敵對的政權已無力控制大局，如果情況對他們不利，他們則會刺激敵人展開大規模鎮壓，然後

---

[5] 同前引書，頁108。

他們便可以煽動廣大群眾加入叛亂。但是變數很多也很危險。第二個則是升高恐怖活動與反恐怖活動的層級。冷靜的政府通常會拒絕拉高層級；不過即使是英國，早期面對北愛爾蘭問題時也曾失去理智。其他的政權，特別是軍事政權，則一定反撲。因為在野蠻主義的競賽中，國家的力量絕對是勝利者——一直都是。

地下戰爭只不過是不實際的壞空氣。除了仍在持續的殖民地解放鬥爭，或者是在中美洲，其他地方所發生的這一類衝突不過都是虛張聲勢。各個左翼恐怖旅想要掀起社會主義革命，還不到時候。他們想打敗既有政權的機會可說是微乎其微，而他們自己也知道。其實那些反動派真正懼怕的不是這些拿著槍的學生，而是廣大群眾（像智利的阿藍德〔Allende〕❺與阿根廷的裴隆主義者〔Peronists〕❻）會贏得選舉（那些拿槍的根本不可能）。義大利的例子說明了，就算在她境內出現了歐洲最大的叛亂分子——紅軍旅（Red Brigades）❼，例行的政治運作還是如故，絲毫不受影響。因此，新叛亂分子的主要成就乃是用很少的力氣就造就了一個走勢。一九七〇年代留給前智利民主政府的，是拷問、謀殺與恐怖，它造就的不是軍事政權，而是讓窮人更加卑微，並且免

❺ 譯註：阿藍德（Salvador Allende），於一九七〇年贏得總統大選，組織社會主義色彩的政府（1970-1973）。

❻ 譯註：裴隆（Peron）於一九四五年被選為總統，他承諾提高工人薪資以及推行社會安全制度。一九五五年軍事政變，裴隆逃往西班牙。直到一九七三年的大選，裴隆主義者才又獲勝。

❼ 譯註：紅軍旅於一九六九年組成，想透過武裝鬥爭使義大利脫離西方盟國。

於政治反對與工會干預的自由市場經濟。在比較和平的巴西，不像哥倫比亞或墨西哥那麼嗜血，但也只剩下警察拼命在街上掃掉「反社會分子」，以及到處無家可歸的孤兒。一九七〇年代留給整個西方的，是「反叛亂」的教條，我可以用一個整理過這方面相關作品的作家的話作總結：「雖然總難令人滿意，不過只要有抵抗，那麼總還是有機會能打敗自由民主政權，或者是舊式的無力的極權體系。」[6] 簡言之，一九七〇年代的道德狀況，就是野蠻主義已經比文明有影響力。它已經永遠削弱了文明的節制。

最後，讓我回到當代。宗教戰爭的二十世紀特殊形式，或多或少已經結束，不過還是在公共空間留下了一點野蠻性。我們也許會發現到，自己還朝著舊式的宗教戰爭走去，但這個文明倒退的問題我不想再多加討論。現在民族主義衝突與內戰所造成的騷動，已經不再被認為是意識形態現象，更不會被認為是長期被共產主義或西方普世主義鎮壓的原始力量，或是一些強調政治主體性的好戰分子所說的一堆自己才理解的術語。它為了回應兩種崩潰：代表國家功能的政治秩序的崩潰——任何有影響力的國家都該注意不墮入霍布斯所說的無政府狀態——全世界的社會關係架構出了問題——任何架構都要能對抗涂爾幹所說的「混亂」（anomie）❶⑧。

我認為現在的內戰之所以會那麼恐怖，就是因為有這兩個問

---

[6] 拉各，《游擊隊》，頁377。

❶⑧ 譯註：指社會與道德規範混淆、不清楚，或甚至於消失的狀況。

題。不管對赫塞哥維那與喀拉支那（Krajina）❶的高山的記憶有多久遠，我們都不可能回到上古的野蠻。波士尼亞社群在接受社群獨裁者不可抗力的命令時，仍會割斷彼此的喉嚨的。他們和平相處，至少占了南斯拉夫都市人口的百分之五十，而彼此通婚也讓他們看起來不像是個被隔離的社會如烏爾斯特（Ulster）❷或美國其他的種族社群。如果英國放棄烏爾斯特，如同南斯拉夫一樣，那麼我們這二十五年的死亡人數一定超過三千人。除此之外，伊格那蒂夫說得很對，這個戰爭的殘暴絕大部分都是由一個典型的「危險階級」幹的，也就是那些無根的男人，他們的年紀從青春期到適婚年齡，對他們來說，並沒有有效的規則，行為也無限制：甚至也不包括傳統社會認為的男子漢當信守的暴力原則。

就是這個現象讓世界邊陲中政治與社會秩序出現的爆炸性崩解，與發展中社會心臟地帶的漸漸沉淪連結在一起。在這兩個地區，人們不受社會指引而幹著見不得人的事。柴契爾夫人費盡心力想要埋葬的英國舊傳統，其所仰賴的巨大力量來自於風俗與慣例。作一件事，不是因為該這樣作，而是以前是這麼作的：正如這句話所言，「作過的事」。不過現在我們已經不知道什麼是「作過的事」，我們只剩下「自己的事」。

在社會與政治解體的狀況下，我們應該可以預料到文明的衰

---

❶ 譯註：位於塞爾維亞。
❷ 譯註：位於北愛爾蘭。

敗與野蠻主義的成長。不過，真正讓事情更糟的，或是在未來讓事情變得更糟的，乃是啟蒙運動的文明所要用來對付野蠻主義的方式，這也是我演講已經說的部分。最糟的部分就是我們已經習慣了不人道的生活。我們已經學會寬容那些不可以寬容的事。

　　世界大戰與冷戰已經讓我們的腦袋接受了野蠻。更糟的是：它們已經讓野蠻變得不重要，重要的是賺錢。讓我用十九世紀文明最後一個進展的故事作結，即生化武器的禁用——這種武器純粹是用來造成恐怖，因為它實際的效果不大。第一次世界大戰後，一九二五年的日內瓦議定書規定全世界都不許使用生化武器，一九二八年正式生效。這個禁令在第二次世界大戰運作良好，只有在衣索比亞例外。一九八七年，海珊（Saddam Hussein）撕毀這道禁令，他用瓦斯毒氣殺死了數千名自己的人民。誰抗議了？只剩過去那些支持這個主張的，而且還不是全部——我們這些收集簽名的都知道。為什麼這麼少人憤怒？一部分是因為，對於這種不人道武器的絕對否定，長久以來已被放棄。它已經軟化成希望大家不要第一個使用，可是如果有人用了呢……超過四十個國家，以美國為首，在一九六九年通過聯合國決議案反對化學武器，所採的就是這個立場。反對生物武器的聲浪仍很高。製造生物武器的工具，已在一九七二年的協議下完全摧毀了：然而還有化學武器。我們也許可以說，瓦斯毒氣在不知不覺中已經開放了。窮國現在把它當成反制核武的妙方。但是，它還是很恐怖。而英國及其他民主與自由世界的政府，非但沒有抗議，反而持續安靜地並且讓它們的人民蒙在鼓裡，他們鼓勵他們的生意人賣更

多的武器給海珊，其中就包括了製造瓦斯的設備。它們並不憤怒，除非海珊作了什麼不受支持的事。我不需要提醒各位他作了什麼：他攻擊了美國重要的石油來源。❹

---

❹譯註：指科威特。

21

自我認同的歷史還不夠

Identity History Is Not Enough

這篇論文討論目前流行思潮（「後現代」）中的相對主義，乃是為了處理特殊的歷史議題而寫。後來由我的朋友，巴黎研究院的現代史（Paris Institut pour l'Histoire du Temps Présent）教授貝達里亞（François Bédarida）加以編輯，發表於《戴奧真尼斯》，第四十二期第四份（1994年），原題目為〈夾在普遍性與自我認同當中的歷史學家〉（'The Historian between the Quest for the Universal and the Quest for Identity'）

❦ I ❦

我想，事情還是從我的具體經驗開始談起比較好。一九四四年夏初，德軍開始從義大利向北撤退以建立更有利的防線，來抵抗沿著亞平寧山脈哥德線（Gothic Line in the Apennines）北上的盟軍部隊。德軍部隊沿途進行了幾場屠殺，但卻辯解說是對當地「土匪」（也就是游擊隊）的報復。五十年後，阿瑞佐（Arezzo）省這些曾遭到屠殺的村落，其中殘存下來的村民以及當地研究抵抗運動的歷史學家，他們的記憶，讓我們得以召開國際性的研討會，來討論二次世界大戰時德軍的屠殺行徑。

與會者不只是來自於東西歐及美國等不同國家的歷史學家與社會科學家，還有當地的生還者、老抵抗者及其他有關的團體。當初，齊安那的齊維特拉（Civitella della Chiana）有一百七十五個村民被迫與他們的妻子與子女分離，後來這些人被槍殺並丟棄在村裡的屋內，房屋且被焚燒，五十年後來看這些事，已經帶有「學院」的味道了。因此，這個會議的氣氛顯得有點緊張與不安，也就不令人驚訝了。每個人都察覺到政治的急迫性。每個出席的史家也都了解歷史與現實的關係。畢竟才在幾個禮拜前，義大利選出了自一九四三年以來第一個包含法西斯分子的政府，它不僅是反共產主義，同時也對一九四三到一九四五年間的抵抗運動作了重新定位，認為那並不算是國家解放運動，因此它的歷史與現在無關，而應該被遺忘。

每個人都很不安。抵抗與屠殺時期的生還者在說出他們認為

還是不說為妙的往事（當時在場的每個村民及女人都知道）時，尤其不安。這些人藉由沉默來將過去的衝突埋葬，以此讓他們的農村生活在一九四五年後返回「常軌」。（有位美國歷史學家曾研究他的克羅埃西亞籍妻子對於她在伊斯特里村的記憶所作的選擇性沉默的機制，這是一篇頗有洞察力的論文。）老游擊隊員，以及托斯卡尼（Tuscany）這個強烈左傾地區的大眾輿論，在義大利共和國官方拒絕接受抵抗運動對抗希特勒與墨索里尼的傳統時（這是當地的基礎），他們更是感到焦慮。年輕的、也許還主要是左傾的口述歷史學家，在為這個會議準備而對當地村民進行訪問與再訪問時，驚訝地發現到，在這個天主教色彩濃厚的村子裡，村民反而不會太責怪德軍，他們把問題歸罪給那些當地的年輕人，怪他們加入了游擊隊才將整個村子捲入大禍之中。

其他的歷史學家也因為各自不同的理由而顯得不安。出席的德國史家為他們上一代的行徑感到惶恐；其實，所有的非義大利史家，以及幾個義大利史家，在參加這場會議之前從來沒聽過這場屠殺：這讓我們不得不驚覺到，歷史事件的保存以及歷史記憶，完全是獨斷的。為什麼有些經驗成為通行的歷史記憶，而有些不是呢？在場的俄國史家坦白地說，俄國之所以在歷史研究上專注於處理納粹的暴行，就是為了要轉移人們對史達林恐怖統治的注意力。至於研究二次世界大戰的專家，不管他們來自哪一個國家，都不能迴避五十年前的事件所引發的一個問題，那就是那年春天的屠殺——超過阿瑞佐省人口的百分之一——到底算不算是德軍對於那一小股軍隊合理的反制，尤其是在德軍已經要在幾

天或幾個禮拜內撤出那個區域的時候？

　　這個會議的主題——戰爭暴行——不可能在毫無情緒的狀況下進行討論。不過，我們的注意力也不僅限於地方的小歷史，還擴展到種族屠殺（研究這方面的歷史學家也有到場），以及這些事件是如何被記憶的問題上。當我們站在曾經遭此浩劫的村落的廣場上，聆聽著生還者以及死者的子女訴說著在一九四四年那恐怖的日子所發生的事情，我們怎麼能不驚訝於我們的歷史怎會如此地與他們的歷史格格不入，甚至於摧毀了他們的歷史？屠殺發生幾天後，英軍開始進行調查並作成報告，當史家把這個報告的膽本交給村長時，史家與村長之間互動的本質是什麼？一方面，它是原始資料，再者，它也加強了村民的記憶論述（我們史家多半認為這種記憶的東西有一部分完全是神話）。而這種論述對於齊安那的齊維特拉來說，是一種接受並治療創傷的方式，就如同猶太民族面對大屠殺一樣。我們的歷史，是用證據以及邏輯所寫成的普世史，是否能跟這種地方性而純屬當地人記憶的歷史接軌呢？而村民們數十年來心目中所謂的歷史，也只有他們自己的歷史，至於別的村子的歷史，他們根本不在乎，原因很簡單，那不是他們的歷史。那麼，我們所寫的普世史對這個村的村民們來說，是否也只是別人的歷史呢？

　　簡言之，再也沒有比歷史中所呈現出的普遍性與自我認同的對立，以及歷史家面對過去與現在的兩難更具戲劇性的事情了。

　　不過，在這種對立當中，普遍性總是凌駕於自我認同之上。這種狀況正好發生在在場的一個史家身上。那就是這場會議的籌

辦人，他在小時候曾與他的母親一同在村子的廣場上親眼目睹他的父親被德國人拉去處決。他仍然是這個村落的一分子，他每年夏天仍回到這裡與家族團聚。我們都無法否認一個事實，那就是對他來說（對他的追隨者而言也是一樣），屠殺所帶來的記憶與意義跟我們不一樣，而他在閱讀原始檔案的時候，他的親身體驗也可以賦予不同的解讀。但是，身為一個史家，他必須同時面對村民們所建構的記憶敘事，以及沒有親身經驗的史家所建構的歷史，也就是說，他必須運用歷史學的規則與方法。藉由他的以及我們的標準——也就是歷史學共有的標準——村子的敘事必須經過史料的檢驗，而從歷史學的標準來看，它還不算是歷史，這個村子的記憶、制度以及過去五十年來的演變，都是歷史的一部分。它們與一九四四年六月的事件一樣，都是歷史學要運用歷史方法來研究的主題之一。只有從這個角度來看，「（齊維特拉的）自我認同的文化」才與歷史學家所要研究的屠殺的歷史相關。如果不是這樣的話，那就不屬於歷史學該照管的範圍了。

簡單地說，就歷史研究及歷史理論所要處理的問題性質來看，不管史家對於齊維特拉的過去有沒有親身體驗，都不會造成實質上的差異的。所有出席的史家都希望彼此能對納粹的戰爭暴行有一致的看法，不過，最後是不是真能如此，誰也不敢說。不過至少在其他問題上，大家是有共識的：解決問題的程序、能夠用來解決問題的證據的性質（就解決問題要靠證據這一點來看），以及村民們自認為自己的經歷是獨特的，他人無法體會，但史家卻認為這些都可以拿來跟現有的史料作比對。相反地，有

些人（或是整個社群）不願意把他們的經歷說出來，或是不願意接受檢驗，那我們只能說，就算他們的動機與情感的確是真摯的，他們的一切也不屬於歷史學。事實上，出席的史家也的確在這方面有著驚人的共識。相對來說，那些有親身體驗的人，他們的情感卻常彼此陷於混亂與衝突。

❧ II ❧

專業史家的問題在於，他們的主題有重要的社會與政治功能。這些功能要靠他們的作品才得以彰顯——除了歷史學家，誰會去發現及記錄過去呢？——但是這些功能也同時違背了史家的專業標準。這種二元性正是我們討論的核心。《史學評論》的創立者對這一點倒是早有察覺，他們在創刊號的序言（avant-propos）上說，「我們的主要關懷，乃是要研究法國的過去，此舉對於整個國家來說是很重要的。它可以讓我們的國內維持統一，並提供維持統一所必要的道德力量。」[1]

當然，對於自信及實證主義的心靈來說，為國家服務與追求真理是一樣重要的。而那些學術界以外的人，他們需要並且使用歷史學家所製造的商品，為歷史作品提供了最大的政治決策市場，對這些人來說，「嚴謹科學程序」以及「修辭上的建構」根本不需要區別，然而，這種區別對於《史學評論》的創立者來說

---

[1] 莫諾（G. Monod）及法尼耶（G. Fagniez），〈序言〉，《史學評論》第一期第一份（1876年），頁4。

卻很重要。什麼是「好歷史」的標準，就是「對我們有好處的歷史」──「我們的國家」、「我們的共同努力目標」，或簡單地說，「滿足我們的情感需求」。不管大家喜不喜歡這種說法，反正專業史家是在為非專業人員提供原始資料來任其使用或誤用。

雖然歷史學與其所處的政治環境密不可分──從法國大革命的史學史就可以證明這一點──但是要受學科規則的規限倒也不是件難事（至少就思想自由的國家來說是如此）。除此之外，專業史家之間所產生最具意識形態色彩的論戰，那些非專業人士往往一點興趣也沒有。所有的人類、群體與制度都需要過去，而只有藉由歷史研究，過去才能被挖掘出來。自我認同的文化的標準範例與神話緊密地結合在一起，並且用民族主義把它打扮成歷史的樣子。一個世紀之前，勒南有這樣的觀察：「遺忘，或甚至於讓歷史出錯，乃是民族形成的一個本質要素。這也就是為什麼歷史研究的進步，往往會危害國家的認同的緣故。」民族是歷史所創造出來的東西，佯裝自己已存在了很久一段時間。民族主義者看歷史時，不可避免地帶有時代倒錯、闕漏，以及斷章取義，更極端地，則是說謊。所有的建構自我認同的歷史，不管新的或舊的，都有相同的狀況。

在專業的歷史學出現之前，歷史的創造俯拾皆是，如歷史手稿的偽造（在波西米亞），光榮的蘇格蘭民族史詩的寫成（如麥克佛森〔James Macpherson〕❶ 的〈奧湘〉〔Ossian〕），或者是虛

---

❶ 譯註：麥克佛森（1736-1796），蘇格蘭人。他翻譯了許多「蓋爾族」（Gaelic）

構了一套劇本卻說是威爾斯的古代吟唱的儀式。（這仍然是目前艾斯德伐〔Eisteddfod〕郡一年一度文化節慶的壓軸好戲之一。）這些創作，我想已經不可能再交給歷史學家們來加以檢驗了。早期有許多歷史學家對於這些創作以及神話作了不少反駁以及解構的工作。偉大的英國中古史家朗德（J. Horace Round），他的聲譽就建立在對於英國貴族的血統進行一連串無情地打擊，將他們與所宣稱的上溯至諾曼人征服時代的系譜完全切斷。這種檢驗也不局限於歷史。就連「杜林屍衣」（Turin shroud）❷這個中古時代以來的朝聖中心，也禁不起用放射性碳含量的測定法。

　　歷史是虛構的，這種說法最近反而獲得了學界正面的回應：「對於啟蒙運動的理性思維的懷疑，有日漸增長的趨勢。」[2] 這股思想潮流（至少在英美學界流行）有一個模糊的名字「後現代主義」，幸運地是，它在歷史學界所獲得的回響，遠不如在文學界、文化理論圈以及在社會人類學界來得多，即使在美國也是一樣；後現代主義與我們要討論的議題是相關的，因為它對於事實

的史詩，實則他本人對蓋爾文不熟悉，而且也並沒有蓋爾史詩的資料，所謂「翻譯」，其實是他自己的創作。

❷譯註：相傳是耶穌的裹屍布。不過科學檢定的結果並不一致，一派主張介於一二六〇到一三九〇年間，另一派甚至認為是在西元八世紀前。由於布料之上沾染了太多成分，因此難有定論。

[2] 史密斯（Michael Smith），〈後現代主義，都市民族學，及民族認同的新社會空間〉（'Postmodernism, Urban Ethnography, and the New Social Space of Ethnic Identity'），《理論與社會》（Theory and Society），二十一期（1992年8月），頁493。

與虛構的界線，以及客觀事實和概念論述間的分野表示懷疑。後現代主義幾乎就是相對主義。如果真實與我所覺得的真實，中間沒有任何差別的話，那我所建構的真實與他人或任何人所建構的真實就沒什麼好壞之分，因為「論述是世界的創造者，而非反映世界的鏡子。」[3]再用同一位作者的說法來講，民族學的主題，跟其他社會與歷史研究一樣，都在製造一種彼此共同運作並發展的文本，在這個文本中，沒有任何主題、作者、讀者或任何人可以說他對於這個「內在彼此對應連貫的超驗之物」（synoptic transcendence）具有排他的解釋權。[4]如果「不管是歷史或是文學，描述性的語言本身就構成了它所描述的東西，」[5]那麼眾多的敘事中，就無所謂孰好孰壞了。這種說法無疑吸引了那些認為自己被那些自認為優越的文化霸權（受西方教育的白人異性戀男性）所邊緣化的團體。但這種說法是錯的。

我們在此不介入任何理論的辯論，然而對於史家來說，最重要的基礎卻一定要護衛：證據的最高性。如果他們的文本是虛構的，是文學的寫作，但是虛構當中所用的事實卻是可以證明的。納粹的毒氣室是否真的存在，是可以用證據來證明的。在證據充

---

[3] 泰勒（Stephen A. Tyler），《不可言傳》（ *The Unspeakable*, Madison, 1987），頁171。

[4] 泰勒，〈後—現代民族學：從研究神祕的文獻到神祕文獻〉（'Post-Modern Ethnography: From Document of the Occult to Occult Document'），收入克里佛（James Clifford）與馬庫斯編的《書寫文化：民族學的詩學與政治學》（ *Writing Culture: The Poetics and Politics of Ethnography*, New York, 1986），頁126，129。

[5] 史密斯，〈後現代主義〉，頁499。

分的狀況下，如果還有人否認證據的存在，那麼不管他的敘事技巧有多好，我們都不承認那是歷史。如果有小說是有關拿破崙從聖赫勒拿島生還的話，那麼它一定是文學而不是歷史。如果歷史是想像的藝術，那麼它也不是創造的藝術，而是對於「拾得之遺失物」（objects trouvés）加以排比的藝術。對於非專業史家而言，這些討論實在很瑣碎，因為他們只按照自己的目的來使用歷史。對於劇院裡的觀眾而言，馬克白夫人（Lady Macbeth）催促她的丈夫殺死鄧肯王（King Duncan），而歷史並無記載，或者巫婆預測馬克白會成為蘇格蘭王，而實際上他也真的成為蘇格蘭王（1040-57?），兩者根本沒有差別。在西非建立後殖民國家的（泛非洲）人們，為他們的國家命名時都沿用了中古時代的非洲帝國名稱，但實際上不管是馬利（Mali）或是迦納（Ghana）的領土都跟那些帝國沒有重疊，這樣會不會有影響？在幾代的殖民之後，難道我們不應該提醒一下那些住在撒哈拉沙漠南緣地帶的人們，他們的祖先原本在非洲各地就建有獨立而強大的國家，而不是在阿克拉（Accra）❽ 的內陸地區？

　　事實上，《史學評論》序言所說的，「嚴謹的科學程序，每段陳述都要有證據、資料來源及引用出處，」[6] 有時讓人覺得很瑣碎，特別是現在確定性的實證主義式的科學真理已經不再擁有跟過去對等的信仰者，這種想法大概只適合那些心智專一的人吧。不過，法庭的程序對於證據的看重並不下於歷史研究者，而兩者

---

❽ 譯註：迦納的首都。
[6] 莫諾與法尼耶，〈序言〉，頁2。

間所用的方法也沒什麼不同,因此,歷史的事實與虛構之間,應該不是意識形態的問題。日常生活的種種,生或死,甚至於可量化的金錢,都要仰賴事實。如果有人被控謀殺,那麼他要證明自己清白的方法,絕不是後現代理論,而是歷史學家的方法。

除此之外,對於政治或意識形態的主張,從歷史上加以證明也很重要,尤其是當這些主張是以歷史為立論依據的時候更是如此。至於國家或社群在主張領土的時候,也是如此。〔一九九二年〕由印度人民黨(BJP)所發起的反穆斯林戰爭,在印度掀起了大規模的屠殺,也是基於歷史原因。阿歐迪亞被宣稱是神祇拉瑪的出生地。因此,莫臥爾征服者巴布爾在這個印度教聖地所建的清真寺,乃是穆斯林對於印度教的侮辱以及不可接受的歷史事實。必須毀掉清真寺而另建印度教的廟宇。(一九九二年,由印度人民黨所動員的印度教狂熱分子把清真寺拆了。)黨的領導人宣稱,「這樣的問題不能由法院判決來決定,」這並不令人意外,因為他的主張根本不存在。印度史家指出,在十九世紀之前,沒有人認為阿歐迪亞是拉瑪的誕生地,而莫臥爾皇帝與此地的清真寺也沒有關係,至於印度教對這塊地的主張則還有爭議。宗教團體間的緊張關係是最近的事。這顆定時炸彈的引信是在一九四九年被點燃起來的,而在印度分裂及巴基斯坦建國之後,「意象的奇蹟」就在這個清真寺上一再地被複製。[7]

堅持證據的最高性,以及區別可檢證之歷史事實與虛構之不

---

[7] 塔帕(Romila Thapar),〈宗教社群的政治學〉('The Politics of Religious Communities'),《研討會》(*Seminar*)第三六五期(1990年1月),頁27-32。

同,是歷史學家用來表現自己對研究負責的唯一方式,至於歷史的複製與真正的過去是否完全相同則不是最重要的。把現在的想法讀進過去當中,或者技術上來說就是時代倒錯,這種狀況在為了滿足一己目的時最為常見也最為方便,這也就是安德森(Benedict Anderson)所謂的「想像的共同體」(Imagined Community)或集體,為了民族主義的目的所最常做的事。[8]

政治與社會的神話被裝扮成歷史的樣子,長久以來,歷史學家的專業責任就是要解構這些東西,而不能有所同情。英國史家與其他人一樣,都致力於英國的自由,但這並不影響他批評這方面的神話建構。每個英國小孩都曾經在學校裡學到,大憲章(Magna Carta)乃是英國自由的基礎,但自從麥克尼(McKechnie)在一九一四年發表論文之後,每個大學上英國史的學生都知道,一二一五年約翰王被貴族勒索而簽署的文件,並沒有宣示議會有最高權,以及每個英國自由民的權利平等,這種好聽的說法是後來才加上去的。對於歷史時代錯亂的批評與懷疑,也許是目前史家可以用來證明自己對大眾負責的唯一方式了。歷史學家現在最重要的大眾角色,特別是在二次世界大戰後所建立或重建的國家中,乃是用他的技藝來「為國家」(pour la nationalité)(及其他所有集體認同的意識形態)指出「危險」(un danger)何在。

這在各自以歷史為據的國際衝突中更為明顯,最近最爆炸性

---

[8] 安德森,《想像的共同體:民族主義的起源與散布》(*Imagined Communities: Reflections on the Origin and Spread of Nationalism*)(修正版 London, 1991)。

的話題就是馬其頓問題。這個問題完全是個歷史問題，它牽涉了
四個國家以及歐盟，而且可能再度引發巴爾幹戰爭。爭議的各方
表現看來訴諸的是古代的歷史，馬其頓與希臘（反對任何獨立的
國家使用馬其頓這個名字）都說自己才是亞歷山大大帝的繼承
者。然而真正的問題還是出在當代的歷史，他們的爭端起於一九
一二年希臘、塞爾維亞與保加利亞間的巴爾幹戰爭結束後，馬其
頓分裂所造成的希臘與其鄰邦間的爭議。這些國家原本都是鄂圖
曼帝國的一部分。希臘最後分得比較多的領土。後來陸續成立的
國家都對於一九一三年以前尚未界定且領土較現在為大的馬其頓
區域（鄂圖曼沒有用馬其頓這個名字為這個地區命名）提出領土
主張，並訴諸於學術的觀點，包括種族上的與語言上的。目前希
臘的主張聲勢最大，但是她的論證完全是時代倒錯，因為這個地
區其實是比較接近斯拉夫人及阿爾巴尼亞。希臘的論證有點像是
法國主張義大利是她的，因為凱撒曾經征服過高盧。說這種話的
史家不必然是反希臘人而偏頗斯拉夫人，不過他在斯高普耶
（Skopje）❹ 受歡迎的程度絕對高於在雅典。如果這個史家這時候
說（未分割前的）馬其頓最大的城市薩羅尼加（Salonica）❺ 中絕
大多數的人口是穆斯林及猶太人的話，那麼他或她就會同時得罪
三個國家的民族主義狂熱分子。

　　不過，這也顯示了史家作為神話破壞者的限制。首先，他們

---

❹ 譯註：馬其頓首府。

❺ 譯註：現屬希臘。

批判的力量是負面的。波普告訴我們，否證可以否定掉一個理論，但它本身並不是一個更好的理論。其次，我們只能就其中一些命題來看，命題錯了，我們才能說這個神話錯了。歷史的神話，特別是民族的神話，大概只有極少部分的命題會有這樣的錯誤。以色列的民族儀式是圍繞在瑪薩達圍城這個事件而建立的，而不是從可以用歷史來加以檢驗的愛國傳說（這是以色列學童及去觀光的外國人所學的東西）來建立的，因此，民族儀式反而不會被那些專門研究羅馬時代巴勒斯坦史的歷史學家所懷疑。除此之外，即使在證據缺乏、有誤、衝突或有限時，我們仍然無法令人信服地反駁一個讓人高度懷疑的命題。證據可以下定論，不論別人怎麼反對，它可以證明納粹的確對猶太人進行了種族屠殺，不過（雖然沒有一個史家真的會懷疑希特勒是否真的想要「最後解決」〔Final Solution〕）這還不能證明希特勒的確下過這樣的命令。除非我們知道希特勒的操作模式，譬如說，他不會下任何的書面命令，所以我們才找不到證據。因此，就算我們可以毫無困難地反駁佛里森（M. Faurisson）的論點，也不能在沒有詳細論證的狀況下就否認了厄文（David Irving）所提供的例子（雖然有許多專家都會這麼做）。

　　第三個限制史家作為神話破壞者的原因更明顯。在短期內，史家無法對抗那些相信歷史神話的人，尤其是當這些人掌握權力的時候，在很多國家，尤其是那些新國家，這些人會加強對那些至今仍是最重要的中立歷史資訊管道的控制，也就是學校。而且，別忘了，歷史——主要是本國史——在整個國家教育體系中

扮演著重要角色。印度史家對於印度教狂熱分子的歷史神話的批判，也許能說服他們學院裡的同事，但卻無法說服印度人民黨的信徒。克羅埃西亞以及塞爾維亞的史家抗拒民族主義的神話入侵到歷史學的領域中來，但是他們的影響力不大，因為散布於各地的克羅埃西亞人與塞爾維亞人，他們只接受民族主義的神話而完全無視於歷史批判的存在。

❧ III ❧

　　這些限制並不會減損史家對於大眾的責任感。這是因為（第一個原因也是最重要的原因）歷史學家乃是原始資料的主要製造者（之前已有提過），而這些原始資料卻又可以轉變成宣傳品或神話。我們必須對此有所警覺，特別是在保存過去的其他方式都消失的時候——口耳相傳的傳統，家族的記憶，每一件事都得靠代代之間溝通的有效與否，而這種方式到了現代社會已經解體了。無論如何，大集體的、國家的或其他的歷史，已經不仰賴民眾的記憶了，而是仰賴歷史學家、編年史家或博古學者所寫的過去，直接或間接地透過學校教科書；仰賴老師用教科書來對學生傳授；仰賴作家、製片家或電視製作人及錄影帶製作人來傳達這些資料。即便是莎士比亞的《哈姆雷特》也是從丹麥編年史家格蘭瑪提克斯（Saxo Grammaticus）❻ 的作品中加以增刪並引申而成的。歷史學家應該永遠記住這一點。我們在我們的領域中所耕

---

❻譯註：生存年代約在一二〇〇年左右。

耘收成的東西，最後應該成為人民的鴉片才對。

歷史學與政治及意識形態的無法分割 —— 正如克羅齊（Croce）❼ 所言，一切歷史都是當代史 —— 造成了歷史的誤用。歷史學家不該也不能自外於自己的研究主題，而以為自己可以當個客觀的旁觀者，並且只用單純的因果律來分析。我們全都置身於現在的時空裡，就算我們所做的事可以遠離群眾的熱情也一樣，如編輯古代文本。我們許多人就像《史學評論》的創立者一樣，希望自己的作品能夠對別人有用。所以，我們容易因為這個目的而作某種解釋。我們也因此容易避開不合於這個目的的主題。對於痛恨共產主義的人而言，他們很有可能研究蘇聯強制人民勞動的問題，但對於支持共產主義的人就比較不會這麼做。我們在看到不利的資料的時候 —— 如果我們剛好發現到它的話 —— 很有可能保持沉默，不過這樣的確是有違學術良知。畢竟，「隱瞞事實」（suppressio veri）跟「虛偽暗示」（suggestio falsi）之間的差別並不大。只要我們還是歷史學家，我們就不能放棄我們專業的標準。我們不能說那些我們認為不真實的東西。所以，我們一定與那些在這個地方不夠嚴謹的論述完全不同。

最危險的其實並不是說謊，因為說謊絕對禁不起其他歷史學家的檢驗，不過這只局限在自由的學術社群中，至於那些有政治

---

❼ 譯註：克羅齊（Benedetto Croce, 1866-1952），義大利哲學家及歷史學家。他的思想受維柯影響，而後接觸馬克思主義，但隨即採取反對的立場。克羅齊最後轉向研究美學，他影響了柯靈烏（Robin C. Collingwood）及杜威（John Dewey）的美學觀。

壓力或權威的社群則反而保障了說謊者，即便是在一些立憲的國家也一樣。最危險的問題其實是將某一群人的歷史——歷史學家自己的歷史，受自己的出身與偶然的限制——完全孤立於整個外在脈絡之外。

　　來自內在以及外在的龐大壓力逼迫著人做這樣的事。我們的熱情以及興趣驅使著我們走上這條道路。例如，每個猶太人，不管他或她的職業是什麼，都會直覺地接受這樣的問題，因為這是幾個世紀的威脅下，猶太人這個小族群面對外在世界的一種方式：「這對猶太人好嗎？這對猶太人是不是有害？」在受到歧視與殺害的年代裡，這些問題無疑為我們這個散布各地的族群，提供了個人行為與群體行為的指導——雖然不一定是最好的。但是對於一個猶太史家來說，卻絕不能依此行事，即便他寫的是自己民族的歷史也一樣。即使是研究小歷史的史家，也應該追求普遍性，這並不只是忠於史學理想的問題，而是因為不如此，我們就無法了解人類的歷史，當然也就無法了解人類歷史中任何一個特定的小環節。這是因為所有人類各個群體的歷史，都只是更大更複雜世界的一部分。一個只為猶太人設計的歷史（或非裔美人，或希臘人，或女人，或無產階級，或同性戀者）不會是個好歷史，它只能對於寫這種歷史的人產生安慰的作用而已。

　　遺憾的是，從這個世界到這個世紀末為止的大部分狀況來看，壞歷史並不是完全無害的。它是危險的。從明顯無害的鍵盤所打出來的字句，其實可能是死亡的字句。

國家圖書館出版品預行編目資料

論歷史 / 艾瑞克・霍布斯邦（Eric J. Hobsbawm）
　著；黃煜文譯. -- 初版. -- 臺北市：麥田出
版：城邦文化發行, 2002〔民91〕
　　面；　公分. --（歷史選書；50）
　譯自：On History
　ISBN 986-7895-64-9（平裝）

　1. 史學 - 論文，講詞等

601.07　　　　　　　　　　　　　91011349